Verdade, Memória e Justiça no Brasil
— responsabilidades compartidas —

MORTE, TORTURA, SEQUESTRO E DESAPARECIMENTO
DE PESSOAS NO REGIME MILITAR BRASILEIRO

DE QUEM É A RESPONSABILIDADE?

L435v   Leal, Rogério Gesta.

Verdade, memória e justiça no Brasil: responsabilidades compartidas: morte, tortura, sequestro e desaparecimento de pessoas no regime militar brasileiro: de quem é a responsabilidade? / Rogério Gesta Leal. – Porto Alegre: Livraria do Advogado Editora, 2012.

244 p. ; 23 cm.

Inclui bibliografia.

ISBN 978-85-7348-797-8

1. Direitos fundamentais. 2. Direitos humanos. 3. Crime contra a pessoa – Responsabilidade do Estado. 4. Tortura. 5. Sequestro. 6. Morte. 7. Brasil – Política e governo – 1964--1985. 8. Documentos públicos – Brasil. 9. Justiça - Brasil. I. Título.

CDU	347.51:342.2
CDD	342.151

Índice para catálogo sistemático:

1. Responsabilidade civil do estado   347.51:342.2

(Bibliotecária responsável: Sabrina Leal Araujo – CRB 10/1507)

ROGÉRIO GESTA LEAL

Verdade, Memória e Justiça no Brasil
— responsabilidades compartidas —

MORTE, TORTURA, SEQUESTRO E DESAPARECIMENTO
DE PESSOAS NO REGIME MILITAR BRASILEIRO

DE QUEM É A RESPONSABILIDADE?

Porto Alegre, 2012

© Rogério Gesta Leal, 2012

Capa, projeto gráfico e diagramação
Livraria do Advogado Editora

Gravura da capa
Iron Door (Stock photo)
http://www.sxc.hu

Revisão
Rosane Marques Borba

Direitos desta edição reservados por
Livraria do Advogado Editora Ltda.
Rua Riachuelo, 1338
90010-273 Porto Alegre RS
Fone/fax: 0800-51-7522
editora@livrariadoadvogado.com.br
www.doadvogado.com.br

Impresso no Brasil / Printed in Brazil

Para os que combaliram na luta pela democracia brasileira!

Para os que continuam lutando por ela!

Para os que continuam sonhando com ela!

Para Rodolfo e Mônia – presente e futuro!

Prefácio

Elogio de la responsabilidad

A lo largo de 1990 la Comisión Nacional de Verdad y Reconciliación de Chile desarrolló su investigación sobre vulneraciones a las personas que había efectuado la dictadura. La CNVR escuchó declaraciones, estableció encuestas y recibió comentarios, proposiciones y recomendaciones. En octubre de aquel año, cuando la Comisión ultimaba su labor, el abogado Alejandro González Poblete – por aquel entonces Secretario Ejecutivo de la Vicaría de la Solidaridad –, dirigió una carta a la Comisión en la que expresaba de que manera debía entender el nuevo Estado democrático una política pública de reparación:

> «Entendemos la reparación como un proceso individual y colectivo de crecimiento y de apropiación de una mejor calidad de vida, que implica la dignificación moral y social de la persona y del grupo familiar dañado por la represión. Sin perjuicio de la principal obligación del Estado de asumir la reparación de las víctimas, corresponde a la sociedad toda reconocer la necesidad de esa reparación y contribuir a ella [...] que no se crea que medidas indemnizatorias del Estado son suficientes para cumplir con el objeto reparatorio».[1]

Como vemos, González Poblete solicitaba la necesaria indemnización de los afectados por el Estado, pero además vinculaba calidad de vida y bienestar con dignidad moral, la cual no era posible alcanzar con plenitud sin reconocimiento social, es decir, sin la implicación del conjunto de la sociedad, de ahí su afirmación – «corresponde a la sociedad toda...». En realidad era una apelación a la responsabilidad, la responsabilidad moral y la responsabilidad política de la ciudadanía sobre los procesos y hechos acontecidos, pero al mismo tiempo reclamaba al Estado de derecho la obligación de garantizar el estímulo de aquella responsabilidad por medio de una política pública. Sin embargo, actuar de esta manera requiere una decisión política por parte

---

[1] Carta de Alejandro González Poblete, 18.10.1990. Citado por LIRA, Elizabeth. *Políticas de reparación. Chile 1990-2004*. Santiago de Chile: Lom, 2000, p. 129

del Estado democrático: requiere *acordar* cual es su origen ético y proceder en consecuencia.

Esta es una decisión que siempre ha instalado una querella no sólo en los procesos de transición, sino también, y de manera muy especial en la democracia posterior, puesto que mientras para unos la paz (y la reconciliación) depende de la supresión de los conflictos, empezando una «cuenta nueva», sin historia ni pasado, para otros, la paz (y la reconciliación) depende de procesos complejos de reconocimiento, asumiendo las responsabilidades, y creando condiciones para lograr una relación sin deudas pendientes; o al menos, con el compromiso de esclarecer y resolver lo pendiente consensuando soluciones aceptables para todos o casi todos. En España, y también en Brasil, en Grecia, Chile o Portugal, y a su manera en Sudáfrica, aquellas demandas sobre el sedimento ético de nuestra democracia siempre fueron consideradas como un peligro de destrucción de la convivencia. Por tanto, debían ser apaciguadas por el bien de la ciudadanía. El Estado debía inhibirse para evitar cualquier conflicto, sin tener presente que así como no hay instituciones sin ciudadanos que las sustenten, tampoco hay ciudadanía sin conciencia ni conflicto. Esta ha sido y sigue siendo una disputa cuyo desarrollo está en proceso, puesto que no hay consenso explícito en el «bien» para el presente y el futuro que trae consigo repasar el pasado.

Con frecuencia este conflicto real, histórico, se ha expresado como un dilema entre el olvido y el recuerdo considerados ambos como imperativos. Sin embargo, considerar la memoria como un deber moral, y el olvido como un deber político y civil (según una de las perversas interpretaciones de las doctrinas de reconciliación y consenso) genera un elemento de coerción insoportable. Pero lo más grave es que presentado en estos términos, el dilema se plantea como una decisión estrictamente individual, circunscrita a la privacidad, y que exime a la Administración de cualquier responsabilidad porque no puede haber injerencia pública en el ámbito de lo privado y personal. Sin embargo, podemos comprobar que la reclusión de la memoria en la esfera privada conlleva la negativa de crear un espacio público de diálogo y resignificación de memorias[2]. Cuando esas reinterpretaciones o resignificaciones no pueden elaborarse porque son confinadas a la esfera estrictamente privada y personal, las trayectorias individuales se tornan ininteligibles, y la persona no logra reconocerse en la historia de su vida. Privatizar no es otra cosa que extraer la memoria de la histo-

---

[2] VINYES, Ricard: Sobre víctimas y vacíos; ideologías y reconciliaciones, privatizaciones e impunidades. En DOMÍNGUEZ RAMA, Ana. *Enrique Ruano. Memoria viva de la impunidad del franquismo.* p. 255-272. UCM. Madrid, 2011

ria y despojarla de sentido, meterla en la cocina y anular su presencia del empeño colectivo, evitar el reconocimiento de la huella humana en las instituciones. Ese era el temor de González Poblete. Pero este es el razonamiento que, con variables, ha imperado en numerosos países que tras una dictadura se han dotado de instituciones democráticas, y cuya consecuencia ha significado la privatización de la memoria democrática y la imposibilidad de constituirla en patrimonio político de la nación, con lo cual la calidad democrática de una sociedad queda dañada, puesto que la pregunta que solicita saber dónde está el origen del estado democrático, cual es su sedimento ético en medio de una historia terrible, por qué debemos aceptar que son más justas nuestras instituciones que las de la dictadura, son interrogaciones que no pueden obtener respuesta a causa del vacío ético generado por el Estado con su inhibición.

En realidad, la preocupación por la dimensión individual en la responsabilidad de la culpa por un trauma político no es nueva reciente, aunque sí es cierto que tal vez por su incomodidad ha permanecido desatendida.

A lo largo de sus cursos de 1946 Karl Jaspers nos instruyó a propósito de la «culpa política» y la responsabilidad individual ante las dictaduras. Tomando lo acontecido en la sociedad alemana de la República de Weimar y del Tercer Reich, argumentó en qué modo lo que le sucede a un individuo incluye la responsabilidad de otros; para el autor alemán la culpa política se produce en:

> «contextos de situaciones políticas que, por así decirlo, tienen carácter moral porque codeterminan la moral del individuo. En la medida en que el individuo promueve o tolera una atmósfera de sometimiento colectivo a un dictador, incurre en culpa política. (...) hay una solidaridad entre hombres como tales que hace a cada uno responsable de todo el agravio y de toda la injusticia del mundo, especialmente de los crímenes que suceden en su presencia o con su conocimiento. Si no hago lo que puedo para impedirlos, soy también culpable».[3]

El reto, para Jaspers, no era otro que atreverse a ser responsable y actuar.

Esta perspectiva de Jaspers, que había hecho su recorrido circunscrita a las causas y efectos relativos al holocausto judío, fue retomada para valorar críticamente los efectos que había tenido –y tiene – el proceso de reconciliación surafricano.

La década de los noventa, vista desde el presente, constituye una era de reflexión y construcción memorial que penetró en el nuevo siglo

---

[3] JASPERS, K: *El problema de la culpa. Sobre la responsabilidad política de Alemania.* Prólogo de Ernesto Garzón. Barcelona, Paidos, 1998, p. 37 (1ª edición alemana, 1946).

con fuerza. Una situación en buena medida causada por la liquidación de dictaduras emblemáticas, desde Chile a Sudáfrica pasando por el arco complejo de dictaduras soviéticas. Pero la estrella era sin duda Sudáfrica. Lo cierto es que por un tiempo el sistema presuntamente reconciliador inventado por el obispo Desmond Tutu desde la Comisión de Verdad y Reconciliación – sostenido en la muy confesional noción de arrepentimiento – parecía el camino a seguir *urbi et orbi*. Por ello no es extraño (aunque sí desastroso) que el referente del proceso de paz irlandés (1994-1998) en lo tocante a un proyecto de reconciliación y de perdón de las víctimas, se inspirase en el proceso establecido y desarrollado en aquel país africano. Sin embargo, en marzo de 1998, y en el marco de un Congreso convocado por la Academia Internacional de las Culturas, el escritor nigeriano Wole Soyinka sostuvo la primera observación crítica sobre el aparentemente incuestionable y bondadoso «modelo» surafricano de reconciliación:

> «persiste la impresión – dijo Soyinka – que la fórmula empleada para restablecer la armonía social, consistente en establecer como base de la reconciliación el mero esclarecimiento de la verdad, socava en cierta medida uno de los pilares sobre los cuales debe fundarse toda sociedad durable, esto es, la responsabilidad y, en último término, la justicia. Una realidad que a menudo se ignora con gran ligereza, es que, en el caso de Sudáfrica, la culpabilidad no se limita a la política estatal del apartheid».[4]

Su queja residía en que no había ningún indicador de que el arrepentimiento expresado públicamente por los victimarios fuera cierto, puesto que al hacer desaparecer la noción de culpabilidad desaparecía el principio de responsabilidad, la conciencia de los actos. La verdad no era suficiente para Soyinka. Parece ciertamente difícil que tras haber estado involucrados en actos tan atroces como lo son los delitos de lesa humanidad y los crímenes de guerra, las víctimas y victimarios estén dispuestos a instaurar entre ellos lazos estrechos de solidaridad y confianza. El lenguaje utilizado en Sudáfrica para propugnar la reconciliación incluía la búsqueda de valores tan difíciles de alcanzar para quienes vivieron el *apartheid* como la amistad, la hospitalidad, la magnanimidad y la compasión, entre otros. Si bien es posible pensar que algunos de los actores de la transición estarían dispuestos a esforzarse para materializar estos valores, no parece prácticamente plausible ni éticamente justificable que se imponga un nivel tan exigente de compromiso en pro de la reconciliación, puesto que el daño causado es irreparable, y por tanto imperdonable.

---

[4] SOYINKA, Wole, «Terapia colectiva de la memoria en Sudáfrica» en DD.AA. Por qué recordar. Academia Universal de las Culturas. Granica. Buenos Aires, 2006, p. 167-168.

Este ha sido siempre el problema de fondo de las Comisiones de la Verdad: la verdad, ¿es suficiente? La pregunta es antigua, y la respuesta depende de variables y contextos que cada sociedad establece de acuerdo con el juego de hegemonías políticas y culturales, y sin duda el presente libro de Rogério Gesta Leal es una aportación valiosa a unas reflexiones que no serán tan solo nacionales. En definitiva, la cuestión es: ¿qué hacemos con lo que sabemos? Ese es el reto que, por ejemplo, tendrá dentro de poco la presidenta Dilma Roussef, en Brasil, cuando la Comisión que ha creado le presente su informe. ¿Qué es lo que viene a continuación? ¿Desaparece la memoria sobre los procesos acontecidos y la responsabilidad que tuvieron sus actores? ¿Qué queremos recordar, junto a quién, y con que garantía? ¿Es preciso que el Estado democrático establezca una política pública de memoria, o no? Probablemente este será el debate brasileño en los próximos años, y más allá del resultado final, nos iluminará y contribuirá a aumentar el capital de conocimiento que poseemos desde fines de la segunda guerra mundial.

En cualquier caso, el esfuerzo de una parte de la ciudadanía por lograr relaciones sociales equitativas y democráticas, los valores éticos de estos proyectos y decisiones, la reacción y la aplicación del terror de Estado para evitar estos procesos de democratización, constituyen un patrimonio, el patrimonio ético de la sociedad democrática. Es el reconocimiento de este patrimonio y la demanda de transmisión del mismo, su valoración positiva, lo que constituye la memoria democrática en un derecho civil que funda, abre y sostiene un ámbito de responsabilidad en el Estado, por lo que el deber político de la Administración es garantizar a los ciudadanos el ejercicio de este derecho mediante una política pública de la memoria, no instaurando una memoria pública.

La primera, la política pública, protege un derecho, estimula su ejercicio, y es el resultado de combinar tres elementos: un objetivo, un programa y un instrumento.

El objetivo, consiste en asumir como patrimonio de la nación los esfuerzos, conflictos, luchas y memorias que han hecho posible adquirir mayores cotas de igualdad y el mantenimiento de los valores sobre los que se sostienen las pautas de convivencia democrática que la ciudadanía ha construido y sus expresiones institucionales, como el Parlamento, y en un sentido distinto, la Constitución.

El programa, son las actuaciones diversas destinadas a preservar, estimular y socializar este patrimonio material e inmaterial y garantizar el acceso al mismo. Actuaciones que estimulen la comprensión, el uso y resignificación de los valores y tradiciones que constituyen este patrimonio generado.

El instrumento, es la institución específica que tiene el mandato de garantizar los objetivos, crear y desarrollar el programa y contribuir al diseño de la política del Gobierno en esta materia.

En cuanto a la memoria pública, es la imagen del pasado públicamente discutida, y se construye en el debate político, social y cultural que produce la sociedad según cada coyuntura y con la intervención de agentes diversos, pero que con frecuencia la Administración desea modelar y oficializar. Sin embargo, una de las funciones de una política pública de memoria es garantizar y promover el uso de ese derecho de acceso al patrimonio democrático memorial, explicitarlo, regularlo y estimularlo porque su utilización puede hacer a los ciudadanos civilmente más sabios, y por lo tanto más libres.

Ricard Vinyes

Catedrático de Historia Contemporánea
Universitat de Barcelona

Sumário

Apresentação – *Min. Maria do Rosário*...15

Introdução...17

Capítulo Primeiro
A verdade como direito fundamental em face dos atos de sequestro, tortura, morte e desaparecimento de pessoas no regime militar brasileiro....................19

1. Notas introdutórias...19
2. Fundamentos políticos e jurídicos da verdade enquanto direito fundamental individual e social...19
3. Qual verdade: aspectos conceituais preliminares.....................................25
4. As Comissões da Verdade na América Latina: algumas lições.........................34
5. O segredo de Estado como barreira de acesso à verdade e sua necessária superação...39
6. Considerações finais...50
7. Bibliografia..53

Capítulo Segundo
A memória como direito fundamental civil e político: abordagem preliminar........57

1. Notas introdutórias...57
2. A memória como direito fundamental...58
   2.1. A legitimidade democrática da memória contramajoritária como direito fundamental social...78
3. Considerações finais...84
4. Bibliografia..88

Capítulo Terceiro
A difícil relação entre o direito fundamental à informação e o acesso aos documentos produzidos pelo regime militar brasileiro...............................91

1. Notas introdutórias...91
2. Conhecimento e Interesse: uma abordagem habermasiana...............................92
3. Marcos normativos do Direito Fundamental à Informação..............................97
4. O novo marco de acesso a informações públicas no Brasil.............................121
5. Bibliografia..126

Capítulo Quarto

O direito fundamental a saber a verdade em relação aos atos e fatos cometidos pelos regimes de exceção no Brasil em face do direito fundamental a preservar direitos subjetivos privados: que equação é possível?...................129

1. Notas introdutórias..129

2. Há restrições ou limitações às concepções e efetivações dos direitos fundamentais...130

3. Marcos normativos do direito fundamental a saber....................................138

4. A tensa relação entre o direito fundamental individual de proteção do patrimônio privado imaterial e o direito fundamental social a saber..............142

    4.1. O estado da arte do direito fundamental individual de proteção do patrimônio privado imaterial..144

    4.2. A difícil conceituação do Interesse Público.......................................156

5. A nova lei de acesso a informações públicas e o direito fundamental (híbrido) a saber...161

6. Bibliografia..167

Capítulo Quinto

Justiça de transição e a responsabilidade do estado por atos de tortura e desaparecimento de pessoas nos regimes de exceção...................................171

1. Notas introdutórias..171

2. Qual a posição do Estado brasileiro em face do compromisso de acatamento dos tratados, pactos e convenções internacionais sobre direitos humanos e fundamentais que firma?..171

3. A justiça transicional e seus efeitos consectários no âmbito da responsabilidade estatal...188

4. Bibliografia..202

Capítulo Sexto

A responsabilidade do Estado por atos de tortura, sequestro, desaparecimento e morte de pessoas em regimes de exceção: aspectos introdutórios...205

1. Notas introdutórias..205

2. O regime de exceção militar e a violação dos direitos fundamentais.............205

3. Marcos normativos internacionais e nacionais sobre o tema.......................210

4. Estado da arte do enquadramento dogmático da responsabilidade em geral do Estado administrador no Brasil e sua possibilidade aplicativa para os comportamentos de exceção do regime militar..226

5. Bibliografia..242

Apresentação

A afirmação do direito fundamental à verdade e à memória é um movimento que vários países do mundo já vivenciaram, de modo civilizatório, republicano, reconciliador e simbólico, para resgatar a sua história. Atualmente, há elementos em curso para que o Brasil também possa vivenciar e aprofundar o resgate e a reflexão como instrumento de fortalecimento da democracia. Isso nos assegura, no plano da difusão, promoção e defesa dos Direitos Humanos, o direito à verdade e memória.

Vivemos um período ímpar para o fortalecimento dos Direitos Humanos e a consolidação da nossa democracia. O ano de 2011 representou um marco histórico para o Brasil. Depois do movimento Diretas Já, em 1985, da Assembleia Nacional Constituinte e da promulgação da Constituição Cidadã de 1988, agora conquistamos um importante instrumento de resgate da memória, que é a Comissão Nacional da Verdade. Conhecer a verdade dos acontecimentos históricos é um direito humano que se materializa enquanto direito à memória.

A Comissão da Verdade é mais um passo, e não o primeiro, para a afirmação do direito fundamental, civil e político do resgate da Memória e da Verdade. A caminhada não se inicia agora.

Como emblema dessa caminhada e do momento histórico que estamos vivenciando em nosso país, a obra *Verdade, Memória e Justiça no Brasil: Responsabilidades Compartidas*, do companheiro Rogério Gesta Leal, se configura como mais um capítulo de um livro que não tem fim. Afinal de contas, a democracia é escrita e aperfeiçoada cotidianamente. A obra é um instrumento fundamental para o desenvolvimento do conceito de Memória e Verdade e para embasar, jurídica e filosoficamente, a memória da verdade como instrumento histórico da justiça que passa necessariamente pela difusão de informações sobre as graves violações de Direitos Humanos praticadas no Brasil entre 1946 e 1988.

Esse período histórico, entre duas Constituições, foi marcado por fortes turbulências políticas, como o golpe que interrompeu o mandato do presidente João Goulart ou, ainda, as motivações e os responsáveis por orquestrar a cassação do deputado Rubens Paiva – até hoje desaparecido para seus familiares e para todas as brasileiras e brasileiros – bem como de tantos outros que a ditadura cassou, calou, torturou, assassinou ou fez desaparecer.

Se fizermos uma breve reflexão sobre a história incipiente da democracia em nosso país, perceberemos que a formulação das indagações a respeito da mesma depende de alguns pressupostos. Concretamente, as reparações pecuniárias e simbólicas já admitidas pelo Estado ainda não esclarecem plenamente os fatos e as circunstâncias dos casos de violações de Direitos Humanos; não promoveram um esclarecimento circunstanciado dos atos de tortura, morte, desaparecimento forçado, ocultação de cadáveres e de sua autoria, ainda que ocorridos no exterior, e não identificaram nem tornaram públicas as estruturas, os locais e as suas ramificações nos aparelhos estatais e na sociedade. Não há, portanto, dois lados a serem investigados porque a dívida histórica existente é unilateral.

Com a edição desta obra, fica demarcada a necessidade de enfrentamento do tema da Memória e da Verdade procurando valorizar a luta de milhares de pessoas pela construção de um país democrático e plural, mais justo e solidário. A presente obra servirá de base para estudos e pesquisas acerca das violações de Direitos Humanos cometidas pelo Estado Brasileiro, para as quais devemos respostas e um pedido de perdão.

Maria do Rosário Nunes
Ministra de Estado Chefe da Secretaria de
Direitos Humanos da Presidência da República

Introdução

A Presidenta do Brasil, Dilma Rousseff, no dia 18/11/2011, sancionou a Lei que cria a Comissão Nacional da Verdade no Brasil (Lei Federal n° 12.528) e, em seu pronunciamento público em ato específico, deixou claro que, para além dos objetivos amplíssimos que possui (envolvendo o esclarecimento circunstanciado sobre os casos de torturas, mortes, desaparecimentos forçados, ocultação de cadáveres e sua autoria; identificar e tornar públicas as estruturas, os locais, as instituições e as circunstâncias relacionadas à prática de violações de direitos humanos cometidos no período demarcado pela lei, suas eventuais ramificações nos diversos aparelhos estatais e na sociedade; promover, com base nos informes obtidos, a reconstrução da história dos casos de graves violações de direitos humanos, bem como colaborar para que seja prestada assistência às vítimas de tais violações, dentre outros), esta Comissão poderá e deverá promover uma mudança radical na cultura democrática da Sociedade brasileira.

Ocorre que as tarefas da Comissão da Verdade não podem ser concebidas como temporalmente restritas ao período de dois anos – que é o previsto para sua existência institucional –, mas alcança transcendência diferenciada, pois pretende imprimir na comunidade política em que vai operar transformações ilustradas sobre o custo e os riscos da Democracia. Isto significa sensibilizar mentes e corpos à defesa pró-ativa das liberdades públicas fundamentais, o que fará surgir, se espera, compromissos cívicos e republicanos para a mobilização permanente das instituições representativas e mesmo da cidadania ativa nacional em prol dos Direitos Humanos e Fundamentais.

Não se espera que a Comissão da Verdade consiga dar conta de analisar exaustivamente os mais de vinte e seis milhões de documentos hoje já existentes nos arquivos públicos sobre as lutas políticas só de 1964 a 1985; tampouco se imagina que vá conseguir dar respostas absolutas e completas para os temas de sua competência; por isto deve ser capaz de gerar redes de cooperação horizontal com os mais diversos conjuntos de atores políticos e sociais, fazendo com que o maior número possível de pessoas se sinta responsável por esta empreitada, pois seguramente os tempos sombrios da violência de Estado tiveram suas noites duradouras também em face do permissivo silêncio de boa parte da população nacional.

É com este intento que aceitei o desafio proposto pela Ministra Maria do Rosário, da Secretaria Especial de Direitos Humanos da Presidência da República, no sentido de criarmos no país uma Rede de Observatórios do Direito à Verdade, Memória e Justiça nas Universidades Brasileiras (criada pela Portaria n° 1.516, de 4 de agosto de 2011, publicado no Diário Oficial da União, Seção-2, p. 3, n° 150, de sexta-feira, 5 de agosto de 2011), contando para tanto com a colaboração de eminentes colegas da Academia brasileira.

É claro que o tema sob comento e aprofundado neste livro vem ocupando minhas pesquisas há mais tempo, praticamente desde o lançamento das primeiras duas obras individuais – ambas lançadas pela Editora Livraria do Advogado –, a saber: *Teoria do Estado* e *Direitos Humanos no Brasil*, surgidas na década de 1990, recentemente focando as investigações sobre as questões atinentes à Verdade, Memória e Justiça, envolvendo os atos de desaparecimento forçado, morte, tortura e sequestro de pessoas pelo regime militar de 1964 a 1985.

Destes cenários é que surge o trabalho que agora vem a lume pela prestigiada Editora e Livraria do Advogado, propondo reflexões sobre tópicos que estão diretamente relacionados com as matérias acima referidas, sendo ainda o resultado de aulas junto ao Programa de Pós-Graduação da UNISC – Mestrado e Doutorado em Direito, em especial junto ao Grupo de Pesquisa Estado, Sociedade e Administração Pública (Diretório de Grupos do CNPQ), razão pela qual devo agradecer aos alunos e mesmo à Instituição por ter me concedido bolsas de pesquisa e de iniciação científica, assim como à Fundação de Amparo à Pesquisa do Rio Grande do Sul – FAPERGS –, e Conselho Nacional de Pesquisa – CNPQ –, pelas bolsas que concederam ao desenvolvimento deste trabalho.

Pois que então a Comissão da Verdade reeduque os nossos sentidos e a nossa resistência ao terror institucional do exercício do Poder; que deixe um legado de perenidade, verdade e memória redentoras, o que fará com que brasileiros e brasileiras continuem, com seus próprios passos e pulsos, dando continuidade ao trabalho desta Comissão, agora não mais tutelados pelo Estado, mas por vontades e consciências próprias, donos de seus destinos e vidas, jamais permitindo que lhes sejam usurpadas as liberdades novamente.

Capítulo Primeiro

A verdade como direito fundamental em face dos atos de sequestro, tortura, morte e desaparecimento de pessoas no regime militar brasileiro

1. Notas introdutórias

Pretendo neste ensaio tratar do tema da Verdade enquanto Direito Fundamental, envolvendo os fatos ocorridos com desaparecimento, morte, sequestro e tortura no âmbito do regime militar no Brasil ao longo das décadas de 1960 a 1980, em especial no que tange às particularidades políticas e jurídicas que envolvem a matéria.

2. Fundamentos políticos e jurídicos da verdade enquanto direito fundamental individual e social

Antes de adentrar no mérito propriamente dito do tema proposto aqui, como relevante perquirir sobre as razões de justificação e fundamentação que sustentam a ideia de Verdade envolvendo os fatos atinentes a tortura, sequestro, morte e desaparecimento de pessoas, como Direito Fundamental Individual e Social. Para tanto, quero me valer de algumas contribuições teóricas eleitas no campo da teoria política e da teoria jurídica.

Ronald Dworkin, importante filósofo do direito contemporâneo e professor catedrático da Universidade de New York, lançou, em 2006, um texto chamado *Is Democracy possible here?*, discutindo uma série de questões, dentre as quais, terrorismo e Direitos Humanos, religião e

Verdade, Memória e Justiça no Brasil – responsabilidades compartidas

dignidade, impostos e legitimação e, finalmente, o último artigo trata do tema das condições e possibilidades da Democracia em seu país.[1]

Tendo por cenário de fundo as discussões que se davam entre liberais e conservadores envolvendo o governo Bush (filho), e as radicalizações de posturas ideologicamente postas de cada qual, Dworkin chama a atenção para o fato de que os interesses da comunidade estão sendo cada vez mais deixados de lado, até porque, nos EUA, o interesse de ambos os principais partidos eleitorais vem sendo o de: "how to win a majority, if only barely, in what was presumed to be a closely split and highly polarized electorate".[2]

O efeito no eleitorado disto é que ele não sabe diferenciar com nitidez o que distingue a proposta dos partidos e candidatos, uma vez que estão bombardeados por ações de comunicação, propaganda e publicidade voltadas à conquista do voto, independentemente de sua qualidade ou fundamento. É interessante como tais situações vão gerando, por sua vez, a univocidade identitária artificial e casuística do fenômeno político, fragilizando as posturas entre esquerda e direita, por exemplo, e colocando todos os atores da arena política como que compromissados com as mesmas demandas sociais (que também sofrem homogeneização forçada, e passam a ser de todos).

Sustenta o autor americano, nesta linha de raciocínio, que o tema dos Direitos Fundamentais hoje – mesmo nos EUA – carece de uma preocupação cívica importante, notadamente em face dos poderes instituídos, e mais especialmente no âmbito parlamentar, eis que os legisladores em regra tratam destes pontos com níveis de ambiguidade e falta de decisão muito grande.[3]

Esquece-se desta forma que a verdade é a melhor referência que se pode ter para tratar disto tudo, todavia, na realidade americana, ela parece estar obsoleta, pelo fato de que: *politicians never seek accuracy in describing their own records or their opponents' positions*.[4] Em verdade, o sistema político baseado na lógica do mercado transforma-se em mais

---

[1] DWORKIN, Ronald. *Is Democracy possible here?* Principles for a New Political Debate. Princeton: Princeton University Press, 2006.

[2] STARR, Paul. *Liberalism for Now*. v. 56, nº 12, julho de 2009. Disponível em: <www.nybooks. com/articles>, acesso em 10/02/2010, p. 2.

[3] DWORKIN, Ronald. *Is Democracy possible here?* Op. cit., p. 129. O autor faz menção à eleição de 2004, nos EUA, em que foram feitas várias pesquisas para aferir o interesse e o conhecimento do povo americano sobre temas internacionais envolvendo seu pais, e eles nada sabiam disto. Esta lógica de fazer política vai contaminando o processo político como um todo, criando verdadeiros vícios em espiral (*vicios spiral winds*) de formação e percepção da política, afastando a cidadania do seu epicentro.

[4] Idem, p. 129.

um produto de consumo caro e acessível somente àqueles que têm condições de financiá-lo. Tal financiamento, todavia, representa mais do que acesso, mas controle do sistema político, em outros termos, *in politics money is the enemy not just of fairness but of real argument.*[5]

Por tais razões e outras sustenta – e com ele concordo – que o critério majoritário da deliberação política não é o único nem o mais importante na experiência Ocidental, eis que, muitas vezes, a vontade das maiorias não garante resultados justos e mais eficientes ao interesse público (que não é só o majoritário), gerando vários níveis de injustiça às minorias – ou mesmo ignorando demandas de minorias. Em face disto, caberia a pergunta: Quais os níveis de injustiça que uma Democracia suporta?

Dessume-se, pois, que o modelo de Democracia opera com a ideia de que ela significa o governo de cidadãos que estão envolvidos como grandes parceiros numa empreitada política coletiva, no qual as decisões democráticas só o são na medida em que certas condições estão presentes para os fins de proteger o *status* e os interesses de cada cidadão e de todos.

No campo da pragmática e do cotidiano, o que se pode perceber é a significativa falta de interesse pelos temas políticos e sociais, eis que mesmo os relacionados a direitos civis são objeto de manejo muito mais para o atendimento de interesses privados do que públicos, e na perspectiva majoritária isto se agrava ainda mais, na medida em que as deliberações políticas só levam em conta quem participa e como participam no plano formal do processo político, ou seja, "democracy is only about how political opinions are now distributed in the community, not how those opinions came to be formed".[6]

Dworkin lembra que no modelo da democracia como conjunto de parceiros a perspectiva se diferencia, fundamentalmente porque opera com a lógica da mútua atenção e respeito enquanto essência desta matriz, sabendo que igualmente isto não faz parte das tradições e dos hábitos americanos, principalmente no cotidiano das pessoas e em suas relações com as outras. Registra o autor que: "We do not treat someone with whom we disagree as a partner – we treat him as an enemy or at best as an obstacle – when we make no effort either to understand the force of his contrary views or to develop our own opinions in a way that makes them responsive to his".[7]

---

[5] DWORKIN, Ronald. *Is Democracy possible here?* Op. cit., p. 129.

[6] Idem, p. 132.

[7] Idem.

Claro que em tempos de guerra e desconfianças mútuas as possibilidades de tratamento do outro com respeito se afiguram escassas, o que não justifica a paralisia diante de situações que reclamam mudança cultural, política, estrutural e funcional, sob pena de comprometimento não somente das relações intersubjetivas, mas das próprias relações institucionais em face da Sociedade.

Em verdade, e é o próprio autor quem diz isto, a concepção majoritária de democracia não leva em conta outras dimensões da moralidade política – resultando daí que uma decisão pode ser democrática sem ser justa –, enquanto na perspectiva da democracia entre parceiros estão presentes outras considerações que meramente as processuais/formais, reclamando uma verdadeira *teory of equal partnership*, na qual se precisam consultar questões como justiça, igualdade e liberdade de todos os envolvidos. *So on the parthership conception, democracy is a substantive, not a merely procedural ideal.*[8]

Também não resolve ter-se um superativismo por parte da sociedade civil na direção de propugnar por uma democracia que venha a produzir decisões políticas substanciais de preferências seletivas majoritárias, porque novamente interesses contramajoritários podem ser violados de forma antidemocrática, exatamente em nome das deliberações formais majoritárias.

Desta forma, a regra majoritária de deliberação política – divorciada de uma opinião pública qualificada por seus argumentos – não assegura maiores níveis de legitimação do que deliberações monocráticas decorrentes de processos de consulta ou discussão pública efetiva. Falha inclusive aqui o chamado Teorema de Condorcet, para o qual a soma quantitativa majoritária das escolhas individuais homogêneas maximiza a chance de que se chegará a resultados democráticos e satisfativos, pois se teria de perguntar: satisfativo para quem? No mínimo – e nem isto está garantido – para aquela maior parte quantitativa de indivíduos.[9]

Mesmo a perspectiva de que a regra das escolhas e deliberações majoritárias venha a estabelecer vínculos políticos e institucionais (com parlamentares e partidos), independentemente da forma constitutiva das escolhas/deliberações, não garante tratamento isonômico às escolhas e pretensões contramajoritárias. Como lembra Dworkin, os temas que envolvem políticas públicas apresentam não raro funda-

---

[8] DWORKIN, Ronald. *Is Democracy possible here?* Op. cit., p. 132.

[9] Idem, p. 140.

mentos morais de alta complexidade, *not strategies about how to please most people.*[10]

Por outro lado, o autor americano toca em ponto nodal desta discussão que diz com os défices democráticos efetivos do modelo da democracia representativa – ao menos historicamente –, na medida em que ela opera com o pressuposto equivocado de que há equilíbrios perenes nas bases da representação que a institui:

> Political Power also very much differs because some of us are much richer than others, or more persuasive in discussion, or have more friends or a larger family, or live in states where the two great political parties are more evenly divided than where others live so that our votes are marginally more likely to make a real difference. These are all familiar reasons why the idea of equal political power is a myth.[11]

E sem sombras de dúvidas trata-se de um mito este equilíbrio/ igualdade política dos poderes públicos instituídos – quiçá uma ideia regulativa, a ser permanentemente buscada como forma de compromisso com tal modelo de Democracia.

Em verdade, considerando ser a Democracia contemporânea uma tentativa de dar efetividade à ideia de *self-government*, na qual a soberania popular governa a si própria através de mecanismos de presentação e representação, é a inter-relação entre todos estes mecanismos que Dworkin chama de *equal concern*, que deve pautar as interlocuções, deliberações e políticas públicas de governo, isto fundado na premissa de que, "though it would compromise my dignity to submit myself to the authority of others when I play no part in the their decisions, my dignity is not compromised when I do take part, as an equal partner, in those decisions".[12] Daí a importância contramajoritária do exercício do poder.

Outro ponto polêmico nesta discussão – e bem abordado por Dworkin – diz com a compatibilidade, ou não, da existência de direitos individuais que não possam ser submetidos à vontade das maiorias, isto porque uma compreensão mais cidadã da ordem constitucional republicana e democrática impõe o que o autor americano chama de *partnership conception*, a qual "requires some guarantee that the majority will not impose its will in these matters".[13]

---

[10] DWORKIN, Ronald. *Is Democracy possible here?* Op. cit., p. 141.

[11] Idem, p. 142.

[12] Idem, p. 144.

[13] Idem, p. 146. Diz ainda o autor: "On the partnership conception, therefore, constitutional rights protecting an individual's freedom to make ethical choices for himself are not compromises of democracy but rather attempts to guarantee it".

Poder-se-ia questionar, neste sentido e em face do debate contemporâneo no Brasil, a possibilidade ou não da Conferência Nacional dos Bispos do Brasil – CNBB – participar, na condição de *amicus curiae* ("amigo da corte"), nos processos que discutem a constitucionalidade do reconhecimento judicial da união estável homoafetiva – ADPF 132 e ADIN 4277, julgadas conjuntamente, sob a relatoria do Ministro Carlos Ayres Britto –, no Supremo Tribunal Federal,[14] considerando que o Ministro Marco Aurélio, relator da ADPF 54, em que se discute a constitucionalidade do chamado aborto de anencéfalos, nominada na inicial como antecipação terapêutica do parto, indeferiu o ingresso da CNBB, sob o fundamento, dentre outros, de que o Estado é laico.

Pergunta-se: Fundamentos religiosos poderiam ser considerados pelo Poder Judiciário e, portanto, pelo Supremo Tribunal Federal, na tomada de suas decisões? Ou somente a racionalidade laica pode sê-lo, sob pena de se impor valores religiosos oriundos de dogmas tidos como indiscutíveis pelas religiões respectivas a pessoas que não compartilham deles? Estes preconceitos religiosos poderiam ser aceitos no plano da racionalidade emancipada e democrática, que possibilita inclusive a não concordância e aceitação de tais argumentos por alguns?

Nas decisões das ações constitucionais acima referidas, os Ministros Marco Aurélio e Celso de Mello ressaltaram que o caráter laico do Estado impede que a moral religiosa sirva de parâmetro para limitar a liberdade das pessoas. Em seu voto, o Min. Marco Aurélio destacou o papel contramajoritário do Supremo – fazendo inclusive referência à decisão tomada em relação à Lei da Ficha Limpa –, ao lembrar que as normas constitucionais de nada valeriam se fossem lidas em conformidade com a opinião pública dominante.

Em outro julgamento importante do Supremo Tribunal Federal, envolvendo o tema da possibilidade ou não de se permitir a chamada *marcha da maconha*, movimento a favor da liberalização da droga (Ação de Descumprimento de Preceito Fundamental n° 187, do Distrito Federal) e, portanto, a proteção a duas liberdades individuais de caráter fundamental: de um lado, a liberdade de reunião e, de outro, o direito à livre manifestação do pensamento, a Corte teve oportunidade de dizer, na pessoa do Relator do feito, Ministro Celso de Mello, que o papel do Supremo é exercer um peso contramajoritário, sendo um órgão investido do poder de proteger as minorias contra eventuais excessos

---

[14] O Supremo Tribunal Federal decidiu, de forma unânime, no dia 05/05/2011, estas Ações Constitucionais, equiparando as relações entre pessoas do mesmo sexo às uniões estáveis entre homens e mulheres, e com isto, reconhecendo estas relações como núcleo familiar.

da maioria. Por isso, diz ele, são completamente irrelevantes quaisquer resistências, por maiores que sejam, que a coletividade oponha às opiniões manifestadas pelos grupos minoritários, ainda que desagradáveis, atrevidas, chocantes, audaciosas ou impopulares.

Aqui entra o tema do Direito Fundamental ao acesso às informações, dados e pessoas envolvidas – como vítimas ou algozes – nos atos de força do regime militar brasileiro, pois se trata, primeiro, de condição de possibilidade destas vítimas e seus familiares saberem por que causas e como ocorreram estes fatos (Direitos Fundamentais Individuais); segundo, da Sociedade ter tal informação para os fins de compromissar-se para com temas que são configurados como atentatórios à vida e à dignidade humanas, e como matéria de lesa-humanidade, independentemente de quem atinja, agrade ou desagrade (Direitos Fundamentais Sociais).

3. Qual verdade: aspectos conceituais preliminares

Em documento oficial, a Comissão de Direitos Humanos das Nações Unidas, através de seu Alto Comissionado, desenvolveu um interessante estudo no ano de 2006 sobre a importância das comissões de verdade à democracia e aos Direitos Fundamentais, realçando uma série de elementos constitutivos dos fundamentos de tal demanda.[15] Em tal documento, tem-se a noção originária deste conceito de verdade, no sentido de que "este concepto tiene sus raíces en el derecho internacional humanitario, particularmente en lo que se refiere al derecho de los familiares a conocer la suerte de las víctimas, y en la obligación de las partes en conflictos armados de buscar a los desaparecidos".[16]

Pode-se dizer que esta verdade de que estou falando faz parte do Direito Internacional humanitário, eis que codificado explicitamente nos termos do art. 32 do Protocolo adicional aos Convênios de Genebra, de 12/08/1949 (Protocolo I), incorporando várias disposições que impõem às partes beligerantes a obrigação de resolver o problema dos combatentes desaparecidos e estabelecer um organismo central da busca destas pessoas.

Veja-se que, com a aparição da prática de desaparecimento forçado de pessoas nos regimes militares das décadas de 1960 e 1970 em

---

[15] NACIONES UNIDAS. COMISIÓN DE DERECHOS HUMANOS. *Promoción y protección de los derechos humanos. Estudio sobre el derecho a la verdad.* In E/CN.4/2006/91, 09 de enero de 2006, 62° período de sesiones. Tema 17 del programa provisional, 2006.

[16] Idem, p. 04.

diante, em especial na América Latina, o conceito de direito à verdade converteu-se em centro de debate importante por parte dos órgãos internacionais e regionais de Direitos Humanos, gerando inclusive Grupo de Trabalho *ad hoc* junto à Corte Interamericana de Direitos Humanos para os fins de analisar as violações de direitos no Chile, chamado *Grupo de Trabajo sobre las Desapariciones Forzadas o Involuntarias*, que, com a Comissão Interamericana de Direitos Humanos, criou sensível doutrina sobre a matéria, com base nos termos dos arts.32 e 33 do Protocolo I dos Convênios de Genebra referidos.[17]

Não se restringiu o tema da verdade ao desaparecimento forçado de pessoas, mas ampliou-se progressivamente para outras violações graves de Direitos Humanos e Fundamentais, como execuções de pessoas, tortura, sequestro etc.

Houve desde a segunda década do século XX várias conferências intergovernamentais como a Conferência Mundial contra o Racismo, a Discriminação Racial, a Xenofobia e as Formas Conexas de Intolerância, as quais também geraram declarações em que se afirma a importância de ensinar os fatos e a verdade da história, a fim de se chegar a conhecer de maneira ampla e objetiva as tragédias do passado.

A própria Assembleia Geral das Nações Unidas tem tratado de questões como o Direito à Verdade em diversas resoluções aprovadas desde 1974 em face das pessoas desaparecidas vítimas de regimes ditatoriais, daí exsurgindo o *desejo de saber* como uma necessidade humana básica.[18]

Importa dar destaque à XXVIIIª Cumbre de Chefes de Estado, celebrada em Assunção, Paraguai, em junho de 2005, quando os Estados Membros e associados do Mercado Comum do Sul (MERCOSUL) adotaram uma declaração na qual se reafirmava o Direito à Verdade das vítimas de violações dos Direitos Humanos e seus familiares.[19]

Na mesma direção foi o chamado acordo marco general de paz na Bosnia y Herzegovina de 2004, em decorrência da aprovação de uma lei no Parlamento desta comunidade sobre pessoas desapare-

---

[17] Ver o texto de MÉNDEZ, Juan. Accountability for past abuses. In *Human Rights Quarterly*, v. 19, n. 2, May 1997, p. 255.

[18] Conforme HAYNER, Priscilla. *Unspeakable Truths*: Confronting State Terror and Atrocity. New York: Routledge, 2008.

[19] In Comunicado conjunto de los Presidentes de los Estados partes del MERCOSUR y de los Estados asociados, Asunción (Paraguay), 20 June 2005. Disponível em: <http://www.mercosur.int/msweb/Documentos/Publicados/Comunicaciones>, acessado em 03/06/2011.

cidas, reafirmando o direito das famílias a conhecer a *sorte* de seus membros desaparecidos.[20]

Em alguns países nos quais o Poder Executivo ou o Legislativo não tomaram providências sobre o tema sob comento, o Poder Judiciário o fez, como os Tribunais Constitucionais da Colômbia, Peru, os tribunais penais da Argentina, e outros, que asseguraram às pessoas o direito de acessar informações sobre seus próprios atingidos pelas violações referidas. "El Tribunal Europeo de Derechos Humanos no ha tratado la cuestión del derecho a conocer la verdad explícitamente, pero lo ha inferido en el marco del derecho a no sufrir torturas o malos tratos, el derecho a un recurso efectivo y el derecho a una investigación eficaz y a ser informado sobre los resultados".[21]

A Corte Interamericana de Direitos Humanos tem historicamente reconhecido o direito dos familiares – ou seus representantes – das vítimas de desaparecidos, mortos e sequestrados a saberem seus paradeiros, obtendo assim uma explicação dos fatos ocorridos, haja vista inclusive os níveis de responsabilidades que a Convenção Americana sobre Direitos Humanos atribui ao Estado, seja pela via da garantia do direito de ser ouvido por um Tribunal competente, independente e imparcial (art. 8º), seja pelo direito a um recurso efetivo e à proteção judicial (art. 25), do que se dessume a necessidade de este Estado levar adiante uma investigação eficaz das violações.[22]

Alguns países também têm utilizado o instrumento do *habeas data* para obterem acesso àquelas informações:

> La legislación sobre el acceso a la información y/o hábeas data constituye un importante paso para lograr garantizar el derecho a la verdad. Por ejemplo, la Ley sobre la libertad de información de los Estados Unidos de América y la Ley de promoción del acceso a la información de Sudáfrica fueron utilizadas para revelar la verdad acerca de las violaciones cometidas, por ejemplo, en El Salvador, Guatemala, el Perú y Sudáfrica, y para contribuir a la labor de las comisiones de la verdad.[23]

---

[20] NACIONES UNIDAS. COMISIÓN DE DERECHOS HUMANOS. *Promoción y protección de los derechos humanos. Estudio sobre el derecho a la verdad.* Op. cit., p. 62.

[21] Idem, p. 9. Aqui há o registro de que: "El Tribunal Constitucional del Perú ha determinado que el derecho a la verdad es una expresión concreta de los principios constitucionales de la dignidad humana, el estado de derecho y el sistema de gobierno democrático".

[22] Conforme ANNUAL REPORTS OF IACHR, 1985-1986, p. 205; and 1987-1988, p. 359. É preciso reconhecer que no âmbito desta eficiência da resposta Estatal, a questão de se o direito à verdade inclui o conhecimento da identidade dos autores das violações é um tema polêmico ainda mais forte. Todavia, a posição do Comitê de Direitos Humanos, da Comissão Interna de Direitos Humanos e da Corte Interamericana de Direitos é no sentido de que isto é possível sim.

[23] NACIONES UNIDAS. COMISIÓN DE DERECHOS HUMANOS. *Promoción y protección de los derechos humanos. Estudio sobre el derecho a la verdad.* Op. cit., p. 14.

Verdade, Memória e Justiça no Brasil – responsabilidades compartidas

Como já disse alhures, as várias possibilidades de debate sobre violações de Direitos Humanos e Fundamentais decorrentes de estados de exceção encontram múltiplos espaços interculturais de abordagem, dentre os quais o da justiça de transição. Neste particular, pode-se dizer que o evolver do chamado *modelo restaurativo* da justiça transicional trouxe valiosas contribuições à ampliação de enfoque destes cenários, para além das persecuções penais dos agentes públicos e de responsabilidade patrimonial direta às vítimas dos atos de terror de Estado (tortura, sequestro, morte e desaparecimento de pessoas).[24] Mas o que pretende de novo este modelo?

O centro neural de ocupação da justiça transicional é exatamente o de fomentar o confronto entre justiça e verdade, dando relevo a investigação, documentação e divulgação pública dos abusos e violações de Direitos Humanos e Fundamentais em regimes de força, visando em especial à formatação de uma memória didática e pedagógica comprometida à pacificação e reconciliação, portanto, pró-ativa, geradora de políticas públicas que vão além da reparação e punição, mas apostam na necessária configuração da opinião pública, de uma identidade democrática promocional e do aprendizado republicano. Na dicção dos Princípios de Chicago referentes à Justiça de Transição: "Los Estados deberían integrar la documentación y el análisis de esas violaciones en los programas de enseñanza nacional. Los Estados deben trabajar con las víctimas, las comunicaciones, las organizaciones de la sociedad civil y otras a fin de prevenir su repetición y se logre crear una cultura de respeto de los derechos humanos y el Estado de Derecho".[25]

E como se faz isso?

A recente história ocidental já consolidou algumas experiências exitosas neste sentido, em especial, a Comissão *Nunca Más*, da Argentina, na década de 1980, e a Comissão da Verdade e Reconciliação da África do Sul, na década de 1990, ambas com formatos e metodologias de trabalho distintos, mas convergindo na busca de informações, documentos, corpos e pessoas que pudessem restaurar e reparar os fatos ocorridos, para que servissem ao propósito de radicalizar a opção pela Democracia.

A estratégia fundamental para esta discussão não se centra no âmbito exclusivo ou prioritário da responsabilidade de pessoas por

---

[24] Neste sentido, a reflexão de HAYNER, Priscila B. *Unspeakable Truths: Confronting State Terror and Atrocity.* Op. cit.

[25] INSTITUTE. International Human Rights Law. *Los Principios de Chicago sobre Justicia transicional.* Disponível em: <http://www.iidh.ed.cr/bibliotecadigital>, acesso em 29/01/2011, p. 77.

atos de tortura, sequestro, morte e desaparecimento de cidadãos brasileiros no regime militar – aspectos de natureza mais penal –, mas sim na do próprio Estado e Governo enquanto promovedores de políticas públicas revitalizadoras do regime democrático.[26] E isto também porque "las transiciones presentan un dilema de determinación de mínimos. Por definición éstas son épocas de disputas en torno a narrativas históricas. Así, las transiciones presentan el potencial para la creación de contra-historias".[27]

Nas democracias mais frágeis, nas quais a administração de sanções e castigos a indivíduos podem provocar dilemas e desconfortos corporativos e institucionais, estes âmbitos precisam ser dissociados do tema da Verdade, sob pena de colocar em xeque temas de naturezas e importâncias diversas. Por tais razões é que muitos países resolveram de certa forma renunciar às persecuções penais e/ou distingui-las do papel das Comissões da Verdade, exatamente para viabilizar processos de transição pacificadores, indispensáveis inclusive à recuperação do que se pode chamar de identidade política da Democracia e do Estado de Direito.[28]

Assim, a busca da verdade em tais situações está mais fundada no que se pode chamar de teorias do perdão e da reconciliação, cujo foco não é tanto a justiça enquanto resultado da jurisdição, mas a pacificação emancipadora e crítica da sociedade civil como um todo, e isto porque, se na maioria das vezes a paz é simplesmente a ausência de guerra, após esta há dimensões e âmbitos de direitos violados que se propagam espacial e temporalmente, demandando níveis mais profundos de pacificação, criando bases de desenvolvimento cognitivo e informacional que sirvam como ferramentas à sensibilização social para o que não pode se repetir.[29]

---

[26] O que é bem lembrado por TEITEL, Ruti G. *Genealogía de la Justicia Transicional*. Disponível em: <http://www.iidh.ed.cr/bibliotecadigital>, acesso em 29/01/2011, p. 9. Esclarece a autora que: "El intento de hacer valer la responsabilidad en los hechos por medio del derecho penal, a menudo generó dilemas proprios del estado de derecho, incluyendo la retroactividad de la ley, la alteración y manipulación indebida de leyes existentes, un alto grado de selectividad en el sometimiento a proceso y un poder judicial sin suficiente autonomía".

[27] PÁEZ, D.; VALENCIA, J.; PENNEBAKER, J.; RIMÉ, B.; JODELET, D. (EDS). *Memoria Colectiva de Procesos Culturales y Políticos*. Editorial de la Universidad del País Vasco/Euskal Herriko Unibertsitatea, Leioa, 1997, p. 62.

[28] Como diz Hannah Arendt, "el examen genealógico, interdisciplinario y comparativo de los regimes de força revelan altamente divergentes concepciones del estado de derecho, que a su vez reflejan perspectivas legales y culturales diferentes". In: ARENDT, Hannah. *De la historia a la acción*. Barcelona: Paidós, 1995, p. 76.

[29] Estou me valendo aqui das reflexões de KISS, Elizabeth. *Moral Ambitions Within and Beyond Political Constraint*: reflexions on restorative justice. New York: Lendell, 2007. Ver também o texto de O'DONNELL, Guillermo; SCHMITTER, Paul; WHITEHEAD, Louis (eds.). *Transitions from Authoritarian Rule*. 4 Vols. Baltimore: Johns Hopkins University Press, 1986.

Ocorre que qualquer reconciliação sobre estes temas se afigura como de alta complexidade, pois envolve procedimentos e estratégias de interlocuções muitas vezes tensas e conflitantes, eis que deve atingir todo mundo, não só aquelas pessoas que sofreram diretamente ou que perpetraram os atos violentos, implicando mudança de atitudes, expectativas, emoções e crenças sociais, inexistindo receitas prontas e únicas para lograr êxito.[30]

Apresenta-se sensata, neste diapasão, a advertência de Alexandra de Brito, no sentido de que a revelação da verdade quanto à justiça podem ser problemática, eis que:

> Elas podem ser catárticas, mas também podem perpetuar conflitos. Podem criar uma mentalidade "nós contra eles", perpetuando o conflito social, como no "jogo sem fim" descrito por Malamud-Goti. O poder judicial pode servir a um fim imoral, e os tribunais democráticos podem perpetuar um ciclo de vingança e culpa; mas podem também atuar como uma espécie de "teatro político", educando o povo sobre o valor da lei e da justiça. Por vezes, não fica claro qual destas lógicas ganha. Constrangimentos financeiros, políticos, pessoais e de tempo, assim como dificuldades em acessar à informações significam que tanto os julgamentos quanto as comissões da verdade serão seletivas no quadro que constroem e na justiça que concretizam. E, como Offe observa sobre o caso pós-comunista na Alemanha, "o máximo que pode possivelmente ser feito dentro das limitações do Estado de Direito e da não-retroatividade está muito abaixo do mínimo que teria de ser feito para reconciliar os pequenos, porém vocais, grupos daqueles que sofreram mais sob o antigo regime".[31]

Há pesquisas, inclusive, dando conta de que a reconciliação deve levar em conta aspectos de gênero, uma vez que estes fenômenos afetam de forma diferente homens e mulheres: a) as mulheres sofrem abusos sexuais e, consequentemente, estigma social, perdem seus esposos ou companheiros, necessitando que haja o reconhecimento das ofensas sofridas, reconhecimento de plenos direitos a seus filhos, recursos para programas psicossociais de ajuda etc.; b) já os homens sofrem o maior impacto da militarização de suas vidas, podendo ter reflexos da raiva e da frustração como obstáculos à reconciliação.[32] Em face destas circunstâncias e características, o processo para chegar a

---

[30] É interessante a tese de que é extremamente importante, enquanto política pública de integração social, que os perpetradores sejam reinseridos na sociedade, sob pena de, havendo sua exclusão, ficar ameaçada a integração e reconciliação da sociedade. In: INSTITUTO DE DERECHOS HUMANOS DE LA UNIVERSIDAD CENTROAMERICANA JOSÉ SIMEÓN CAÑAS. *La agenda pendiente, diez años después (de la esperanza inicial a las responsabilidades compartidas).* El Salvador: UCA, noviembre de 2002, p. 25 a 99.

[31] BRITO, Alexandra Barahona de. A justiça transicional e a política da memória: uma visão global. In: *Revista Anistia*, vol.I. Brasília: Ministério da Justiça, 2009, p. 73.

[32] INSTITUTO INTERAMERICANO DE DIREITOS HUMANOS. *Verdad, justicia y reparación*: Desafíos para la democracia y la convivencia social. Disponível em: <www.iidh.ed.cr>, acesso em: 27/05/2011.

acordos de paz não tem um trajeto linear, com etapas lógicas, ocorrendo em contextos diferentes.

Para que uma reconciliação seja duradoura, alguns aspectos são destacados pela doutrina internacional: a) deverão ocorrer mudanças de atitudes, condutas e entorno institucional que o possibilite; b) é necessária uma interpretação compreensiva dos acordos de paz, pois se para alguns se trata somente de chegar a um acordo entre as partes, para outros é uma maneira de buscar a governabilidade de uma região, desativando o conflito armado. Desta forma, são etapas do processo de negociação: trocar medo por coexistência não violenta – redução gradual da tensão a partir da cessação das hostilidades, iniciando um processo de comunicação entre os grupos; construção da confiança entre os grupos em conflito; favorecer a empatia e promover mudanças substanciais – necessidade de medidas que aborde o impacto do sofrimento, a memória coletiva e as formas de colaboração no presente, o que é feito pelas comissões da verdade.[33]

Os próprios projetos de anistia ganham outra dimensão nesta perspectiva, pois não estão centrados tanto no âmbito dos indultos penais envolvendo atos tipificados como criminosos e passíveis de sanção, ou mesmo nas reparações pecuniárias que sempre correm o risco de mercantilizar a discussão,[34] mas focam-se em estratégias de adesão social e fomento à participação espontânea dos envolvidos naqueles episódios.

A experiência africana é muito rica aqui, na medida em que tratou destes temas pós-ditaduras com sensibilidade e espírito reconciliador, alterando a lógica à apuração da verdade e memória, valorizando sobremaneira as narrativas pessoais dos envolvidos – vítimas e algozes –, através de sua *Truth and Reconciliation Comission* – TRC –, e incentivando procedimentos especiais de confissão e desculpa. Nestes termos, todas as pessoas que confessassem estórias de tortura, abusos, ocultação de cadáveres e outros crimes da repressão, perante a TRC, receberiam o indulto, gerando massivos comporta-

---

[33] INSTITUTO INTERAMERICANO DE DIREITOS HUMANOS. *Verdad, justicia y reparación*: Desafíos para la democracia y la convivencia social. Disponível em: <www.iidh.ed.cr>, acesso em: 27/05/2011.

[34] Vale aqui a advertência que faz sobre o tema o médico psiquiatra chileno Carlos Madariaga, ao dizer que: "existe un confusionismo conceptual respecto a lo que se entiende por reparación de manera reduccionista, privilegiando las soluciones pecuniarias, en desmedro de los aspectos juridicos, éticos, sociopolíticos y psicosociales, hecho que ha generado en las víctimas fuertes sentimientos de frustación y desencanto, estados psicoemocionales que han hecho abortar en gran medida los esfuerzos de reparación en curso". MADARIAGA, Carlos. La reparación por parte del Estado hacia las víctimas de la Tortura. In: *Revista Reflexión*, año 7, n° 22. Diciembre de 1994. Santiago: Chile, p. 08.

mentos de autorresponsabilização sem a presença impositiva e dura do Estado Democrático na condição de julgador.[35] É o que também sustenta Andrè du Toit: "las concepciones morales constitutivas de 'verdad y reconciliación' pueden ser explicadas más específicamente en términos de verdad como reconocimiento y justicia como recognition y que éstas pueden, en principio, proporcionar uma alternativa coherente, a lo menos en circunstancias de justicia transicional, a las nociones retributivas de justicia que requieren procesamiento y castigo penal".[36]

É perceptível que ativistas de Direitos Humanos e mesmo a Academia, nesta quadra histórica, se ocuparam mais de ampliar o debate para além do jurídico e suas facetas criminais, alçando estes temas para níveis históricos e políticos, compreendendo tais conflitos em termos universais e atemporais. Como diz Dominic McGoldrick, o próprio direito ganha fôlego amplificador na apreensão destes problemas, construindo linguagens universalizadoras sobre o perdão e a possibilidade de redenção política envolvida na espécie.[37]

A ética da responsabilidade com o outro e as gerações presentes e futuras vê-se relevada nos conceitos de verdade que se operam aqui, oportunizando interconexões entre esfera pública e privada, na medida em que os atos de governo/Estado passam a interagir com os atos privados de pessoas que, ou foram atingidas, ou foram autoras de regimes de força autoritários (estou falando tanto dos agentes públicos como os indivíduos da resistência violenta que se criou em face de tais circunstâncias, e que perpetraram atos de sequestro, tortura, desaparecimento e morte de pessoas).

Paulo Klautau Filho lembra que estes temas têm assento direito com questões de alta indagação filosófica, desde Kant e de Hannah Arendt, por exemplo, no sentido de que o homem público não pode se eximir da verdade, nem pode cultivar o segredo, sendo que a publici-

---

[35] ASMAL, Kader. International Law and Practice: dealing whit the past in the South African experience. In: *International Law Review*, v. 15, nº 6, November/2000, p. 1215. Lembra o autor que as anistias foram muitas vezes a condição de possibilidade para que se estabelecessem Comissões da Verdade e da Memória em diversos países, inclusive na África do Sul.

[36] TOIT, Andrè du. *Los Fundamentos Morales de las Comisiones de Verdad la Verdad como Reconocimiento y la Justicia como Recognition: Principios de la Justicia Transicional en la Práctica de la Comisión de Verdad y Reconciliación (CVR) Sudafricana*. Centro de Derechos Humanos, Facultad de Derecho, Universidad de Chile, 2008, p. 3. Ver também o texto de DYZENHAUS, David. *Judging the Judges, Judging Ourselves*: Truth, Reconciliation and the Apartheid Legal Order, Oxford: Hart Publishing, 1998.

[37] MCGOLDRICK, Dominic. *The Human Rights Committee* – Its role in the development of the International Covenant on Civil and Political Rights. Oxford: Oxford University Press, 2006, p. 119 e segs. Ver o excelente texto de TAVUCHIS, Nicholas. *Mea Culpa*: a sociology of apology and reconciliation. Stanford: Stanford University Press, 2001.

dade deve ser considerada como a solução para o conflito da política com a moral.[38]

Pode-se, inclusive, buscar em Rawls alguns argumentos de justificação e fundamentação desta posição, lançando mão do seu conceito de justiça especial, aqui entendida como *ordem lexicográfica* de prioridades entre o princípio da igualdade de direitos e liberdades e o princípio da diferença, o qual opera com a concepção de desigualdades sociais e econômicas para beneficiar os menos favorecidos.[39] Agregaria aqui outro tipo de desigualdade que é a da informação qualificada pelas circunstâncias históricas violadoras de direitos e garantias fundamentais, para o que se admite adequada compreensão de justiça enquanto política pública de acesso a informação e formação dos atingidos direta e indiretamente pelos eventos sob análise, assim como da opinião pública da cidadania, para que possa exercer de forma mais consciente suas responsabilidades e prerrogativas.

Assim é que com as Comissões da Verdade se busca conhecer as causas da violência ocorrida naqueles períodos, identificar os elementos em conflito, investigar melhor os fatos mais graves de violações aos Direitos Humanos, eis que muitos dos atingidos diretamente nos eventos sequer sabiam o que ocorria. Por outro lado, não se pode deixar de reconhecer que "la acrobacia política permite que los gobiernos de transición atiendan, em cierta medida, las exigencias de justicia y de reconciliación, prefiriendo esta última, como garantía de estabilidad democrática. Por eso ponen más empeño en favorecer la impunidad de los violadores de los derechos humanos, volviendo a agredir así, en nombre de la reconciliación, a los familiares de las víctimas".[40]

De qualquer sorte, é uma conquista do Direito Internacional e da Sociedade Civil o de SABER o que ocorreu com seus compatriotas nos chamados regimes militares, haja vista os vários Tratados, Pactos e Acordos Internacionais sobre o tema. Mas o que vem a ser este Direito de Saber?

> Es el derecho imprescriptible a conocer la verdad acerca de las circunstancias en que se cometieron las violaciones y, en caso de fallecimiento o desaparición, acerca de la suerte que corrió la víctima". Las personas directa o indirectamente afectadas por un

---

[38] KLAUTAU FILHO, Paulo. *O Direito dos cidadãos à verdade perante o poder público*. São Paulo: Método, 2007, p. 66 e 68.

[39] RAWLS, John. *A Theory of Justice*. Cambridge: Harvard University Press, 1971, p. 62, 151.

[40] NACIONES UNIDAS, COMISIÓN DE DERECHOS HUMANOS. *Informe del Alto Comisionado de las Naciones Unidas para los Derechos Humanos sobre la situación de los derechos humanos en Colombia*, E/CN.4/2003/13, 24 de febrero de 2003, p. 23. Ver também o conjunto de princípios atualizado para a proteção e a promoção dos directos humanos mediante a luta contra a impunidade, conforme o documento E/CN.4/2005/102/Add.1.

crimen internacional tienen derecho a saber siempre, aunque haya transcurrido mucho tiempo desde la fecha en la cual se cometió el ilícito, quién fue su autor, en qué fecha y lugar se perpetró, cómo se produjo y por qué llegó a ejecutarse.[41]

É interessante verificar agora algumas experiências na América Latina de constituição destas Comissões e suas metodologias de trabalho, o que passo a fazer.

4. As Comissões da Verdade na América Latina: algumas lições

Em vários países da América Latina, os processos de saída dos regimes militares ao longo das décadas de 1960 a 1990 foram auxiliados por políticas públicas envolvendo a investigação das violações de Direitos Humanos e Fundamentais e as formas de reparação dos danos causados em face disto.

Uma das formas evidenciadoras destas políticas foram as Comissões da Verdade, com distintos aportes e finalidades, mas todas envolvidas em temas comuns decorrentes dos regimes de força e violência gestados pelos governos militares.

Como diz um Relatório do Secretário-Geral do Conselho de Segurança das Nações Unidas, embora tribunais sejam importantes, a experiência com Comissões de Verdade também mostra que elas são ferramentas complementares potencialmente valiosas na busca por justiça e reconciliação, uma vez que focam na vítima, ajudam a estabelecer um registro histórico, além de recomendar medidas corretivas.[42]

Tenho como interessante destacar as particularidades distintivas e convergentes de algumas experiências dos países vizinhos ao Brasil justamente para tentar maturar mais os caminhos e opções que se podem tomar nesta quadra histórica em que se vive.

A começar pela Argentina, pesquisas e documentos históricos estimam que cerca de 30.000 pessoas tiveram direitos violados, através de desaparecimento forçado e assassinato durante o regime militar.[43]

---

[41] NACIONES UNIDAS, COMISIÓN DE DERECHOS HUMANOS. *Informe del Alto Comisionado de las Naciones Unidas para los Derechos Humanos sobre la situación de los derechos humanos en Colombia*, cit.

[42] NAÇÕES UNIDAS, Conselho de Segurança. O Estado de Direito e a justiça de transição em sociedades em conflito ou pós-conflito. In: Relatório do Secretário Geral, *Revista Anistia*, vol. I. Brasília: Ministério da Justiça, 2009, p. 323.

[43] NÜRNBERGER, Esteban Cuya. *Las comisiones de la verdad en América Latina*. Disponível em: <http://www.iidh.ed.cr/bibliotecadigital>, acesso em 29/01/2011, p. 18.

Tão logo assumiu o governo argentino, o Presidente Raúl Alfonsín criou a Comissão da Verdade, chamada de Comissão Nacional para a Investigação sobre o Desaparecimento de Pessoas (CONADEP), que tinha como objetivo investigar as violações ocorridas no período de 1976 a 1983. O período de investigação foi de nove meses. Composta por escritores, Bispos, Rabinos, Deputados, dentre outras pessoas, a CONADEP contava com 13 membros. Com as informações geradas por esta comissão, a população argentina passou a conhecer a história das ocorrências do período militar.

Conforme a CONADEP avançava nas investigações, seus membros foram ameaçados por agentes da repressão, acusados de ativar o ódio e o ressentimento. A despeito disto, conseguiu produzir o documento *Nunca Más*, evidenciando: o desaparecimento de 8.960 pessoas durante o regime militar, e que esse número não era final, pois existiam outros casos que estavam em etapa de investigação; 80% dessas pessoas possuíam de 21 a 35 anos de idade; a existência de 340 centros clandestinos de detenção, onde os prisioneiros viviam em condições desumanas e sofrendo todo tipo de humilhações; que os oficiais das Forças Armadas tinham uma espécie de pacto de sangue, no qual todos participavam das violações a direitos humanos, sob pena de aquele que se recusasse tornar-se vítima; muitas pessoas foram exterminadas, com destruição de seus corpos, para evitar posterior identificação; uma lista com 1.351 repressores, com seus nomes, incluindo juízes, médicos, bispos e sacerdotes; a existência de uma ilha, da Igreja Católica, que servia de campo de concentração.[44]

A CONADEP prestou as seguintes recomendações ao Estado argentino: a) continuação das investigações na via judicial; b) prestar assistência econômica, bolsas de estudo e trabalho aos familiares das vítimas; c) aprovação de normas que estabeleçam o desaparecimento forçado como crime de lesa-humanidade; d) ensino obrigatório de direitos humanos nos centros de educação, tanto civis, como militares e policiais; e) apoio a grupos de direitos humanos; f) revogação da legislação repressiva existente no país.[45]

No Chile, o Presidente Patrício Aylwin Azocar criou, em 1990, a Comissão Nacional de Verdade e Reconciliação, tendo oito membros e prazo de nove meses para investigação. Esta Comissão tinha como funções as seguintes: a) estabelecer um quadro sobre as violações aos direitos humanos, seus antecedentes e circunstâncias; b)

---

[44] Disponível em: <http://www.desaparecidos.org/arg/conadep/nuncamas/>, acesso em 25/05/2011.

[45] Idem.

reunir informações para individualizar as vítimas e seus paradeiros; c) recomendar as medidas de reparação e reivindicação necessárias; d) recomendar as medidas legais e administrativas cabíveis.

Foram investigados os fatos ocorridos no período de 11 de setembro de 1973 a 11 de março de 1990, contando a Comissão com a colaboração de diversos organismos nacionais e internacionais de Direitos Humanos. Foram ouvidos mais de 3.400 familiares de desaparecidos, tendo ocorrido inclusive viagens internacionais a fim de ouvir o relato de exilados. Como diz Azocar:

> La Comisión nacional para el informe de la verdad y de la reconciliación, investigó la muerte y la desaparición que ocurrieron adentro Chile durante los años de la regla militar debajo Augusto Pinochet, que comenzó encendido 11 de septiembre, 1973 y terminado encendido 11 de marzo, 1990. La comisión eight-member (que incluye Jaime Castillo Velasco, José Luis Cea Egaña, Mónica Jiménez de la Jara, Laura Novoa Vásquez, José Zalaquett Daher, Ricardo Martín Díaz, y frasco Correa de Gonzalo) lanzó su informe en febrero de 1991. En el informe se determinó que mataron a 2.279 personas por razones políticas. En 641 casos, la comisión no podría determinarse concluyente que mataron a la persona por razones políticas. Encontró 508 casos que estaban más allá de su mandato, y que en 449 casos, ninguna información más allá del nombre de una persona desaparecida podrían ser determinados.[46]

Na experiência chilena, a Comissão da Verdade se valeu de uma rede significativa de colaboradores, desde Universidades e estudantes de direito (para a formulação das denúncias), até assistentes sociais – para auxílio aos familiares das vítimas, em razão da rememoração de todo o sofrimento. Importante o registro de que houve a colaboração das Forças Armadas, hospitais e Registro Civil, respondendo quase sempre que os documentos haviam sido incinerados ou destruídos em cumprimento a decisões judiciais.

O resultado das investigações da Comissão resultou em um Informativo, com as seguintes recomendações: a) para a reparação pública da dignidade das vítimas; b) à constituição de medidas de bem-estar social, pensão de reparação, atenção especial para a saúde, educação, condenação de dívidas e isenção da obrigatoriedade do Serviço Militar aos filhos das vítimas; c) para que se providenciasse a declaração de morte das pessoas detidas-desaparecidas; d) que fosse adequado o ordenamento jurídico nacional ao internacional de direitos humanos; e) que fossem ratificados tratados internacionais sobre direitos humanos; f) que fosse dado continuidade às investigações sobre os fatos apurados.[47]

---

[46] AZOCAR, Patrício Aylwin. *La comisión de la verdad y reconciliación de Chile.* Disponível em: <http://www.bibliojuridica.org/libros/4/1836/8.pdf>, acesso em 27/05/2011, p. 12.

[47] Idem, p. 19.

Em 1992 o governo do Chile criou a Corporação Nacional de Reparação e Reconciliação, para cumprir e executar as recomendações da Comissão da Verdade e Reconciliação.

Em El Salvador, igualmente se constitui a Comissão da Verdade, composta de três membros, todos estrangeiros, com foco específico à pacificação nacional através de um acordo entabulado entre o governo e o movimento guerrilheiro Frente Farabúndo Martí para Liberación Nacional. A partir desse acordo, ambas as partes concordaram em criar uma comissão da verdade, para averiguar as violações a direitos humanos ocorridas no país desde 1980. A comissão teve seis meses para investigar e dois meses para elaborar o Informe *De la loucura a la esperaza – la guerra de 12 años en El Salvador*.[48]

Esta comissão investigou, num primeiro momento, as violações praticadas por agentes do Estado contra os opositores políticos, verificando o assassinato de seis sacerdotes jesuítas e diversas execuções extrajudiciais e assassinatos cometidos pelo esquadrão da morte. Depois, analisou a violência do FMLN contra opositores, recomendando, ao final, as seguintes providências: a) a reforma da legislação penal e do Poder Judiciário; b) providenciar inabilitações políticas por um prazo de, no mínimo, 10 anos, às pessoas envolvidas em violações a direitos humanos; c) investigar e terminar com grupos ilegais (esquadrão da morte); d) providenciar a reparação material e moral às vítimas e seus familiares diretos; e) providenciar a entrega de terras, equipamentos agropecuários, bolsas de estudo às vítimas e seus familiares.[49]

Na contramão da história, a experiência do Peru não teve o êxito das anteriores, isto porque as circunstâncias constitutivas de sua realidade foram muito distintas, em face, fundamentalmente, da guerra interna envolvendo o organizado movimento Sendero Luminoso. Esta guerra produziu cerca de 30.000 mortos e mais de 5.000 desaparecidos, sendo que por diversas vezes o Estado criou comissões da verdade para esclarecer as denúncias de graves violações a Direitos Humanos. Poucos registros dão conta de alguns resultados destas comissões de verdade: processos judiciais, como nos casos Fujimori e Guzmán; recuperação da independência do Poder Judiciário; programas de reparações, com mais de cem milhões de dólares, inadmissão de anistias, prescrições e coisas julgadas envolvendo os autores de violações de direitos no regime de exceção.[50]

---

[48] Disponível em: <http://www.uca.edu.sv/publica/idhuca/cv.pdf>, acesso em 03/06/2011.

[49] Disponível em: <http://www.educabolivia.bo/educabolivia>, acesso em 03/06/2011.

[50] *Revista "Oiga"*, "Informe sobre Uchuraccay", Lima, Perú, 7 de marzo de 1983, p. 25 a 36.

Em outros países da América Latina que viveram regimes ditatoriais e violentos, apesar de não se constituírem Comissões da Verdade, houve significativa mobilização da Sociedade Civil, como o caso da Bolívia, em que se criou uma Comissão Nacional de Desaparecidos pelo governo, mas que pouco investigou. Em face disto, criou-se, pelos familiares das vítimas e outros organismos, um Juízo de Responsabilidades, cujas denúncias, contudo, esbarraram no Congresso, que excluiu as investigações de fatos ocorridos antes do Golpe de García Meza.[51]

Quando o Congresso decidiu acusar o ex-ditador García Meza na Corte Suprema, fora expedida ordem de prisão, oportunidade em que o acusado se declarou em rebelião e se escondeu. A justiça determinou o confisco de suas propriedades e a perda dos direitos políticos. Mesmo na clandestinidade, García Meza ameaçava os grupos de Direitos Humanos e chantageava o governo para obter proteção em troca de seu silêncio, tendo sido preso mais tarde no Brasil.[52]

Foi criado pelo novo governo um Comitê do Juízo de Responsabilidades, que investigou e elaborou informativos, inclusive para a televisão, sobre as violações ocorridas durante o período militar, a partir do que várias pessoas do governo passaram a contribuir com as investigações, que acabaram revelando a forma como agia o governo militar, descobrindo-se que alguns membros do exército boliviano treinavam e dirigiam grupos paramilitares que cometiam atentados terroristas. Descobriram, também, a existência de uma lista negra, com nomes de pessoas envolvidas com movimentos de Direitos Humanos que deveriam ser eliminadas.

Em 1992, a Bolívia condenou os ex-ditadores García Meza e Luis Arce Gomes a 30 anos de prisão. Também foram condenados outros 50 envolvidos. É importante registrar que, apesar da comissão da verdade boliviana, chamada Comitê Promotor do Juízo de Responsabilidades, não ter sido governamental, seus trabalhos foram muito eficazes, comprometendo a maior parte dos organismos do país na busca pela verdade.

No Paraguai o regime militar não foi diferente dos outros países, eis que, por 35 anos, o país ficou aterrorizado com as atitudes e ações do governo militar, tendo inclusive centralizado os arquivos do sistema de terrorismo dos países do Cone Sul da América, chamando

---

[51] Disponível em: <http://www.bolpress.com/art. php?Cod=2009072206>, acesso em 03/6/2011.
[52] Idem.

de Operação Condor, com registros imensos sobre os movimentos de esquerda e comunistas em todo este território.[53]

Em 1976, foi criado o Comitê de Igrejas para Ajudas de Emergência – CIPAE –, contando com o apoio de organismos internacionais, desenvolvendo um trabalho de pesquisa e catalogação de documentos de fatos de violência no país. Por razões óbvias, tomaram o cuidado de duplicar os documentos, pela técnica da microfilmagem, para não correrem o risco de perder ou de serem confiscados pelo regime militar. O resultado destas investigações foi publicado a partir de maio de 1990, em quatro tomos chamados: *Paraguai: Nunca Mais*. Nesse informativo, há a indicação de que 360 mil pessoas passaram pelas prisões do ditador Stroessner e que 1,5 milhões de paraguaios foram obrigados a ir para o exílio.[54]

Contudo, de todos os casos denunciados, somente 16 receberam tratamento judicial, a despeito da lentidão dos processos e medidas.

No final de 1993, foram descobertos no Paraguai arquivos do sistema repressivo dos governos do Cone Sul da América, qualificados como Arquivos do Terror. Ali são encontrados documentos sobre as ocorrências na Bolívia, Uruguai, Argentina, Paraguai, Chile e Brasil.[55]

5. O segredo de Estado como barreira de acesso à verdade e sua necessária superação

Ao lado desta história latino-americana envolvendo uma cultura de violência das forças de segurança pública em regimes militares, ainda se tem outro obstáculo ao acesso à verdade do ocorrido que é o que chamo de Segredo de Estado oponível a certos documentos, dados e informações referentes àqueles períodos.

Em verdade, pode-se dizer que a sociedade de informação em que se vive hoje tem progressivamente amainado as distâncias e mes-

---

[53] Há notícias de que esta Operação Condor ainda existe, nominada hoje de Confederação dos Exércitos Americanos, reunindo altos dirigentes dos Exércitos da Bolívia, Brasil, Canadá, Chile, Colômbia, Equador, Estados Unidos, El Salvador, México, Nicarágua, Paraguai, Peru, República Dominicana e Uruguai, conforme noticiado em <http://pbrasil.wordpress.com/2009/10/28/representantes-de-exercitos-americanos-se-reunem-na-argentina>, acesso em 14/06/2011. Também ver a noticia em <http://www.sgex.eb.mil.br/qgnoticias/qgex_352.pdf>, acesso em 14/06/2011.

[54] É interessante a informação de que o governo dos EUA apoiou a ditadura paraguaia em troca de apoio na Guerra Fria, para combater o comunismo. In: BORAINE, Alex. What price reconciliation? The achievement of the TRC. In: *A Country Unmasked*. Oxford: Oxford University Press, 2000, p. 340-378.

[55] Idem.

mo os obstáculos à comunicação entre as pessoas, a ponto de que nos recantos mais isolados do planeta é possível obter informações do que está acontecendo, em tempo real, nas grandes metrópoles do Ocidente e mesmo Oriente, o que nem sempre foi a realidade cotidiana.

Em termos políticos e administrativos, houve tempo – não muito longínquo e quiçá ainda vigente em alguns territórios – em que a regra era o segredo enquanto ausência de informação e comunicação, viabilizando autoritarismos e regimes ditatoriais das mais diversas formas e modalidades – físicos, simbólicos, burocráticos etc.

Em termos históricos, esta ideia de segredo já estava presente na cultura Ocidental desde os Romanos, envolvendo os desígnios políticos da comuna sob estrito conhecimento, primeiro, do representante de Deus na terra, o Imperador, depois dos ilustrados que entendiam suas mensagens e as mundanizavam mais, os Senadores.[56]

Na própria Bíblia se pode vislumbrar a presença do segredo com três significados específicos, a saber:

> In primo luogo, per indicare le cose non conoscibili di per sé (segreti del futuro, della natura, ecc.); poi, per indicare le cose confidenziali: la voce sod, usada nel testo in língua ebraica, significava originariamente divano, da cui consiglio o riunione de coloro che siedono sul divano, quindi anche cio che si tratta in consiglio ristretto e non deve essere divulgato, ovvero è segreto; infine, tale termine é usato per indicare i luoghi nascosti.[57]

A era das luzes modernas contribuiu em muito para a transposição destes períodos obscurantistas, e no âmbito jurídico, Brugaletta assevera que:

> Tutte le barriere burocratiche elevate dal diritto napoleonico, volte a costruire il segreto più impenetrabile sull'attività amministrativa degli stati post-ottocenteschi, stanno cadendo, prima ancora che per effetto dell'azione delle riforme democratiche, per cambiamenti di realtà di fatto che s'impongono al legislatore. E forse le due cose, democrazia e informazione, possono essere due aspetti, l'uno politico e l'altro tecnologico, della stessa realtà che sta cambiando velocemente sotto l'impulso della rivoluzione telematica.[58]

---

[56] ORESTANO, Ricardo. *Sulla problemática del segreto.* Roma: Mulino, 2009.

[57] Idem, p. 59.

[58] BRUGALETTA, Francesco. Poteri pubblici e dovere di disseminazione: l'altra faccia del diritto all'informazione. In: *Rivista Diritto & diritti*, p. 04. Disponível em: <www.diritto&diritti. com.it>, acessada em 06/04/2011. Diz o autor ainda que: "Già nella sensibilità letteraria del 700 la pubblicità degli atti del potere, categoria dell'illuminismo e componente essenziale del mito solare della rivoluzione, costituiva uno dei criteri fondamentali per contraddistinguere lo stato costituzionale dallo stato assoluto (...) l'azione pubblica, da sempre trincerata dietro un manto di impermeabilità, diventa penetrabile dal privato. Il passaggio dalla dimensione segreta alla sfera della pubblicità è testimoniata dalla rifondazione del segreto di ufficio che, da regola, diventa eccezione, operante solo nelle ipotesi legislativamente scolpite".

Alguns especialistas são mais incisivos nesta matéria e sustentam que os níveis de democracia da sociedade contemporânea dependem dos respectivos índices de difusão das informações em seu cotidiano, outorgando ao cidadão a possibilidade de conhecer o máximo de informações possíveis – sobre o espaço público e privado –, resguardados, por certo, os direitos fundamentais de cada qual. Em especial no que diz com a coisa pública, tais informações se referem às leis, sentenças, disposições administrativas, circulares e quaisquer outros documentos que se refiram a interesses subjetivos passíveis de publicação.

Com o advento da Constituição de 1988 no Brasil, restou claro, pelos termos conjugativos do art. 37, *caput*, e do art. 93, incisos IX e X, que são públicos os atos e negócios da Administração Pública no país, observadas as situações que envolvem segurança nacional ou congênere. Com maior grau de especificidade, pelos termos da Lei Federal nº 9.784, de 29/01/1999, que regula os procedimentos administrativos, de igual sorte restaram consolidados direitos e garantias da cidadania – e da Administração – no atendimento de demandas, inclusive de informação, que se apresentam a esta.

Por tais razões, pode-se dizer, com Sandulli, que é regra constitucional do agir administrativo a sua transparência, eis que:

> Costituisce un'esigenza assolutamente fondamentale degli ordinamenti democratici, ponendosi come strumento indispensabile a realizzare un effettivo e diretto rapporto tra governanti e governati, per il fatto di consentire a questi ultimi una più consapevole partecipazione all'operato dei pubblici poteri e un più pieno controllo della relativa rispondenza agli interessi sociali e ai precetti legislativi e costituzionali.[59]

Mas em termos operacionais, o que significa esta transparência administrativa? Junto com a participação nos procedimentos administrativos, à motivação e publicidade dos atos administrativos, o darem a conhecer os documentos públicos, perfazem os elementos centrais de conceituação e significado da transparência na espécie.

Agora, em um ordenamento jurídico como o brasileiro, em que vige a exigência da documentação administrativa – decorrente dos princípios informativos do art. 37, *caput*, da Constituição Federal –, o direito de acesso constitui, se não o principal, certamente um dos parâmetros fundamentais para colocar à prova a maturidade do sistema como um todo e verificar a possibilidade de afirmar e concretizar esta

---

[59] ROMANO, Santi. *Principii di Diritto Amministrativo*. Milano: Giuffrè, 1906, p. 22. Ainda refere o autor que: "il diritto di accesso, ponendosi come momento di attuazione del principio di partecipazione e quale strumento di controllo dei cittadini sull'imparzialità della pubblica amministrazione, deve diventare come regola, generale ed immanente, dell'ordinamento giuridico italiano".

centralidade que o cidadão possui no âmbito da gestão do interesse público. Assim, "per definizione, accesso si contrappone a *segretezza*. Il binomio implica un rapporto inversamente proporzionale tra i termini: minore è il grado di segretazione, maggiore è la possibilità di accedere ai documenti".[60]

Por outro lado, a informação e o acesso a ela hoje se afiguram como condição de possibilidade da própria Democracia, da Igualdade e Liberdade, assim como da dignidade da pessoa humana. Na perspectiva habermasiana, isto significa que a Democracia contemporânea deve estar baseada em um modelo teórico e pragmático dual, relacionado não apenas com a formação da vontade, institucionalizada no complexo parlamentar, mas também com uma noção de esfera pública que é reenviada a um conjunto espontaneamente gerado de arenas políticas informais, dialogicamente discursivas, e ao próprio contexto cultural respectivo, afigurando-se como uma oposição binária entre o plano formal e institucionalizado da democracia e os domínios informais e espontâneos de formação da opinião.[61] Esta noção, por sua vez, assenta-se também numa perspectiva de comunicação cujo ideal regulador é igualmente dialógico, face-a-face e orientada para o entendimento mútuo, através exclusivamente da força do melhor argumento.[62]

Mas se é o melhor argumento que se constitui como um dos critérios de qualificação da Democracia e da deliberação política, é preciso se perguntar como ele se constitui e quais os critérios de sua identificação como melhor. Para tanto, novamente com Habermas, tenho que isto se dá por processos e procedimentos participativos na tomada de decisões e na execução destas decisões, contando com ferramentas de transparência e visibilidade plena dos atos de todos os agentes envolvidos na espécie. É assim que se formam as melhores condições ao surgimento de bons argumentos (que o são somente quando compromissados com os Direitos e Garantias Fundamentais, valores, princípios, objetivos e finalidades da República, demarcados

---

[60] ARENA, Gregório. *Il Segreto Amministrativo*. Padova: CEDAM, 2004, p. 34. Refere ainda o autor que: "l'accesso ai documenti amministrativi, attese le sue rilevanti finalità di pubblico interesse, costituisce principio generale dell'attività amministrativa al fine di favorire la partecipazione e di assicurarne l'imparzialità e la trasparenza".

[61] O conceito de esfera pública aqui tem natureza política e constitucional, eis que pretende destacar a importância do sentimento de pertencimento do cidadão à sua realidade espacial e temporal, no sentido de corresponsável pela constituição do espaço público em que vive, a partir de pautas normativas que ele ajudou a demarcar, com objetivos, finalidades e valores a serem perseguidos. Ver neste sentido o texto de VIROLI, Maurizio. *For love of Country. An essay on patriotism and nationalism.* Oxford: Clarendon Press, 1995, assim como o texto de BUNCHAFT, Maria Eugenia. *Patriotismo Constitucional na perspectiva de Jürgen Habermas*. Rio de Janeiro: Lumen Juris, 2010.

[62] HABERMAS, Jürgen. *Teoria de la Acción Comunicativa*. v. I e II. Madrid: Taurus, 1999, p. 81.

pela Constituição etc.), os quais, por sua vez, levam à independência responsável dos cidadãos na configuração de suas vidas privadas.[63]

Por tudo isto é que mesmo a Democracia Representativa Parlamentar clássica depende de uma rede de processos comunicativos, tanto dentro como fora do complexo parlamentar e dos seus corpos deliberativos, sustentando a existência de palcos (espaço público) dialogicamente discursivos em que ocorre a formação da vontade e da opinião democráticas.

Significa dizer que é precisamente o fluxo de comunicação bem informada que evolui desde o plano da formação da opinião pública, através de discussões racionais orientadas para o entendimento mútuo, passando pelas eleições democráticas, reguladas por procedimentos que garantem a sua validade e legitimidade democráticas, até o nível das decisões políticas, em forma de lei ou outras deliberações gerenciais e executivas, que assegura que a opinião pública e o poder comunicativo sejam convertidos em poder administrativo.[64]

Quero dizer com isto que, na medida em que a esfera pública não pode ser representada enquanto uma instituição social ou jurídica propriamente dita, mas sim enquanto uma "network for communicating information and points of view (*i.e.*, opinions expressing affirmative or negative attitudes)",[65] pode-se identificar outra função específica dela, a saber, a filtragem e a sintetização dos fluxos comunicativos e opiniões públicas tematicamente pertinentes à comunidade, retirando das instâncias instituídas do poder político tradicional as rédeas exclusivas da decisão sobre a delimitação das prioridades públicas e das políticas que deverão atendê-las, bem como a forma com que serão operacionalizadas e controladas. Em outras palavras, isto evita o autofechamento sistêmico dos corpos políticos burocráticos, que impedem uma participação democrática mais profunda por parte dos cidadãos.[66]

---

[63] HABERMAS, Jürgen. *Teoria de la Acción Comunicativa*, op. cit., p. 155.

[64] HABERMAS, Jürgen. *Direito e Democracia:* entre faticidade e validade. v. I e II. Rio de Janeiro: Tempo Brasileiro, 1997.

[65] FALK, Richard. *On Humane governance*: toward a new global politics. Cambridge: Polity, 2006, p. 82.

[66] Tratei deste tema em meu livro LEAL, Rogério Gesta. *Estado, Administração Pública e Sociedade*: novos paradigmas. Porto Alegre: Livraria do Advogado, 2008. Na dicção de Macpherson, buscando subsídios em J. S. Mill, e indo além dele, só tem sentido pensar os direitos civis de participação política da cidadania nos rumos de sua própria história a partir de condições objetivas e subjetivas de interação e interlocução com o Estado Administrador e suas instâncias burocráticas. In: MACPHERSON, C.B. *La Democracia Liberal y su época*. Madrid: Alianza, 1977, p. 38. Ver também do mesmo autor: a) *Ascensão e queda da justiça econômica*. São Paulo: Paz e Terra, 1991; b) *A Teoria Política do Individualismo Possessivo*. Rio de Janeiro: Paz e Terra, 1979.

Neste modelo de Democracia do qual falo, o Estado não tem a função exclusiva de garantir a igualdade de oportunidades aos diferentes projetos de institucionalidade democrática, mas deve também garantir padrões mínimos de inclusão e informação, que tornem possível à cidadania ativa criar, monitorar, acompanhar e avaliar o desempenho dos projetos de governo e proteção da comunidade, assim como os níveis de efetividade democrática de suas instituições e do próprio cotidiano. Esses padrões mínimos são indispensáveis para transformar a instabilidade institucional em campo de deliberação democrática.[67]

É nesta direção que vem a assertiva correta de Marco Barbosa, no sentido de que: "a negativa de comunicação ou informação, ao revés, em estrita consonância com a verdade, importa em censura, que, se cometida por funcionários do governo ou por outras instâncias do Estado, nega o princípio democrático do poder transparente e a democracia não medra em terreno onde sua existência é condicional".[68]

Na verdade, o Estado não tem o monopólio da governação, mas retém tão somente o monopólio da metagovernação, ou seja, o monopólio da articulação – fundado nos princípios constitucionais que o informam, notadamente os atinentes aos direitos e garantias fundamentais.

No âmbito do texto constitucional brasileiro vigente, podem-se destacar algumas previsões normativas muito claras nesta direção, dentre as quais, no plano formal, tratando de requisitos instrumentais da participação e do controle social da administração pública, as seguintes:

a) a exigência de publicidade dos atos da Administração, para os fins de garantir um grau de visibilidade do poder político e social, dela não podendo constar nomes, símbolos ou imagens que caracterizem promoção pessoal de autoridades ou servidores públicos,[69] ao mesmo tempo em que se impõe como requisito de vigência da norma legal;[70]

---

[67] Ver o texto de AVRITZER, Leonardo. Teoria democrática, esfera pública e participação local. In: *Revista Sociologias*, ano 1, n° 2, julho/dezembro de 1999. Porto Alegre: UFGRS, 1999, p. 18/43.

[68] BARBOSA, Marco Antônio Rodrigues. Direito à Memória e à Verdade. In: *Revista de Direitos Humanos*, v. 1. Brasília: Secretaria Especial dos Direitos Humanos da Presidência da República do Brasil. Dezembro de 2008, p. 31.

[69] Nos termos do art. 37, *caput* e parágrafo primeiro, da CF/88, destacando-se este publicidade como princípio informativo da própria Administração Pública.

[70] Cumpre destacar que a publicidade, neste particular, não é elemento formativo do ato, necessário à existência válida deste ato, salvo quando a lei o dispuser, mas será sempre requisito de sua eficácia, exequibilidade e de sua moralidade. Neste sentido, ver o texto de MOREIRA NETO, Diogo de Figueiredo. *Direito de Participação Política*. Rio de Janeiro: Renovar, 1993, p. 107 e ss.

b) o direito do cidadão em obter certidões do Poder Público, visando a trazer informações oficiais sobre interesses pessoais e determinados, consoante disposição constitucional inscrita no art. 5º, inciso XXXIV, do mesmo Estatuto;

c) o direito de petição, garantido a qualquer pessoa, independentemente de ser ou não cidadão, alcançando aos três poderes do Estado, para os fins de defesa de direitos ou contra ilegalidade ou abuso de poder, nos termos do art. 5º, inciso XXXIV, *a*.

Por tais argumentos é que o Segredo de Estado não tem vez nos regimes democráticos contemporâneos, sendo até possível, em raríssimas e muito bem justificadas situações, aceitar-se a existência da informação e do documento secreto não mais reportado à posição do seu detentor, mas à qualidade da informação/documento envolvido e o que protege, superando-se, desta maneira, o fundamento meramente subjetivo e pessoal do segredo administrativo – um documento é segredo porque pertence à Administração Pública, ou porque o Administrador assim o entende –; mas pelo fato de representar uma concessão objetiva e real (tal documento/informação é segredo em face da qualidade da informação que contém, justificado normativa e racionalmente).

Pode-se imaginar, no ponto, a situação do art. 5º, inciso XXXIII, da CF/88, ao disciplinar que todos têm direito a receber dos órgãos públicos informações de seu interesse particular, ou de interesse coletivo ou geral, que serão prestadas no prazo da lei, sob pena de responsabilidade, ressalvadas aquelas cujo sigilo seja imprescindível à segurança da sociedade e do Estado.[71]

Mas, afinal, quais são as informações cujo sigilo seja imprescindível à segurança da Sociedade e do Estado? Quem define, e como o faz, os critérios de eleição desta imprescindibilidade? De que tipo de segurança se está falando aqui em face da Sociedade e do Estado? Estas questões demandam reflexão e respostas preliminares.

Aquela disposição do art. 5º, inciso XXXIII, da CF/88, acima referida, veio ratificada pelos termos da Lei Federal nº 8.159/91, em especial no seu art. 4º, repetindo praticamente a dicção constitucional, assim como o fez os termos do art. 2º da Lei Federal nº 11.111/2005, que regulamentou a parte final deste inciso da Carta Política. Ocorre

---

[71] Alia-se a isto o disposto no art. 37, § 3º, da CF/88, ao dispor que a lei disciplinará as formas de participação do usuário na administração pública direta e indireta, regulando especialmente: II – o acesso dos usuários a registros administrativos e a informações sobre atos de governo; mais o art. 216, § 2º, estabelecendo que cabem à administração pública, na forma da lei, a gestão da documentação governamental e as providências para franquear sua consulta a quantos dela necessitem.

Verdade, Memória e Justiça no Brasil – responsabilidades compartidas

que ambas as normas federais restringiram o acesso a dados, documentos e informações que envolvem o período militar, eis que a primeira norma federal assim dispôs:

> Art. 23. Decreto fixará as categorias de sigilo que deverão ser obedecidas pelos órgãos públicos na classificação dos documentos por eles produzidos.
>
> § 1º Os documentos cuja divulgação ponha em risco a segurança da sociedade e do Estado, bem como aqueles necessários ao resguardo da inviolabilidade da intimidade, da vida privada, da honra e da imagem das pessoas são originariamente sigilosos.
>
> § 2º O acesso aos documentos sigilosos referentes à segurança da sociedade e do Estado será restrito por um prazo máximo de 30 (trinta) anos, a contar da data de sua produção, podendo esse prazo ser prorrogado, por uma única vez, por igual período.
>
> § 3º O acesso aos documentos sigilosos referente à honra e à imagem das pessoas será restrito por um prazo máximo de 100 (cem) anos, a contar da sua data de produção.

O problema é que a Lei Federal nº 11.111/2005 criou uma forma nada Republicana e Democrática de identificação e catalogamento do que sejam documentos, dados e informações que demandam o chamado Segredo de Estado, ao afirmar em seu art. 4º que: "O Poder Executivo instituirá, no âmbito da Casa Civil da Presidência da República, Comissão de Averiguação e Análise de Informações Sigilosas, com a finalidade de decidir sobre a aplicação da ressalva ao acesso de documentos". Pergunta-se: qual a legitimidade democrática que tem o Poder Executivo para deliberar, desta forma monológica, sobre o acesso de informações que interessa a toda a Sociedade e à Democracia?

Não bastasse isto, ainda fez mais a referida Lei, pois em seu art. 5º expandiu de forma absurda aquela competência, ao referir que: "Os Poderes Legislativo e Judiciário, o Ministério Público da União e o Tribunal de Contas da União disciplinarão internamente sobre a necessidade de manutenção da proteção das informações por eles produzidas, cujo sigilo seja imprescindível à segurança da sociedade e do Estado, bem como a possibilidade de seu acesso quando cessar essa necessidade". Bem, agora sim todas as portas foram fechadas à Sociedade e mesmo às pessoas diretamente atingidas que queiram saber informações sobre os fatos ocorridos no regime ditatorial.[72]

---

[72] O projeto de Lei Federal nº 41/2010, por incrível que pareça, ainda piora esta situação ao determinar que: "Art. 27. *A classificação do sigilo de informações no âmbito da administração pública federal é de competência:* I – no grau de ultrassecreto, das seguintes autoridades: a) Presidente da República; b) Vice-Presidente da República; c) Ministros de Estado e autoridades com as mesmas prerrogativas; d) Comandantes da Marinha, do Exército e da Aeronáutica; e e) Chefes de Missões Diplomáticas e Consulares permanentes no exterior; II – no grau de secreto, das autoridades referidas no inciso I, dos titulares de autarquias, fundações ou empresas públicas e sociedades de economia mista; e III – no grau de reservado, das autoridades referidas nos incisos

É jurídica e politicamente aceitável esta restrição de Direito Constitucional Fundamental que estabelecem tais normativas federais, notadamente em face de que, pelos termos do art. 24 da Lei Federal nº 8.159/91, "poderá o Poder Judiciário, em qualquer instância, determinar a exibição reservada de qualquer documento sigiloso, sempre que indispensável à defesa de direito próprio ou esclarecimento de situação pessoal da parte?". Ademais, nenhuma norma de organização administrativa será interpretada de modo a, por qualquer forma, restringir o disposto neste artigo.[73]

Como resolver esta antinomia direta/indireta existente aqui?

O projeto de Lei Federal nº 41/2010, que tramita no Congresso Nacional, em seus arts.23 e 24, tenta demarcar de forma mais objetiva e pontual quais seriam os temas e, por consequência, documentos, informações e dados, que se submeteriam ao regime de segurança de Estado e, portanto, com restrição de acesso, a saber:

Art. 23. São consideradas imprescindíveis à segurança da sociedade ou do Estado e, portanto, passíveis de classificação as informações cuja divulgação ou acesso irrestrito possam:

I – pôr em risco a defesa e a soberania nacionais ou a integridade do território nacional;

II – prejudicar ou pôr em risco a condução de negociações ou as relações internacionais do País, ou as que tenham sido fornecidas em caráter sigiloso por outros Estados e organismos internacionais;

III – pôr em risco a vida, a segurança ou a saúde da população;

IV – oferecer elevado risco à estabilidade financeira, econômica ou monetária do País;

V – prejudicar ou causar risco a planos ou operações estratégicos das Forças Armadas;

VI – prejudicar ou causar risco a projetos de pesquisa e desenvolvimento científico ou tecnológico, assim como a sistemas, bens, instalações ou áreas de interesse estratégico nacional;

VII – pôr em risco a segurança de instituições ou de altas autoridades nacionais ou estrangeiras e seus familiares; ou

VIII – comprometer atividades de inteligência, bem como de investigação ou fiscalização em andamento, relacionadas com a prevenção ou repressão de infrações.

I e II e das que exerçam funções de direção, comando ou chefia, de hierarquia equivalente ou superior ao nível DAS 101.5, do Grupo-Direção e Assessoramento Superiores, de acordo com regulamentação específica de cada órgão ou entidade, observado o disposto nesta Lei. § 1º *A competência prevista nos incisos I e II, no que se refere à classificação como ultrassecreta e secreta, poderá ser delegada* pela autoridade responsável a agente público, inclusive em missão no exterior, vedada a subdelegação". Grifos meus.

[73] No art. 25, da Lei, tem-se a advertência de que: *Ficará sujeito à responsabilidade penal, civil e administrativa, na forma da legislação em vigor, aquele que desfigurar ou destruir documentos de valor permanente ou considerado como de interesse público e social.*

Art. 24. A informação em poder dos órgãos e entidades públicas, observado o seu teor e em razão de sua imprescindibilidade à segurança da sociedade ou do Estado, poderá ser classificada como ultrassecreta, secreta ou reservada.

§ 1º Os prazos máximos de restrição de acesso à informação, conforme a classificação prevista no caput, vigoram a partir da data de sua produção e são os seguintes:

I – ultrassecreta: 25 (vinte e cinco) anos;

II – secreta: 15 (quinze) anos; e

III – reservada: 5 (cinco) anos.

Ocorre que o próprio Congresso Nacional titubeia sobre o assunto, na medida em que, conforme recente notícia veiculada pelo sítio virtual do Globo, diz que:

O presidente do Senado, José Sarney (PMDB-AP), disse nesta terça-feira que defende o sigilo apenas de documentos históricos do governo referentes à definição das fronteiras do país. Para ele, todos os demais registros da história recente do Brasil, incluindo os do período da ditadura militar e dos governos posteriores, inclusive o seu, devem ser abertos.

O líder do governo no Senado, Romero Jucá (PMDB-RR), requereu a retirada da tramitação em regime de urgência do projeto de Lei Geral de Direito à Informação, o que dá mais tempo para a análise do Congresso.

Acho que não podemos fazer WikiLeaks (site que divulgou uma série de informações sigilosas do governo dos Estados Unidos e de outros países) da história do Brasil, da constituição de nossas fronteiras – afirmou o presidente do Senado.

Ele reclamou que foi mal interpretado nas declarações que deu na segunda-feira sobre o assunto. Sarney ressaltou que quando usou o termo "abertura de feridas" referiu-se à possibilidade de que, a partir da divulgação de documentos históricos da delimitação das fronteiras, fossem criados problemas já superados com países como a Bolívia e o Peru, por exemplo.

Quanto aos documentos que dizem respeito à documentação que não trata desses assuntos, José Sarney foi enfático: "O resto pode abrir, acho que deva abrir. Na parte do meu governo está tudo aberto. Quem for à minha fundação, no Maranhão, vai ver que tem mais de quatrocentos e tantos mil documentos, e eu não tenho o menor interesse de esconder nada.[74]

Em notícia veiculada pelo sítio virtual da empresa Terra, consta o protesto sobre esta mesma matéria do Senador Pedro Simon, no sentido de que se divulgassem os documentos oficiais mantidos em sigilo, fazendo inclusive um apelo aos dois ex-presidentes da República que são Senadores hoje (José Sarney e Fernando Collor), dizendo: "Nós não temos por que não publicar. Nós não temos por que não conhecer a verdade, não saber a verdade", e isto porque decidiu o Senado, em

---

[74] Disponível em: <http://oglobo.globo.com/pais/mat/2011/06/14/sobre-documentos-secretos-sarney-diz-que-nao-se-pode-fazer-wikileaks-da-historia-do-brasil-924680159.asp>, acesso em 14/01/2006.

relação ao Projeto de Lei nº 41/10 – que disciplina que os documentos ficariam secretos por 25 anos, renováveis por outros 25 anos, modificando a proposta governamental de manter a documentação secreta por prazo indeterminado –, que a proposta fosse submetida à Comissão de Relações Exteriores e Defesa Nacional (CRE), após aprovação unânime da Câmara dos Deputados e em duas comissões do Senado, que a mantiveram como veio da Câmara.[75]

Veja-se que o projeto de Lei nº 41/10, agora barrado pela blindagem acima informada, prevê em seu art. 5º que é dever do Estado garantir o direito de acesso à informação, que será franqueada, mediante procedimentos objetivos e ágeis, de forma transparente, clara e em linguagem de fácil compreensão. Ainda mais, no § 5º do art. 24, diz claramente que: para a classificação da informação em determinado grau de sigilo, deverá ser observado o interesse público da informação, e utilizado o critério menos restritivo possível, consideradas, dentre outros elementos, a gravidade do risco ou dano à segurança da sociedade e do Estado, portanto, mister é que se façam juízos de valor justificatórios e fundamentalizantes na decisão sobre a restrição imposta, já que a diretriz para tanto é utilizar o critério menos restritível possível, exatamente para privilegiar o direito de acesso.

E por que isto? Pelo fato de que questões condizentes a direitos constitucionais fundamentais não pertencem simplesmente a uma área particular do direito, pois as respostas decorrentes delas têm consequências em toda a estrutura do sistema jurídico e mesmo social.[76]

O que se tem de ter em mente, a partir do referido, é que, por mais que a norma constitucional estabeleça catálogos de direitos e garantias constitucionais referidas como autoaplicáveis, e disto não se tem dúvidas, o fenômeno de efetivação concretizante destes sempre contará com graus/medidas passíveis de mensuração, e estas, defini-

---

[75] Disponível em: <http://noticias.terra.com.br/brasil/noticias/Pedro+Simon+defende+divul gacao+de+documentos+secretos.html>, acesso em 15/06/2011, e publicado em 14/06/2011. O senador observou ainda que a situação é diferente da vivida pela Argentina e pelo Uruguai, em que ex-presidentes acabaram presos, citando reportagem do jornal *O Estado de S. Paulo* sobre apelo feito pela Organização das Nações Unidas (ONU) para que o Brasil aproveite a devolução de documentos da Comissão Mundial da Igreja, relatando a existência de 242 centros de tortura no País, para rever sua relação com seu passado.

[76] Conforme ALEXY, Robert. The Construction of Constitutional Rights. In: *Law & Ethics of Human Rights*, v. 4, Issue 1. Article 2. Berkeley: Berkeley Electronic Press, 2010. Nas palavras do autor: "Questions pertaining to constitutional rights are not simply questions in a particular area of law. The answers given to such questions have consequences for the structure of the entire legal system. The spectrum extends from the third party or horizontal effect, that is, the bearing of constitutional rights on private law, right up to the relation between the legislature and the practice of constitutional review, behind which the tension between constitutional rights and democracy is found". (p. 03).

tivamente, não estão dadas pela Carta Política, demandando do intérprete/aplicador atribuição de sentido racional e material às suas reivindicações, caso por caso (que inclusive pode tratar de interesse coletivo, difuso ou individual homogêneo), levando em conta o universo de variáveis que convergem a ele.

A necessária fundamentação que se exige de todo o ato público (legislativo, administrativo e judicial, por exemplo) está demarcada pelos significados e sentidos encetados pelo sistema normativo vigente, que a despeito de em constante mutação, conta com referências, procedimentos e instâncias deliberativas regulares que precisam ser observadas sob pena de dar-se vezo a imposições autoritárias, veiculadas pela assertiva de que "La norma è dunque la volontà della legge come pensata da colui che in concreto decide, influenzato dal contesto sociale e giuridico in cui si trova ad operare".[77]

6. Considerações finais

Não são simples as decorrências conceituais e operacionais da ideia de verdade que estou trabalhando aqui, tanto em face dos elementos materiais e simbólicos que se ocupa, como em razão da perspectiva teleológica que entendo devam ter às gerações presentes e futuras.

As questões que dizem respeito a temas como estes são sempre traumáticas e potencialmente danosas, pelo simples fato de tratarem de matérias que recordam um tempo que a maior parte da população ou sequer conheceu, ou não quiseram conhecer, ou ainda desejam esquecer.

Penso que o segredo e o silêncio da Administração Pública sobre tais assuntos têm contribuído em muito para provocar uma amnésia irresponsável em nível de cidadania, como se a passagem do tempo tivesse o condão de apagar da vida das pessoas os vestígios indeléveis que causaram em vidas humanas e, com isto, autorizar o esquecimento e o desconhecimento.

---

[77] ANDRONICO, Alberto. Ermeneutica e diritto da Wilhelm Dilthey ed Emilio Betti. In: *Spicchi di Novecento*, a cura di Bruno Montanari. Roma: Giappichelli, 2008, p. 49. Refere ainda o autor: "Posto dunque che il ragionamento che viene seguito per l'applicazione del diritto non è riconducibile alla sola logica formale, ma è scelta da parte del giudice di una tra le varie soluzioni possibili, posto ancora che il diritto non è l'insieme delle norme date dal sovrano, né l'insieme delle decisioni dei tribunali, ma ordine normativo sempre nell'atto di positivizzarsi, la questione che si pone è quella di individuare il reale fondamento della decisione del giudice".

Ocorre que este esquecimento ou falta de conhecimento se dão sobre interesses públicos indisponíveis, porque atinentes a Direitos Fundamentais da pessoa humana que foram violados, tanto física como simbolicamente, e por isto precisam vir à tona para cumprir seu papel civilizatório de compromisso à Democracia.

O Brasil precisa cumprir com o dever institucional de providenciar o conhecimento público dos fatos e documentos que detém à Sociedade, independentemente das intenções daqueles que estão na posse deste material todo, fazendo deles ferramentas cívicas de aprendizado político e histórico, para que não se repita o ocorrido nas gerações presentes e futuras.

O problema é que tão importante quanto a decisão política e institucional de instituir uma Comissão da Verdade é viabilizá-la eficazmente em termos operacionais e de resultados, sob pena de esvaziamento teleológico dos seus objetivos, por tais razões é que o debate internacional tem sugerido algumas estratégias metodológicas de procedimentos destes órgãos, a saber:

1) Em termos de mandato e faculdades, o objetivo principal é o esclarecimento da verdade, contribuindo para a reconciliação nacional, formulando recomendações para auxiliar as vítimas e prevenir o retorno a um regime autoritário.

2) No que tange à composição, as pessoas selecionadas determinam, em grande parte, o êxito ou não destas Comissões, razão pela qual devem ser bem escolhidas, levando em conta o perfil, a notoriedade nacional e internacional, a capacidade de articulação e de produzir resultados, a formatação de redes de cooperação, talvez até com a contribuição de componentes internacionais, o que gera credibilidade para com todos.

3) É preciso ter estratégias de comunicação, para que todo o trabalho desenvolvido pela Comissão seja público ou publicizado, com reuniões de divulgação, publicações, vídeos, a fim de confirmar sua credibilidade.

4) É fundamental constituir mecanismos adequados de recepção de testemunhos, pois a maior parte das informações é recebida através deles, mediante reuniões privadas. Para as vítimas e testemunhas, aqueles que os ouvem serão o único contato com a Comissão, razão pela qual devem causar boa impressão, dando a atenção devida e merecida a todos.

5) A investigação realizada pela Comissão tem de gerar uma base de dados efetiva para o armazenamento de todos os elementos colhidos durante o período de suas atividades.

6) Revela-se igualmente producente a realização de Audiências públicas para o tratamento da matéria, gerando não só o reconhecimento público do ocorrido e das providências que devem ser tomadas a respeito, bem como a oportunidade das vítimas e violadores contarem sua história.

7) A Comissão da Verdade vai, ao fim e ao cabo, produzir informes finais, que se converterão em fonte à educação sobre Direitos Humanos e Fundamentais. Esses informes, se bem documentados e baseados em uma metodologia adequada, podem servir como proteção contra distorções da história e como ferramentas de educação popular e formal em todos os níveis da República.[78]

Recentemente, em outra medida governamental, o Ministério da Justiça resolveu assegurar o acesso a arquivos e documentos envolvendo os atos de sequestro, morte, desaparecimento e tortura de pessoas no período do regime militar a familiares dos atingidos, conforme faz ver a reportagem do sítio virtual *O Globo*:

> O ministro da Justiça, José Eduardo Cardozo, concedeu a um grupo de familiares de desaparecidos políticos acesso irrestrito aos documentos produzidos pela ditadura militar e que hoje estão guardados no Arquivo Nacional. Esta é a primeira vez que o governo libera consulta livre de terceiros aos registros da repressão. Até então as buscas estavam restritas a familiares de cada um dos mortos ou desaparecidos. A liberação dos papéis deve subsidiar a atuação do grupo na Comissão da Verdade, que deve ser criada ainda este ano pelo Congresso Nacional.

> Integrantes do grupo se reuniram com Cardozo e pediram acesso irrestrito aos documentos. A autorização do ministro ocorreu quinze dias após encontro com os familiares e a portaria com essa decisão foi publicada quinta-feira no Diário Oficial. O ministro disse que faria uma análise jurídica do caso e que, se não houvesse impedimento legal, atenderia o pedido, o que ocorreu.

> Nós solicitamos ao ministro porque não tínhamos acesso para pesquisa do acervo que esta lá, seja da Abin ou dos outros órgãos. Cada um só podia acessar os seus dados e do seu familiar. Sem poder pesquisar. Foi uma conquista muito especial para nós – disse Suzana Lisbôa, uma das integrantes do grupo que fez o pedido ao ministro.

> Em pouco tempo, Cardozo autorizou o acesso com o argumento de que "os requerentes representam grupos de perseguidos políticos do regime militar, bem como familiares de mortos e desaparecidos por agentes do Estado".

> Cardozo sustenta ainda que integrantes da comissão "buscam identificar registros documentais que serviam como elementos de prova e informação para subsidiar defesa de direitos e que viabilizem a identificação de agentes públicos que tenham sido mandantes ou autores de atos lesivos aos direitos humanos". Pela portaria do ministro, terão acesso irrestrito aos arquivos, além de Suzana Lisbôa, Iara Xavier, Edson Luiz de Almeida, Criméia Alice Schimidt, entre outros familiares.

---

[78] INSTITUTO INTERAMERICANO DE DIREITOS HUMANOS. *Verdad, justicia y reparación*: Desafíos para la democracia y la convivencia social. Op. cit., p. 49.

O acesso a esses documentos é muito importante. Pelo acúmulo de informações que temos, um detalhe qualquer, que parece desinteressante para outra pessoa, pode nos ajudar a montar um quebra-cabeça – disse Iara Xavier.

O grupo deve se reunir nos próximos dias para traçar uma estratégia de busca e análise dos documentos. A ideia inicial é estabelecer objetivos comuns e, depois, dividir tarefas. Só este ano, o Arquivo Nacional abriu a consulta de mais de 50 mil documentos fornecidos recentemente pela Aeronáutica. Os papéis, com registros da força desde o final dos anos 50, foram abertos à consulta. Mas só familiares das pessoas citadas tiveram liberdade para manusear os documentos. A pilha de documentos do extinto SNI (Serviço Nacional de Informações) é ainda mais abrangente.

Queremos acesso a todos os documentos – disse Iara.[79]

Os debates internacionais – em especial – têm orientado para o fato de que cada processo de transição é único e varia com o contexto cultural e histórico de onde ele opera, levando em conta: as variáveis de vontade política das autoridades e da sociedade civil para encarar a reconciliação; também variam as capacidades e os recursos empregados pelas instituições públicas para tal desiderato; o fato de que a reconciliação duradoura deve ter raízes em processos locais, pois só as vítimas e os perpetradores podem reconciliar-se entre si; que as atividades de reconciliação demandam tempo, anos ou décadas, sendo requisito fundamental a adequação do tempo para as ações de reconciliação e mesmo da Comissão da Verdade.[80]

Há muito ainda o que discutir.

7. Bibliografia

ALCHOURRÓN, Carlo. Sistemi normativi. *Introduzione alla metodologia della scienza giuridica*. Torino: Giappichelli, 2009.

ALEXY, Robert. *Teoria da Argumentação Jurídica: a teoria do discurso racional como teoria da justificação jurídica*. São Paulo: Landy, 2001.

———. *Teoría de los Derechos Fundamentales*. Madrid: Centros de Estudios Constitucionales, 2000.

———. *The Construction of Constitutional Rights*. In: Law & Ethics of Human Rights, Volume 4, Issue 1. Article 2. Berkeley: Berkeley Electronic Press, 2010.

ANDRONICO, Alberto. *Ermeneutica e diritto da Wilhelm Dilthey ed Emilio Betti*. In: Spicchi di Novecento, a cura di Bruno Montanari. Roma: Giappichelli, 2008.

ANNUAL REPORTS OF IACHR, 1985-1986.

---

[79] Disponível em : <www.oglobo.com.br>, acesso em 24/07/2011.

[80] Idem, p. 54. Para além disto, cabe aqui a advertência de há uma diferença entre reconciliação "política" e reconciliação "social", a primeira pode ser realizada através de acordo entre elites, porém, a segunda, poderá jamais ficar completa. In: MANDANI, Madmood. *Reconciliation without Justice. Southern African Review of Books*, 10 (6), 1996. Disponível em: <www.ilam.org>, acesso em 25/07/2011.

Verdade, Memória e Justiça no Brasil – responsabilidades compartidas

ARENA, Gregório. *Il Segreto Amministrativo*. Padova: CEDAM, 2004.

ARENDT, Hannah. *De la historia a la acción*. Barcelona: Paidós, 1995.

ASMAL, Kader. International Law and Practice: dealing whit the past in the South African experience. In: *International Law Review*, vol. 15, nº 6, November/2000, p.1215.

AVRITZER, Leonardo. *Teoria democrática, esfera pública e participação local*. In: Revista Sociologias, ano1, nº 2, julho/dezembro de 1999. Porto Alegre: UFGRS, 1999.

AZOCAR, Patrício Aylwin. *La comisión de la verdad y reconciliación de Chile*. Disponível em <http://www.bibliojuridica.org/libros/4/1836/8.pdf>, acesso em 27/05/2011.

BARBOSA, Marco Antônio Rodrigues. *Direito à Memória e à Verdade*. In: Revista de Direitos Humanos, vol.1. Brasília: Secretaria Especial dos Direitos Humanos da Presidência da República do Brasil. Dezembro de 2008.

BORAINE, Alex. *What price reconciliation? The achievement of the TRC*. In: A Country Unmasked. Oxford: Oxford University Press, 2000.

BRUGALETTA, Francesco. Poteri pubblici e dovere di disseminazione: l'altra faccia del diritto all'informazione. In: *Rivista Diritto & diritti*, Disponível em <www.diritto&diritti.com.it>, acesso em 06/04/2011.

BUNCHAFT, Maria Eugenia. *Patriotismo Constitucional na perspectiva de Jürgen Habermas*. Rio de Janeiro: Lúmen Júris, 2010.

DELLA TORRE, Zucchetti. *Privacy e accesso ai documenti amministrativi*. Roma: Giuffrè, 2009.

DICIOTTI, Marco. *Interpretazione della legge e discorso razionale*. Roma: Laterza, 2010.

DWORKIN, Ronald. *Is Democracy possible here?* Principles for a New Political Debate. Princeton: Princeton University Press, 2006.

DYZENHAUS, David. *Judging the Judges, Judging Ourselves*: Truth, Reconciliation and the Apartheid Legal Order, Oxford: Hart Publishing, 1998.

FALK, Richard. *On Humane governance: toward a new global politics*. Cambridge: Polity, 2006.

HABERMAS, Jürgen. *Direito e Democracia: entre faticidade e validade*. v.I e II. Rio de Janeiro: Tempo Brasileiro, 1997.

——. *Teoria de la Acción Comunicativa.*Vol. I e II. Madrid: Taurus, 1999.

HAYNER, Priscilla. *Unspeakable Truths*: Confronting State Terror and Atrocity. New York: Routledge, 2008.

INSTITUTE. International Human Rights Law. *Los Principios de Chicago sobre Justicia transicional*. Disponível em <http://www.iidh.ed.cr/bibliotecadigital> acesso em 29/01/2011.

INSTITUTO DE DERECHOS HUMANOS DE LA UNIVERSIDAD CENTROAMERICANA JOSÉ SIMEÓN CAÑAS. *La agenda pendiente, diez años después (de la esperanza inicial a las responsabilidades compartidas)*. El Salvador: UCA, noviembre de 2002.

INSTITUTO INTERAMERICANO DE DIREITOS HUMANOS. *Verdad, justicia y reparación: Desafíos para la democracia y la convivencia social*. Disponível em: www.iidh.ed.cr. Acesso em: 27/05/2011.

KISS, Elizabeth. *Moral Ambitions Within and Beyond Political Constraint*: reflexions on restorative justice. New York: Lendell, 2007.

KLAUTAU FILHO, Paulo. *O Direito dos cidadãos à verdade perante o poder público*. São Paulo: Editora Método, 2007.

LEAL, Rogério Gesta. *Condições e possibilidades eficaciais dos Direitos Fundamentais Sociais*: os desafios do Poder Judiciário no Brasil. Porto Alegre: Livraria do Advogado, 2009.

——. Estado, Administração Pública e Sociedade: novos paradigmas. Porto Alegre: Livraria do Advogado, 2008.

MACPHERSON, C.B. *La Democracia Liberal y su época*. Madrid: Alianza Editorial S.A., 1977.

——. *Ascensão e queda da justiça econômica*. São Paulo: Paz e Terra, 1991.

——. *A Teoria Política do Individualismo Possessivo*. Rio de Janeiro: Paz e Terra, 1979.

MADARIAGA, Carlos. La reparación por parte del Estado hacia las víctimas de la Tortura. In: *Revista Reflexión*, año 7, n° 22. Diciembre de 1994. Santiago: Chile, 1994.

MANDANI, Madmood. *Reconciliation without Justice*. In: *Southern African Review of Books*, 10 (6), 1996, disponible em <www.ilam.org>, acesso em 25/07/2011.

MCGOLDRICK, Dominic. *The Human Rights Committee* – Its role in the development of the International Covenant on Civil and Political Rights. Oxford: Oxford University Press, 2006.

MÉNDEZ, Juan. Accountability for past abuses. In: *Human Rights Quarterly*, vol. 19, No. 2, May 1997.

NACIONES UNIDAS, COMISIÓN DE DERECHOS HUMANOS. Informe del Alto Comisionado de las Naciones Unidas para los Derechos Humanos sobre la situación de los derechos humanos en Colombia, E/CN.4/2003/13, 24 de febrero de 2003.

——. *Promoción y protección de los derechos humanos. Estudio sobre el derecho a la verdad*. In: E/CN.4/2006/91, 09 de enero de 2006, 62° período de sesiones. Tema 17 del programa provisional, 2006.

NAÇÕES UNIDAS, Conselho de Segurança. O Estado de Direito e a justiça de transição em sociedades em conflito ou pós-conflito. In: *Relatório do Secretário Geral, Revista Anistia*, vol.I. Brasília: Ministério da Justiça, 2009.

NÜRNBERGER, Esteban Cuya. *Las comisiones de la verdad en América Latina*. Disponível em <http://www.iidh.ed.cr/bibliotecadigital>. Acesso em 29/01/2011.

O'DONNELL, Guillermo; SCHMITTER, Paul; WHITEHEAD, Louis (eds.). *Transitions from Authoritarian Rule*. 4 Vols., Baltimore: Johns Hopkins University Press, 1986.

OIGA, *"Informe sobre Uchuraccay"*, Lima, Perú, 7 de marzo de 1983.

ORESTANO, Ricardo. *Sulla problemática del segreto*. Roma: Mulino, 2009.

PÁEZ, D.; VALENCIA, J.; PENNEBAKER, J.; RIMÉ, B.; JODELET, D. (EDS); *Memoria Colectiva de Procesos Culturales y Políticos*. Editorial de la Universidad del País Vasco/Euskal Herriko Unibertsitatea, Leioa, 1997.

RAWLS, John. *A Theory of Justice*. Cambridge: Harvard University Press, 1971.

ROMANO, Santi. *Principii di Diritto Amministrativo*. Milano: Giuffrè, 1906.

SCHAUER, Frederick Le regole del gioco. *Un'analisi filosofica delle decisioni prese secondo regole nel diritto e nella vita quotidiana*. Bologna: Il Mulino, 2009.

——. *Balancing, Subsumption, and the Constraining Role of Legal Text*. In: Law & Ethics of Human Rights Review, vol. 4, Issue 1. Berkeley: Berkeley Electronic Press, 2010. Disponível em <http://www.bepress.com/lehr/vol4/iss1/art3>, acesso em 09/12/2010.

STARR, Paul. *Liberalism for Now*. Volume 56, n° 12, julho de 2009. Disponível em <www.nybooks.com/articles>, acesso em 10/02/2010.

TAVUCHIS, Nicholas. *Mea Culpa*: a sociology of apology and reconciliation. Stanford: Stanford University Press, 2001.

TEITEL, Ruti G. *Genealogía de la Justicia Transicional.* Disponible em <http://www.iidh.ed.cr/bibliotecadigital>, acesso em 29/01/2011.

TOIT, Andrè du. *Los Fundamentos Morales de las Comisiones de Verdad la Verdad como Reconocimiento y la Justicia como Recognition*: Principios de la Justicia Transicional en la Práctica de la Comisión de Verdad y Reconciliación (CVR) Sudafricana. Centro de Derechos Humanos, Facultad de Derecho, Universidad de Chile, 2008.

VIROLI, Maurizio. For love of Country. An essay on patriotism and nationalism. Oxford: Clarendon Press, 1995.

Sítios

http://www.noticias.terra.com.br/brasil/noticias/Pedro+Simon+defende+divulgacao+de+documentos+secretos.html, acessado em 15/06/2011, e publicado em 14/06/2011.

http://www.oglobo.globo.com/pais/mat/2011/06/14/sobre-documentos-secretos-sarney-diz-que-nao-se-pode-fazer-wikileaks-da-historia-do-brasil-924680159.asp, acessado em 14/01/2006.

http://www.pbrasil.wordpress.com/2009/10/28/representantes-de-exercitos-americanos-se-reunem-na-argentina, acesso em 14/06/2011.

http://www.bolpress.com/art. php?Cod=2009072206, acessado em 03/6/2011.

http://www.desaparecidos.org/arg/conadep/nuncamas/, acesso em 25/05/2011.

http://www.educabolivia.bo/educabolivia, acessado em 03/06/2011.

http://www.mercosur.int/msweb/Documentos/Publicados/Comunicaciones, acessado em 03/06/2011.

http://www.sgex.eb.mil.br/qgnoticias/qgex_352.pdf, acessada em 14/06/2011.

http://www.uca.edu.sv/publica/idhuca/cv.pdf, acessado em 03/06/2011.

Capítulo Segundo

A memória como direito fundamental civil e político: abordagem preliminar

1. Notas introdutórias

O tema da memória no âmbito da história é um dos mais agudos em nível de demarcação sobre atores sociais e suas práticas no tempo e no espaço, pois opera não só no âmbito dos efeitos e consequências materiais, mas também imateriais, simbólicas e morais, com impactos incisivos nas gerações do passado, presente e futuro.

Quando ele se refere ainda a questões atinentes a regimes ditatoriais e de força, implementados em particular em algumas experiências ocidentais na segunda metade do século XX, que geraram violações as mais horrendas e predadoras possíveis – em especial contra os chamados movimentos de resistência ou subversivos da ordem imposta –, torna-se mais problemático o seu tratamento, haja vista os interesses corporativos e pessoais vinculados a muitos detratores dos Direitos Humanos e Fundamentais violados que temem represálias ou responsabilidades pelos atos que praticaram.

Daí a importância de a memória ser tratada como política pública de gestão da história passada, presente e futura, contribuindo no processo didático-pedagógico de ensino/aprendizagem da Cidadania e da República, assim como suas instituições democráticas e representativas, para que se possa compreender o ocorrido e, com tal esclarecimento, formatar opinião pública pró-ativa em favor de práticas sociais civilizatórias e emancipacionistas de todos, inclusive para que aqueles tempos não voltem mais.

Esta é a pretensão deste trabalho! Perscrutar sobre os possíveis significados do que se pode chamar de Direito à Memória, e como ele

Verdade, Memória e Justiça no Brasil – responsabilidades compartidas

se aplica ao período do regime militar brasileiro, verificando quais as lições e perspectivas decorrentes daí.

2. A memória como direito fundamental

Junto com Hannah Arendt,[81] penso que o presente não esquece nem domestica o passado, isto porque a relação entre estes períodos de tempo é de transversalidade e circularidade, na medida mesmo de uma perspectiva filosófica, operando aqui com a lógica de que o sujeito que compreende não parte do zero, mas, ao contrário, conta com toda a história que lhe caracteriza e mesmo o define como sujeito: *a tradição*.

> Existe uma forma de autoridade que foi particularmente defendida pelo romantismo: a tradição. O que é consagrado pela tradição e pela herança histórica possui uma autoridade que se tornou anônima, e nosso ser histórico e finito está determinado pelo fato de que também a autoridade do que foi transmitido, e não somente o que possui fundamentos evidentes, tem poder sobre essa base ... E nossa dívida para com o romantismo é justamente essa correção do Aufklärung (Iluminismo), no sentido de reconhecer que, à margem dos fundamentos da razão, a tradição conserva algum direito e determina amplamente as nossas instituições e comportamentos.[82]

Isto significa que passado e presente se condicionam constantemente. Assim, em todo o processo histórico e sua compreensão há uma antecipação de sentido que abrange a tradição, impondo-se o reconhecimento de que as próprias partes determinam o todo.

É neste sentido que o tema da Memória se afigura de extrema importância à apuração da Verdade e da Justiça envolvendo a violação de Direitos Humanos e Fundamentais por regimes militares, em especial quando se pergunta como pode o Estado interagir com a Sociedade Civil na constituição das melhores políticas públicas de Memória, ou como quer Bickford, ao insistir com as seguintes perguntas que fomentam tais medidas: "How can memorials support truth commissions, tribunals, police reform, schools, community centers, watchdog groups, and other democracy-building projects? How can the state and civil society collaborate best on controversial projects to ease tensions over who 'owns' the past and find mutually satisfying solutions?".[83]

---

[81] ARENDT, Hannah. *Entre o Passado e o Futuro*. São Paulo: Perspectiva, 1997.

[82] In: GADAMER, Hans-Georg. *Verdade e Método*. Rio de Janeiro: Vozes, 2000, p. 421 (285 do original).

[83] BICKFORD, Louis. *Memorialization and Democracy: State Policy and Civic Action*. New York: Hamburg Institute for Social Research, June 2006, p. 38. Pergunta-se o autor e ao mesmo tempo responde:

Em verdade, o envolvimento integrado institucional público e privado, mais o social, no âmbito das estratégias que promovam a compreensão dos fatos ocorridos no passado – e quiçá presente –, suas consequências e soluções, estão associadas ao trabalho de memória coletiva e fortalecimento comunitário.

Veja-se que os traumas decorrentes de situações como estas não se manifestam somente de forma física, sob o ponto de vista médico, mas envolvem, dentre outras, questões coletivas que têm causas sociais e políticas. Nesse sentido, políticas públicas psicossociais, por exemplo, ajudam na reconstrução do tecido social através do enfrentamento do impacto psicológico individual ou familiar, minorando o modo de afrontar as causas de estresse presentes na raiz do acontecimento traumático, restaurando a cotidianidade e o sentido de controle sobre a própria vida no contexto cultural.[84]

A Memória aqui opera como condição de possibilidade à superação destes problemas, compreendendo contextualmente o ocorrido, já que as feridas se dão em determinado marco histórico. A par disto, estratégias e políticas de memória usam de recursos locais e mecanismos de enfrentamento destas questões, associados a programas com estratégias de reconstrução identitária e democrática dos vínculos societais. Dentre as ações possíveis, pode-se destacar:

1) Reconstrução do âmbito social e cultural, com a utilização de atividades artesanais, artísticas, educativas, promoção de grupos de autoajuda, grupos de apoio etc.;

2) Apoio individual e familiar centrado no trabalho em grupo, terapia individual e familiar, abrindo espaços para que as pessoas possam compartilhar suas experiências, o que pode ser útil para romper o silêncio;

3) Treinamento de pessoas locais em capacidades de apoio psicossocial para encarar e tratar o impacto traumático, com apoio e seguimento institucional;

4) Grupos de autoajuda, formados por sobreviventes de conflitos violentos e por familiares dos que morreram ou desapareceram, gerando espaços seguros e amistosos em que pode haver o compartilhamento de experiências.

"Should memorials be restricted to dignifying and commemorating victims, or should they have a wider function of creating awareness and fortifying democratic institutions? Memorialization, it became clear, is not a monolithic practice with a monolithic result. Thus the choice facing participants was not whether to remember their most difficult past, but how and to what end".

[84] BERISTAIN, Martín. *Reconstruir el tejido social. Un enfoque crítico de la ayuda humanitária.* Barcelona: Icaria, 1999, p. 29.

5) Importância das formas simbólicas de expressão do reconhecimento do ocorrido, como cerimônias e rituais, evidenciando ícones sociais que mantenham vivas as lições dolorosas do passado (memoriais, parques, placas nas ruas, celebração de aniversários etc.).[85]

Como diz Joinet:

El problema no es que la memoria nos lleve a vivir mirando hacia atrás. Es precisamente al revés, el presente es inmutable y está atado por el pasado porque se teme el cambio. Y cuando no se deja que se conozca la verdad es porque el sistema no está muerto. Si se dejase, sería un indicador de su muerte, como esos personajes de quienes se empieza a conocer una historia veraz cuando han desaparecido.

El pasado no es una carga de la que librarse, de cuyo peso muerto los vivos pueden o incluso deben deshacerse en su marcha hacia el futuro. El pasado no tira hacia atrás sino que nos presiona hacia delante. Para Hannah Arendt hay tiempos históricos, raros periodos intermedios, en los que el tiempo está determinado tanto por cosas que ya no son como por cosas que todavía no son. En la historia estos intervalos han demostrado en más de una ocasión que pueden contener el momento de la verdad. El intervalo entre el pasado y el futuro no es un continuum, sino un punto de fractura en el que luchamos para hacernos un lugar propio. En esos momentos la memoria de la violencia puede convertirse en una realidad tangible y en una perplejidad para todos, pasando a ser un hecho políticamente relevante.[86]

Em verdade, a elaboração dos traumas causados pelos acontecimentos sob comento demanda reconhecer a necessidade de se substituir a simultaneidade psicológica do ocorrido (e suas memórias negativas e hegemônicas) por sequências de passado/presente com vista a superação, fazendo com que se desalojem lastros de agravos e ressentimentos que mantêm as pessoas ligadas demasiadamente a um tempo pretérito interminável. Decorre disto a necessidade daquilo que Jodelet chama de recordação coletiva, enquanto forma de reconhecer que os atos ocorridos foram injustos e que não podem voltar a acontecer.[87]

---

[85] INSTITUTO INTERAMERICANO DE DIREITOS HUMANOS. *Verdad, justicia y reparación*: Desafíos para la democracia y la convivencia social. Disponível em: <www.iidh.ed.cr>, acesso em: 27/05/2011.

[86] JOINET, Louis. Los Derechos Civiles y Políticos, en particular las cuestiones relacionadas con la tortura y la detención. In: *Informe del Grupo de Trabajo sobre la Detención Arbitraria*. Presidente-Relator: Sr. Louis JOINET, E/CN.4/2003/8. Na mesma direção o texto de BERGER, Juan. *Y nuestros rostros, mi vida, breves como fotos*. Madrid: Hermann Blume, 2006.

[87] JODELET, Dominique. *Memoire de Masse: le cote moral et affectif de l'histoire*. Paris: Dalloz, 2008, p. 27 e segs. Vale a advertência de Alexandra de Brito: "memória é uma luta sobre o poder e sobre quem decide o futuro, já que aquilo que as sociedades lembram e esquecem determina suas opções futuras. Mitos e memórias definem o âmbito e a natureza da ação, reordenam a realidade e legitimam o exercício do poder. A política da memória se torna parte do processo de socialização política, ensinando às pessoas como perceber a realidade política e as ajudando a assimilar idéias e opiniões ... Memórias históricas e lembranças coletivas podem ser instrumentos para legitimar discursos, criar fidelidade e justificar ações políticas". BRITO, Alexandra Barahona de.

Veja-se que, na percepção de Alexandra de Brito, enquanto a justiça transicional se encontra localizada e focada mais no que se pode nominar de *transitologia*, ou da política comparativa, dentro da família da ciência política, os estudos de memória emergem da sociologia e dos estudos culturais. Em razão disto, sustenta a autora e com isto concordo, a divisão de trabalho se explica até certo ponto, pois os pactos transitórios são temporariamente limitados, enquanto o trabalho de memória não tem começo ou fim natural, sendo imperioso que se combinem estas perspectivas para compreender melhor os fenômenos de que se ocupam.[88] Em verdade:

> Para aprofundar mais nosso conhecimento sobre a justiça transicional e a política da memória, precisamos combinar várias perspectivas analíticas. Análises de 'equilíbrio de poder' próprias da ciência política, ou a visão de escolha racional que funciona bem ao analisar opções políticas, e análises de custo-benefício, perdem força explanatória quando começamos a examinar a produção de memória social. Devemos combinar as perspectivas da ciência jurídica e ciência política com outras vertentes.[89]

Para os especialistas que trabalham com o tema da memória em circunstâncias como as que estou me referindo, existem ao menos dois tipos de compreensões que se precisa ter sobre os fatos passados, uma fatual e outra moral; a verdade das narrações que contam o que ocorreu e das narrações que buscam explicar por que isto ocorreu. A primeira supõe um processo de investigação do passado e o conhecimento dos fatos, identificando quem foram os atores que participaram disto e de que forma o fizeram, as consequências e as medidas que foram tomadas a respeito. Já a segunda requer todo um processo de envolvimento e interlocução social, político e educativo, a partir do que se criam as condições à superação e aprendizado compromissado à democracia.[90]

Quando se fala em sociedades fraturadas por processos de violações de Direitos Humanos e Fundamentais que permanecem alienadas do que passou com seus pares, familiares, amigos, afetos etc., por ausência de políticas públicas restauradoras da verdade e da justiça, não se está focando em especial o âmbito penal e indenizatório, mas

---

A justiça transicional e a política da memória: uma visão global. In: *Revista Anistia*, v. I. Brasília: Ministério da Justiça, 2009, p. 72.

[88] Idem, p. 76. Por tais razões é que se entende porque "memórias reprimidas e ignoradas podem 'irromper' décadas depois que a transição de um regime tenha supostamente 'acabado' com essa questão. Um doloroso processo de redescoberta do passado e de reavaliação pode permanecer latente até que algum evento desencadeie a 'irrupção' da memória".

[89] Idem, p. 80.

[90] ARENDT Hannah. *De la historia a la acción*. Barcelona: Paidós ICE/UAB, 2002. Por tais razões é que diz que a memória se apresenta como requalificação das referências que compõem a identidade de uma República.

aquele que diz com direitos e garantias majoritários e contramajoritários da Sociedade Civil em saber sobre os fatos que macularam a República e a Democracia. A fratura aqui é cívica e de Direitos, não importa se afetando diretamente algumas centenas de pessoas, sendo que milhões sequer se interessam pelo tema.

Negar a informação e a formação a quem quer que seja envolvendo estas questões implica por si só violação de Direito Fundamental à Informação e ao Conhecimento, condição de possibilidade para o exercício autônomo e crítico da cidadania, isto porque a Memória "compreende a liberdade de buscar, receber e difundir informações e ideias de toda natureza, sem consideração de fronteiras, verbalmente ou por escrito, ou em forma impressa ou artística, ou por qualquer outro processo de sua escolha".[91]

Por certo que iniciada a abertura dos dados e documentos condizentes com o período de exceção, o manejo e estudo de tão rico material podem gerar uma profusão incontrolada de outras descobertas de desrespeito aos direitos de que se está falando e outros que sequer se imaginava, isto porque, rompido o silêncio dos poderes instituídos e o segredo de documentos, é muito provável que outros fatos e provas venham a ser conhecidos, ampliando o espectro da memória e da verdade inicialmente demarcada. Mas este é o chamado risco presumido de políticas comprometidas como as que estou defendendo.

> Sin embargo, en muchas sociedades fracturadas por hechos traumáticos recientes, el compartir sobre el pasado provoca una polarización en las actitudes hacia la sociedad, o al menos una actitud más negativa de la situación actual, dado que no puede obviarse el impacto de los hechos vividos y las exigencias de justicia y reparación que no han sido escuchadas. La memoria puede entonces hacer explícito un conflicto subyacente para lograr un nuevo equilibrio social.[92]

Assim é que, se a verdade se afigura como necessária na elucidação dos temas em discussão, a reconciliação do Estado e da República para com este tempo passado que se conecta com o presente e futuro de sua gente demanda mais passos e avanços, evitando que esta verdade se transforme tão somente em resultado mercantil de ressarcimentos legítimos, mas afiance a função racionalizadora da história comprometida com o desvelamento das fissuras perpetradas à Demo-

---

[91] Conforme as disposições dos arts.13 e 19, da Convenção Americana de Direitos Humanos – Pacto de São José da Costa Rica.

[92] GALEANO, Eduardo. *La memoria subversiva. En Tiempo*: reencuentro y esperanza. Guatemala: ODHAG, n. 96, 1996, p. 32. Ainda adverte o autor que: "La distorsión de la memoria colectiva, y el no reconocimiento social de los hechos, tiene también efectos en los supervivientes como una privatización del daño, una falta de dignificación de las víctimas y una pérdida de apoyo por parte de las personas más afectadas, que se encuentran así sin marco social para darle un significado positivo a su experiência".

cracia, ou seja, "resgatar a memória com verdade também é fundamental para elucidar o que é inconsciente e irracional, passando-os à consciência para transcendê-los".[93]

Por outro lado, não se pode aceitar a manipulação de dados parciais para impor responsabilidades unilaterais pelos fatos ocorridos envolvendo estas questões, porque isto constrói uma memória distorcida e indutora de erros muito graves. Tais situações ocorreram de certa forma na experiência do nazismo alemão, do fascismo italiano, no período posterior à ditadura salazarista em Portugal e franquista na Espanha, só para ficar com a história de países da Europa central, eis que o silêncio e o fomento para o esquecimento forçado geraram profundos equívocos de percepção de vários segmentos sociais, inclusive vitimizando sujeitos que não estiveram envolvidos naqueles atos.[94]

Até praticamente a queda do Muro de Berlim, a Alemanha oriental não possuía memoriais sobre os judeus mortos, sequestrados, torturados e desaparecidos no terceiro Reich, a despeito de possuir referências aos movimentos antifacistas, como diz Sybille Quack, ex-diretor administrativo do Memorial aos Judeus Mortos na Europa:

Memorial dos Judeus Mortos – Berlim

> There were no memorials to the victims of the Holocaust in East Germany until the collapse of the Berlin Wall. Official dogma dictated what "conversations about the past" were possible. All over the country there were memorials and plaques remembering the anti-fascist resistance, as well as presenting historical role models for the current society. But the fate of different victims' groups, and especially of the murdered Jews, was not or almost not remembered.[95]

---

[93] BARBOSA, Marco Antônio Rodrigues. Direito à Memória e à Verdade. In: *Revista de Direitos Humanos*, v. 1. Brasília: Secretaria Especial dos Direitos Humanos da Presidência da República do Brasil. Dezembro de 2008, p. 29.

[94] Ver o texto de BICKFORD, Louis. *Memorialization and Democracy*: State Policy and Civic Action. Op. cit., p. 28. Aqui o autor lembra que: "Jan Munk, director of the Terezín Memorial in the Czech Republic, bore witness to how the communist Czech state controlled public memory as part of its broader program of control. The Czech government established the Terezín Memorial in 1947 to remember the Nazi occupation at the site of the Holocaust ghetto and transport station. Under the communist regime the state controlled the story that was told at the site, describing a struggle against fascism with no mention of the persecution of Jews. In: the early 1990s the museum was reconceived and redesigned to address the Jewish Holocaust for the first time. Today the site is officially independent of the state, although the majority of its budget comes from the Ministry of Culture".

[95] Idem, p. 28.

Mas não foi só na experiência europeia que tal ocorreu, basta ver, a título exemplificativo, o caso argentino, em especial pela circunstância das leis conhecidas como Ponto Final e Obediência Devida, as quais criaram condições normativas para que os responsáveis pela perpetração de atos violatórios de Direitos Humanos e Fundamentais fossem isentos de qualquer responsabilidade, a ponto de Bickford sustentar que "During the 1990s, while the state provided economic compensation for the victims of political imprisonment, forced disappearance, and summary execution, it also promoted the impunity of the perpetrators and appealed to those well-worn euphemisms of national reconciliation and the need to leave the painful past behind".[96]

No governo Nestor Kirchner, em especial de 2003 a 2007, aquelas legislações foram revistas pelo Congresso e foram implementadas várias políticas públicas de Verdade e Memória no país, inclusive transformando antigos centros de repressão em memoriais de visitação pública, como é o caso da **Escola de Mecânica do Exército – ESMA**, um dos locais em que a repressão política era realizada, com torturas e mortes de pessoas.

Estima-se que neste centro clandestino de tortura desapareceram mais de 5.000 pessoas. Os opositores que eram presos na ESMA eram torturados e 90% deles, assassinados, sendo fuzilados ou até mesmo jogados vivos de um despenhadeiro para dentro do Rio da Prata. Ainda sim existiam os mortos sob tortura, os quais eram enterrados no próprio pátio da Escola. Esses fósseis encontrados serviram de ponto inicial para que estudos mais aprofundados fossem feitos sobre a barbárie argentina, além do próprio prédio da ESMA ainda manter as salas de tortura intactas, com algemas e correntes usadas pelos torturados.[97]

---

[96] BICKFORD, Louis. *Memorialization and Democracy*: State Policy and Civic Action. Op. cit., p. 28.

[97] FUNARI, Pedro Paulo A.; ZARANKIN, Andrés; REIS, José Alberioni dos (Org.) *Arqueologia da repressão e da resistência na América Latina na era das ditaduras*. São Paulo: Annablume/Fapesp, 2008. Veja-se que, em 1998, o Presidente Carlos Menen tentou destruir este prédio em nome da construção de um outro denominado Monumento da Unidade Nacional, tentando apagar os vestígios do regime de exceção, não conseguindo o intento graças aos movimentos de Direitos Humanos que lutaram contra a ideia.

No Brasil, a forma como alguns importantes meios de comunicação de massa trataram, na época do Golpe Militar brasileiro, estes temas, evidencia o registro histórico unilateral das complexas variáveis e causas do ocorrido, impondo-se também por isto a problematização desta memória fragmentada:

De Norte a Sul vivas à Contra-Revolução

Desde ontem se instalou no País a verdadeira legalidade (...) Legalidade que o caudilho não quis preservar, violando-a no que de mais fundamental ela tem: a disciplina e a hierarquia militares. A legalidade está conosco e não com o caudilho aliado dos comunistas. (Editorial do Jornal do Brasil – Rio de Janeiro – 1º de Abril de 1964)

Multidões em júbilo na Praça da Liberdade. Ovacionados o governador do estado e chefes militares. O ponto culminante das comemorações que ontem fizeram em Belo Horizonte, pela vitória do movimento pela paz e pela democracia foi, sem dúvida, a concentração popular defronte ao Palácio da Liberdade. Toda área localizada em frente à sede do governo mineiro foi totalmente tomada por enorme multidão, que ali acorreu para festejar o êxito da campanha deflagrada em Minas (...), formando uma das maiores massas humanas já vistas na cidade. (O Estado de Minas – Belo Horizonte – 2 de abril de 1964)

Os bravos militares

Salvos da comunização que celeremente se preparava, os brasileiros devem agradecer aos bravos militares que os protegeram de seus inimigos. Este não foi um movimento partidário. Dele participaram todos os setores conscientes da vida política brasileira, pois a ninguém escapava o significado das manobras presidenciais. (O Globo – Rio de Janeiro – 2 de Abril de 1964)

Carnaval nas ruas

A população de Copacabana saiu às ruas, em verdadeiro carnaval, saudando as tropas do Exército. Chuvas de papéis picados caíam das janelas dos edifícios enquanto o povo dava vazão, nas ruas, ao seu contentamento. (O Dia – Rio de Janeiro – 2 de Abril de 1964)

Escorraçado

Escorraçado, amordaçado e acovardado, deixou o poder como imperativo de legítima vontade popular o Sr João Belchior Marques Goulart, infame líder dos comuno-carreiristas-negocistas-sindicalistas. Um dos maiores gatunos que a história brasileira já registrou, o Sr João Goulart passa outra vez à história, agora também como um dos grandes covardes que ela já conheceu. (Tribuna da Imprensa – Rio de Janeiro – 2 de Abril de 1964)

A paz alcançada. A vitória da causa democrática abre o País a perspectiva de trabalhar em paz e de vencer as graves dificuldades atuais. Não se pode, evidentemente, aceitar que essa perspectiva seja toldada, que os ânimos sejam postos a fogo. Assim o querem as Forças Armadas, assim o quer o povo brasileiro e assim deverá ser, pelo bem do Brasil. (Editorial de O Povo – Fortaleza – 3 de Abril de 1964)

Ressurge a Democracia ! Vive a Nação dias gloriosos. Porque souberam unir-se todos os patriotas, independentemente das vinculações políticas simpáticas ou opinião sobre problemas isolados, para salvar o que é de essencial: a democracia, a lei e a ordem. Graças à decisão e ao heroísmo das Forças Armadas que, obedientes a seus chefes, demonstraram a falta de visão dos que tentavam destruir a hierarquia e a disciplina, o Brasil livrou-se do governo irresponsável, que insistia em arrastá-lo para rumos contrários à sua vocação e tradições.

Como dizíamos, no editorial de anteontem, a legalidade não poderia ter a garantia da subversão, a ancora dos agitadores, o anteparo da desordem. Em nome da legalidade não seria legítimo admitir o assassínio das instituições, como se vinha fazendo, diante da Nação horrorizada (...) (O Globo – Rio de Janeiro – 4 de Abril de 1964)

Milhares de pessoas compareceram, ontem, às solenidades que marcaram a posse do marechal Humberto Castelo Branco na Presidência da República (...) O ato de posse do presidente Castelo Branco revestiu-se do mais alto sentido democrático, tal o apoio que obteve. (Correio Braziliense – Brasília – 16 de Abril de 1964)

Vibrante manifestação sem precedentes na história de Santa Maria para homenagear as Forças Armadas. Cinquenta mil pessoas na Marcha Cívica do Agradecimento. (A Razão – Santa Maria – RS – 17 de Abril de 1964)

Vive o País, há nove anos, um desses períodos férteis em programas e inspirações, graças à transposição do desejo para a vontade de crescer e afirmar-se. Negue-se tudo a essa revolução brasileira, menos que ela não moveu o País, com o apoio de todas as classes representativas, numa direção que já a destaca entre as nações com parcela maior de responsabilidades. (Editorial do Jornal do Brasil – Rio de Janeiro – 31 de Março de 1973)

Sabíamos, todos que estávamos na lista negra dos apátridas – que se eles consumassem os seus planos, seríamos mortos. Sobre os democratas brasileiros não pairava a mais leve esperança, se vencidos. Uma razzia de sangue vermelha como eles, atravessaria o Brasil de ponta a ponta, liquidando os últimos soldados da democracia, os últimos paisanos da liberdade. O Cruzeiro Extra – 10 de Abril de 1964 – Edição Histórica da Revolução – "Saber ganhar" – David Nasser

Golpe? É crime só punível pela deposição pura e simples do Presidente. Atentar contra a Federação é crime de lesa-pátria. Aqui acusamos o Sr. João Goulart de crime de lesa-pátria. Jogou-nos na luta fratricida, desordem social e corrupção generalizada. (Jornal do Brasil, edição de 01 de abril de 1964.)

Participamos da Revolução de 1964 identificados com os anseios nacionais de preservação das instituições democráticas, ameaçadas pela radicalização ideológica, greves, desordem social e corrupção generalizada. Editorial do jornalista Roberto Marinho, publicado no jornal. (O Globo, edição de 07 de outubro de 1984, sob o título: "Julgamento da Revolução".)

31/03/64 – FOLHA DA TARDE – (Do editorial, A GRANDE AMEAÇA) (...) cuja subversão além de bloquear os dispositivos de segurança de todo o hemisfério , lançaria nas garras do totalitarismo vermelho, a maior população latina do mundo ...

31/03/64 – CORREIO DA MANHÃ – (Do editorial, BASTA!): O Brasil já sofreu demasiado com o governo atual. Agora, basta!

31/02/64 – JORNAL DO BRASIL – Quem quisesse preparar um Brasil nitidamente comunista não agiria de maneira tão fulminante quanto a do Sr. João Goulart a partir do comício de 13 de março...

1º /04/64 – CORREIO DA MANHÃ – (Do editorial, FORA!): Só há uma coisa a dizer ao Sr. João Goulart: Saia!

1º /04/64 – ESTADO DE SÃO PAULO – (SÃO PAULO REPETE 32) Minas desta vez está conosco... dentro de poucas horas, essas forças não serão mais do que uma parcela mínima da incontável legião de brasileiros que anseiam por demonstrar definitivamente ao caudilho que a nação jamais se vergará às suas imposições.

02/04/64 – O GLOBO – Fugiu Goulart e a democracia está sendo restaurada (...) atendendo aos anseios nacionais de paz, tranqüilidade e progresso (...) as Forças Armadas chamaram a si a tarefa de restaurar a Nação na integridade de seus direitos, livrando-a do amargo fim que lhe estava reservado pelos vermelhos que haviam envolvido o Executivo Federal.

02/04/64 – CORREIO DA MANHÃ – Lacerda anuncia volta do país à democracia.

05/04/64 – O GLOBO – A Revolução democrática antecedeu em um mês a revolução comunista.

05/04/64 – O ESTADO DE MINAS – Feliz a nação que pode contar com corporações militares de tão altos índices cívicos. Os militares não deverão ensarilhar suas armas antes que emudeçam as vozes da corrupção e da traição à pátria.

06/04/64 – JORNAL DO BRASIL – PONTES DE MIRANDA diz que Forças Armadas violaram a Constituição para poder salvá-la!

09/04/64 – JORNAL DO BRASIL – Congresso concorda em aprovar Ato Institucional.

10/04/64 – JORNAL DO BRASIL – Partidos asseguram a eleição do General Castelo Branco.

16/04/64 – JORNAL DO BRASIL – Rio festeja a posse de Castelo.

18/04/64 – JORNAL DO BRASIL – Castelo garante o funcionamento da Justiça.

21/04/64 – JORNAL DO BRASIL – Castelo diminui nível de aumento aos militares. Corte propõe aumento aos militares com 50% menos do que tabela anterior.

07/10/1984 – O GLOBO – (Do editorial, JULGAMENTO DA REVOLUÇÃO) ...Sem o povo não haveria revolução, mas apenas um "pronunciamento" ou "golpe" com o qual não estaríamos solidários. "(...) nos meses dramáticos de 1968 em que a intensificação dos atos de terrorismo provocou a implantação do AI-5." "(...) na expansão econômica de 1969 a 1972, quando o produto nacional bruto cresceu à taxa média anual de 10% (...)" "(...) naquele primeiro decênio revolucionário, a inflação decrescerá de 96% para 12% ao ano, elevando-se as exportações anuais de 1 bilhão e 300 mil dólares para mais de 12 bilhões de dólares". "(...) elevando a produção de petróleo de 175 mil para 500 mil barris diários e a de álcool de 680 milhões para 8 bilhões de litros, e simultaneamente aumentar a fabricação industrial em 85%, expandir a área plantada para produção de alimentos com 90 milhões de hectares a mais, criar 13 milhões de novos empregos, assegurar a presença de mais de 10 milhões de estudantes nos bancos escolares, ampliar a população economicamente ativa de 25 milhões para 45 milhões elevando as exportações anuais de 12 bilhões para 22 bilhões de dólares". "(...) há que se reconhecer um avanço impressionante: em 1964 éramos a quadragésima nona economia mundial, com uma população de 80 milhões de pessoas e renda per capita de 900 dólares; somos hoje a oitava, com uma população de 130 milhões de pessoas, e uma renda média per capita de 2500 dólares". "(...) Não há memória de que haja ocorrido aqui, ou em qualquer outro país, que um regime de força consolidado há

Verdade, Memória e Justiça no Brasil – responsabilidades compartilhadas mais de dez anos, se tenha utilizado do seu próprio arbítrio para se auto limitar, extinguindo-se os poderes de exceção, anistiando adversários, ensejando novos quadros partidários, em plena liberdade de imprensa. É esse, indubitavelmente, o maior feito da Revolução de 1964.[98]

É interessante notar que esta preocupação com a memória é recorrente inclusive por parte de grupos e indivíduos que participaram como agentes das forças de segurança pública, exemplificando-se aqui com a formação da chamada Fundação Augusto Pinochet, que constitui um Instituto de História do Chile, com vinte e sete (27) centros de estudos e investigação espalhados em todo o país, exatamente para elaborar uma versão da histórica contemporânea chilena de acordo com seus próprios interesses. Estes processos de distorção da memória contam com vários mecanismos de manipulação da verdade, como culpar outros sujeitos sociais pelos fatos e atos ocorridos durante os regimes de força, manipular as associações dos acontecimentos, responsabilizar circunstâncias alheias a vontade dos envolvidos, dentre outros.[99]

Apesar de difícil e por vezes dolorosa, a memória das atrocidades cometidas se afigura também como uma parte de políticas públicas de prevenção à violência no futuro, assim como contribuem para o desmantelamento dos mecanismos que fizeram possíveis os horrores perpetrados em face dos Direitos Humanos e Fundamentais, reconstruindo algumas relações sociais atingidas por tais processos.

Na Guatemala, por exemplo, há paradigmático relato da constituição da memória a partir da provocação social de base:

> Cuando en el proyecto REMHI (Guatemala) se empezaron a recoger testimonios en Chicoj, mucha gente quiso dar a conocer su historia de forma pública, pero también compartirla con otras comunidades con las que se encontraban enfrentadas o distantes a consecuencia de la guerra, como una forma de hacer un proceso de reconciliación local. En otros lugares, hablar de lo que pasó llevó también a denunciar cementerios clandestinos, a realizar ceremonias como en Sahakok (Alta Verapaz), en donde los/ las ancianos/as soñaron con una cruz en lo alto del cerro donde habían quedado sin enterrar tantas de sus hermanas. Veintiocho comunidades se organizaron para llevar a cabo ese sueño. En la montaña, además de sus restos, quedaron escritos entonces los nombres de novecientas dieciséis personas que la gente había ido recogiendo. La

---

[98] Disponível em: <http://blogdabrhistoria.blog.uol.com.br>, acesso em 28/06/2011.

[99] PÁEZ, Diego;VALENCIA, Jesús; PENNEBAKER, Jaime; RIMÉ, Bartolomeu; JODELET, Davi. (EDS). *Memoria Colectiva de Procesos Culturales y Politicos*. Leioa: Editorial de la Universidad del País Vasco/Euskal Herriko Unibertsitatea, 1997. Ver também o texto de WILDE, Alexander. *Chile's Memory and Santiago's General Cemetery*. Trabalho apresentado no Latin American Studies Association Congress. September 5-8. Montreal: Canadá, 2007. Entregue impresso no Congresso.

cruz en lo alto de la montaña no es sólo un recuerdo de los muertos, sino una sanción moral contra las atrocidades.[100]

Por outro lado, têm-se igualmente várias iniciativas não necessariamente governamentais que operam com informações desta natureza, tais como os chamados *arquivos de documentação repressiva*: o Arquivo Edgard Leuenroth/UNICAMP; Archivo Nacional de la Memoria, CEDINCI, Memoria Abierta, Centro de Documentación de la Comisión Provincial por la Memoria/La Plata, CELS (AR); o Archivo del Horror (PY); Ministério Relações Exteriores e SERPAJ (UY).[101]

Estas formas de recordação e memória proporcionam também certa consciência social e estímulos à vida das pessoas que foram atingidas direta ou indiretamente pelos acontecimentos violentos, conquistando espaços para os fins de constituir a opinião pública no sentido de se romper definitivamente as espirais de violência que marcaram o tratamento da política e da divergência em tempos passados. Como bem lembra Carmen Pérez:

> Rememorar é um ato político. Nos fragmentos da memória encontramos atravessamentos históricos e culturais, fios e franjas que compõem o tecido social, o que nos permite ressignificar o trabalho com a memória como uma prática de resistência. (...) São nas ausências, vazios e silêncios, produzidos pelas múltiplas formas de dominação, que se produzem as múltiplas formas de resistência (...) que, fundadas no inconformismo e na indignação perante o que existe, expressam as lutas dos diferentes agentes (pessoas e grupos) pela superação e transformação de suas condições de existência.[102]

Lembro, no particular, que este discernimento social de que falo pode operar enquanto instrumento capaz de servir como *metro di legitimità delle leggi pubbliche, che si giustificano in ultima istanza solo grazie alla forza dell'argomento migliore.*[103] Com tais premissas habermasianas, chego à de que a opinião pública racional não se resume – como queriam os liberais – a uma forma de limitação do poder, mas apresenta-se como a superação do domínio arbitrário do poder, a dissolução deste poder e da própria soberania em pura racionalidade argumentativa e inclusiva.

---

[100] ODHAG – Oficina de Derechos Humanos del Arzobispado de Guatemala. *Informe Proyecto InterDiocesano de Recuperación de la Memoria Histórica*: Guatemala: Nunca Más. Vol. I, Impactos de la Violencia. Tibás, LIL/Arzobispado de Guatemala, Costa Rica, 1998, p. 113.

[101] Disponível em: <http://www.historiaoraluba.org/index.php?option=com_content&view=article&id=10:simposio-ditaduras-de-seguranca-nacional-no-cone-sul>, acesso em 25/07/2011.

[102] PÉREZ, Carmen Lúcia Vidal. O lugar da memória e a memória do lugar na formação de professores: a reinvenção da escola como uma comunidade investigativa. In: *Reunião Anual da Anped*, 26, 2003, p. 5. Disponível em: <http://www.anped.org.br/reunioes/26/trabalhos>.

[103] HABERMAS, Jürgen. *Sul concetto di partecipazione política*. Roma: Einaudi, p. 29.

A busca pela memória tem também impactos no âmbito da emoção das pessoas envolvidas ou não, pois os testemunhos, documentos e informações condizentes com estes períodos tocam de forma diferenciada na sensibilidade de cada qual, desejando inclusive algumas vítimas, por vezes, esquecer o ocorrido, eis que *el recuerdo produce dolor*.[104] Como diz Thompsom:

> Por parte de quienes recogen esos testimonios y memorias, se necesitan aptitudes y actitudes de escucha y respeto, así como tener en cuenta un tiempo posterior de apoyo y no sólo los criterios formales de tipo organizativo. Las actitudes y trabas burocráticas forman parte también de la impunidad. Hay que poner atención a los procesos locales y respetar el ritmo de las comunidades para que los procesos legales y técnicos no se conviertan en un obstáculo más.[105]

Destaca-se aqui o valor da memória coletiva que transmite às gerações presentes e futuras aprendizagens – a partir da experiência de seus antecessores – que evitem a repetição da violência que estes e o país como um todo sofreram.

Não é de se esquecer os efeitos que a ausência da memória causa em qualquer ambiente social – mesmo nos mais desenvolvidos econômica e culturalmente, basta ver o retorno ao poder de alguns repressores ou regimes de força por todo o Ocidente, o aumento dos movimentos de direitas fundamentalistas, o racismo na Europa, o fato de que líderes que no passado colaboraram com o nazismo e a repressão stalinista estejam se erigindo hoje como representantes de novos nacionalismos, dentre outras situações.

De acordo com Pennebaker, Páez & Rime, para possibilitar que a memória cumpra o papel que se está desenhando aqui é preciso que: a) os fatos sejam recordados de forma compartilhada e expressos em rituais e monumentos; b) deve esta memória tratar do passado, presente e futuro das gerações envolvidas; c) deve explicar e esclarecer o ocorrido dentro do possível; d) deve extrair lições e conclusões para o presente e futuro, ordenada e sistematicamente, gerando políticas públicas de ação pró-ativa em face dos Direitos Humanos e Fundamentais; e) evitar a fixação no passado deste processo e de suas conclusões, assim como a repetição obsessiva e a estigmatização dos sobreviventes como vítimas; f) cuidar para que não haja distorções ideológicas e corporativas dos fatos e atos recordados, isto porque "las naciones no se reconcilian como pueden hacerlo las personas, pero se necesitan

---

[104] THOMPSON, Paul. *La voz del pasado*. Valência: Alfons el Magnanim, 2008, p. 62.

[105] Idem. Ademais, lembra o autor que: "La participación de las poblaciones afectadas, su capacidad de decisión, la claridad en los criterios y la equidad de los mismos, así como su reconocimiento como contribución – no sustitución – a la necesidad de justicia, suponen un conjunto de aspectos básicos que las acciones de reparación deberían tener en cuenta".

gestos públicos y creíbles que ayuden a dignificar a las víctimas, enterrar a los muertos y separarse del pasado".[106]

É óbvio que para se trilhar este caminho da memória responsável é necessário vontade política por parte de governo e Sociedade Civil, com coerência no sentido de superar estereótipos e atitudes excludentes entre distintos grupos sociais ou forças políticas de oposição (e mesmo interesses de outras forças aliadas ao regime militar), haja vista que "sin un cambio de cultura política no sólo disminuyen las posibilidades de unir fuerzas que provoquen cambios sociales, sino que se corre el riesgo de nuevos procesos de confrontación y división que pueden afectar seriamente al tejido social".[107]

A memória, assim, tem por finalidade romper as tendências de vingança intergeneracional, substituir vicios e crescente risco da violência pela virtuosidade do respeito mútuo. Sem a recordação emancipadora de que estou tratando, o passado não volta ao seu posto paradigmático de diretriz e experiência para todos, mantendo-se como um fantasma insepulto que mais fomenta a discórdia do que a reconciliação.

Veja-se que, por inexistir esta memória, ainda há compreensões equivocadas – porque parciais também – dos fatos ocorridos no regime militar brasileiro, o que acaba influenciando a retroalimentação da própria formação dos presentes e futuros agentes das forças públicas, como bem refere Leandro Fortes:

> Ainda não surgiu, infelizmente, um ministro da Defesa capaz de tomar para si a única e urgente responsabilidade do titular da pasta sobre as forças armadas brasileiras: desconectar uma dúzia de gerações de militares, sobretudo as mais novas, da história da ditadura militar brasileira. A omissão de sucessivos governos civis, de José Sarney a Luiz Inácio Lula da Silva, em relação à formação dos militares brasileiros tem garantido a perpetuação, quase intacta, da doutrina de segurança nacional dentro dos quartéis nacionais, de forma que é possível notar uma triste sintonia de discurso – anticomunista, reacionário e conservador – do tenente ao general, obrigados, sabe-se lá por que, a defender o indefensável. Trata-se de uma lógica histórica perversa que se alimenta de factóides e interpretações de má fé, como essa de que, ao instituir uma Comissão Nacional da Verdade, o governo pretende rever a Lei de Anistia, de 1979.[108]

Ter esta memória significa, pois, poder chorar os mortos e compartilhar seus ensinamentos com honra e respeito, extraindo daí a

---

[106] PÁEZ, Diego; VALENCIA, Jesús; PENNEBAKER, Jaime; RIMÉ, Bartolomeu; JODELET, Davi. (EDS). *Memoria Colectiva de Procesos Culturales y Politicos*. Op. cit., p. 40.

[107] BERGER Juan. *Y nuestros rostros, mi vida, breves como fotos*. Op. cit., p. 33.

[108] Disponível em: <http://brasiliaeuvi.wordpress.com/2010/01/02/a-longa-despedida-da-ditadura>,acessado em 28/06/2011.

consciência de que violência não devolve suas vidas, mas sim homenageia a causa de luta por uma vida democrática e livre.

As formas possíveis de densificação material de tais demandas podem ser as mais diversas, desde a criação de sítios virtuais históricos,[109] monumentos e museus temáticos, projetos conceituais de exposições de arte, fotografia,[110] música, literatura, filmes etc., eventos comemorativos, dentre outras. Todavia, para tanto, mister é que se criem mecanismos de sensibilização pública da Sociedade Civil como um todo, sob pena das políticas públicas citadas não surtirem os efeitos necessários.[111] Neste ponto, experiências internacionais têm ensinado muito sobre a matéria, como diz Louis Bickford:

> Morocco, where debates about how to memorialize former torture centers are playing out regularly in the press; Chile, where President Bachelet's proposed "Museum of Memory" has launched vigorous debate; and Cambodia, where two of the top four tourist sites in the capital city are sites related to genocide. Recognizing the power and potential of memorialization, NGOs, victims' groups, and truth commissions from Peru to Sierra Leone have advocated for memorialization as a key component of reform and transitional justice.[112]

---

[109] Veja-se a experiência do International Coalition of Historic Site Museums of Conscience. Disponível em: <http://www.sitesofconscience.org/> em especial o vídeo de apresentação de seu trabalho disponível em: <http://www.youtube.com/watch?v=_hNnSGflpAE&feature=player _embedded>, acesso em 12/07/2011. Neste ponto, é muito consciente para os editores dos Sítios da Consciência que: "These are places of memory that take deliberate steps both to remember the past and open public dialogue about confronting contemporary legacies. Sites of Conscience share the goal of "Never Again": of preventing past abuses from recurring. They also recognize that simply creating a public memorial to that past abuse in no way guarantees that it will not reoccur. Instead they work from the premise that the best bulwark against human rights abuse is an active, engaged citizenry with the awareness, freedom, and inspiration to stop abuse before it starts".

[110] É muito interessante a afirmação de DE PAULA, 1988, *apud* ROCHA, in: *Revista Anistia Política e Justiça de Transição*, p. 101, 2009, ao sustentar que "em certas ocasiões, a fotografia pode auxiliar o trabalho de um historiador não pela presença de informações, mas pela sua ausência. Nesse caso, ao invés de uma resposta, a imagem fornece uma pergunta que leva à procura de outras fontes complementares, quase sempre alterando a direção dos estudos e induzindo a novas interpretações".

[111] Questionam KIZA; Ernesto, RATHGEBER; Corene; ROHNE, Holger-C. *Victims of War*: An Empirical Study on War-Victimization and Victims' Attitudes Toward Addressing Atrocities. London: Oxford, University Press, 2010, p. 79: "Who should be involved and how? Monolithic state projects with insufficient community involvement can be resented by the very people they ostensibly honor ... A memorial can awaken this consciousness and return the person to their beginnings, to their intuition and connect them to this quality which Andean spiritual teachers call munay, which means the ability to cure the heart. From this source introspection and dialogue can begin".

[112] BICKFORD, Louis. *Memorialization and Democracy*: State Policy and Civic Action. Op. cit., p. 61. Diz anda o autor que: "Deliberate local, national, and international strategies are required to ensure that memorials do not undermine other democracy-building efforts but rather complement such initiatives. One of the key actors is government, which can play an important role in helping support initiatives through public policy".

A verdade é que, usando de estratégias adequadas e democraticamente consensuadas, as inúmeras formas de memoriais públicos referidas podem contribuir à construção ampla de perspectivas culturais envolvendo diálogos geracionais entre diferentes comunidades, engajando novas pessoas e grupos a partir das lições do passado, o que se afigura definitivo na delimitação de identidades democráticas compromissadas à proteção dos Direitos Humanos e Fundamentais.

Veja-se a imagem histórica da Ilha Belle, localizada em Richmond, Virgínia, USA, no leito do Rio James, local em que, durante a Guerra Civil Norte-Americana, era utilizada como Prisão Civil, e que hoje vem mantida como referência de memória daqueles tempos, desenvolvendo-se ali atividades de Direitos Civis e Fundamentais.[113]

Assim, para além de prevenir a repetição dos abusos cometidos contra direitos e garantias fundamentais, os memoriais estabelecem outro tipo de interlocução simbólica com a Sociedade (que não exclusivamente a de honrar os que tombaram), provocando certo olhar para dentro de cada geração e experiência, fazendo pensar criticamente sobre a história e que forças poderosas intestinais da Comunidade fomentaram e mesmo deixaram surgir o gérmen da violência e da opressão política.[114]

E por que é tão importante a participação social aqui? Quem responde acertadamente e pela perspectiva dos atos de tortura perpetrados no regime militar é Arantes e Pontual:

(...) a tortura envolve três atores – o torturado, o torturador e a sociedade que a permite, podemos dizer que todos estão silenciados. O torturador, porque não irá dizer de sua prática, se não for exigido; o torturado não revelará, porque ainda muito raramente

---

[113] Disponível em: <www.censusdiggins.com/prison_bellisle.html>, acesso em 19/08/2011.

[114] É interessante, neste sentido, a advertência de HAYDEN, Dolores. *The Power of Place: Urban Landscapes as Public History*. Cambridge, MA: MIT Press, 2007, p. 31: "Although this linkage with moral or collective reparations is important, it would be wrong to see memorials and Sites of Conscience only as symbolic reparations. This classification does not adequately capture memorials' potential to provide spaces for civic engagement that can support a wide range of democracy-building strategies over the long term".

lhe é dada a palavra, a não ser em situações protegidas e particulares, mesmo assim, trata-se sempre de uma experiência dolorosa; e a sociedade, como corolário, não a repudia porque tem pouco acesso às informações, e é permanentemente estimulada à conivência e à banalização da tortura através da contundente propaganda midiática a favor de sua prática.[115]

Em face de sua natureza política controvertida, quaisquer projetos de Memória envolvendo regimes de força pública ditatoriais sempre apresentam riscos associados as suas promessas, pois dependem dos processos que vão sustentar seus desenvolvimentos e administrações – basta lembrar-se dos projetos envolvendo questões étnicas, como na Yugoslávia e Ruanda, países em que as profundas divisões sociais provocaram índices de violência tremendos.

Mas persiste a pergunta: Que setores da sociedade e qual o leque de temas deveriam estar envolvidos para garantir que a memorização dê suporte mais do que fragilize a justiça e a democracia? A resposta é simples, todos devem se sentir envolvidos e participantes deste processo, pelo simples fato de que o bem da vida que se busca preservar é a liberdade e a igualdade, em todas as suas formas, bem como a democracia enquanto valor universal. Sobre os temas, todos os que possam ampliar a sensibilização pública à formatação de uma cidadania ativa em prol dos Direitos e Garantias Fundamentais – o que envolve as ações que referi mais acima.[116]

Por estas razões é que a Memória não pode permanecer inerte em face dos fatos ocorridos, e com certeza isto tem ocorrido em decorrência de ela ser compreendida como campo fora do processo político-institucional, relegada ao âmbito *soft* da esfera cultural, como objeto de sofisticação artística que circula em ambiências mais privadas do que públicas (exposições de fotos, pinturas, concertos, shows, manifestações literárias isoladas), deixando de constituir políticas de Estado e Governo – e, portanto, assistemáticas, sem mensuração de

---

[115] ARANTES, Maria Auxiliadora de Almeida Cunha; PONTUAL, Pedro. Tortura, desaparecidos políticos e direitos humanos. In: *Brasil. Direitos Humanos*: percepções da opinião pública: análises de pesquisa nacional/org. Gustavo Venturi. – Brasília: Secretaria de Direitos Humanos, 2010, p. 17. Mais adiante ainda refere que: "o torturado se apresenta como testemunha encarnada de uma ferida que concerne a humanidade inteira. Seu corpo ferido se oferece como símbolo, como bandeira onde se inscreve o que nele foi atingido".

[116] Bickford ainda lembra de outras ações específicas nesta direção: "Activating a former detention center as an ongoing space for citizen engagement on current human rights issues should include human rights activists to connect the site and its stories to ongoing prosecutions; urban planners to help guide its physical development and public access; educators to integrate its history into school curricula; historic preservationists, artists, and exhibit designers to preserve the site as a museum; and tourism managers to promote visitation".

alcance social e conscientização comunitária.[117] Como diz Theodore Jennings Jr.:

Whereas truth commissions, judicial processes, police reform, and other mechanisms for addressing the past are subject to public scrutiny, few nations or communities have developed analogous expectations, let alone standards of accountability, for memorialization. Yet millions of people mobilize around memorials as important spaces for expressing personal connections to political issues.[118]

Decorre daqui também a necessidade de reconhecer a interdisciplinariedade dos multifacetados temas que tratam esta questão da Memória, a ponto de, inclusive internacionalmente, reunir teóricos, práticos e militantes de Direitos Humanos, setores públicos e privados que se envolvem com políticas públicas individuais e sociais nesta área, nem tanto preocupados em desenvolver prescrições ou fórmulas definitivas no sentido do que projetos envolvendo deveriam perseguir, mas mais preocupados em criar estratégias inovadoras de sensibilização e consciência social, a partir do que se pode constituir opinião pública qualificada para fins de compromisso e integração social.

A literatura internacional tem feito muitas referências à experiência chilena neste âmbito, em especial envolvendo a chamada Villa Grimaldi Peace Park,[119] onde se construíram memoriais muito significativos, tais quais os de Pisagua e Lonquén, dando conta da heterogeneidade regional e social dos períodos de repressão, gerando, por sua vez, importante proliferação de memorializações no restante do país, com formação de novos movimentos sociais (*Agrupación de Familiares de Detenidos Desaparecidos y de Ejecutados Políticos; Mujeres de Memória,* dentre outros).[120]

---

[117] Só para lembrar RICOEUR, Paul. *A memória, a história, o esquecimento.* Campinas: Unicamp, 2007, p. 451 e segs., pode-se conceber vários tipos de Memória, dentre as quais: a) *memória impedida* (p. 452), equivalente à de Freud (o passado é esquecido intencionalmente por causa do trauma, mas reaparece de forma cíclica, exatamente porque ficou reprimida, sendo que no âmbito coletivo ela toma proporções gigantescas; b) *memória manipulada* (p. 455), associada à distorção da memorialização pública; c) *esquecimento comandado* (p. 459) é o esquecimento "imposto" pela autoridade política, por diversas estratégias, inclusive ditatoriais.

[118] JENNINGS JR., Theodore. *Reading Derrida / Thinking Paul:* On Justice (Cultural Memory in the Present). New York: Macmillan, 2010, p. 22. Diz ainda o autor que: "At worst, excluding memorials from political analysis and public accountability can undermine peace-building and reconstruction processes, providing zones of 'symbolic' politics where both national governments and local constituents may promote divisive or repressive messages in ways they could not in other spheres".

[119] Lembra o *Informe de la Comision de Verdad y Reconciliacion,* publicado pela Corporacion Nacional de Verdad y Reconciliación, Santiago, 1996, que "esta localidade servira antes de espaço para detenções do regime militar, onde inclusive ficaram detidas a Presidente Bachelet e sua mãe por longo tempo, agora transformada em espaço de memória democrático e aberto ao público".

[120] BICKFORD, Louis. *Memorialization and Democracy:* State Policy and Civic Action. Op. cit., p. 74. O autor chega a afirmar que: "In the wake of Pinochet's death Chile serves as a productive

---

Verdade, Memória e Justiça no Brasil – responsabilidades compartidas

Uma das iniciativas desenvolvidas na Villa Grimaldi que merece destaque em todo o mundo é o chamado Arquivo Oral, financiado pela Fundação Ford e que consiste na formatação de um banco de dados de testemunhas de experiências pessoais envolvendo os regimes de exceção perpetrados pelos regimes militares no Chile. Em 2010, já com financiamento da União Europeia, este projeto iniciou suas atividades de expansão expositiva, no sentido de abrir ao público com mais recursos virtuais (infraestrutura, catalogação e equipamentos) os dados destes arquivos, contando hoje com cerca de 120 testemunhos passíveis de divulgação.

Ao longo deste processo, conseguiram desenvolver ainda um sistema de consultas baseado em programa de busca e catálogo que permite acessar os testemunhos da coleção a partir de registros simples e avançados, sendo orientado por resumos de cada um, com palavras-chaves associadas. Tais dados e informações oportunizaram recentemente a criação de 03 documentários educativos desenvolvidos em conjunto com o sistema de educação chileno, nominados de *Archivos orales, pedagogía y comunicación*, os quais podem ser encontrados, ao menos em parte, em sítio eletrônico específico.[121]

Só para se ter uma ideia dos aspectos simbólicos da Memória, que podem ser viabilizados por estratégias e políticas públicas objetivas, cito o exemplo da África do Sul, quando construiu o novo prédio da sua Corte Constitucional ao lado *do Old Fort Prision*, uma casa de detenção de presos políticos do Estado.

---

starting point to explore how and whether nations should construct policies for preserving sites with controversial histories".

[121] Disponível em: <http://www.villagrimaldi.cl/archivo-oral/videos-y-documentos.html>, acesso em 12/07/2011. Ver também o excelente texto de BRETT, Sebastian; BICKFORD, Louis; SEVCENKO, Liz; RIOS, Marcela. In: *Memorialization and Democracy:* State Policy and Civic Action. June 20-22. Santiago: Gobierno de Chile, 2007.

Outro importante ícone sul-africano é o Freedom Park, localizado em uma área de 52ha, na localidade de Salvokop Hill, na entrada de Tswane – Pretória, Johannesburg.[122] ——→

←— Vai na mesma linha a iniciativa da cidade de Lima, Peru, construindo o espaço urbano que chama *O Olho que Chora*.

Este é um trabalho que os Observatórios da Verdade, Memória e Justiça, a serem instalados em universidades brasileiras, conforme o Plano Nacional de Direitos Humanos – 3 (PNDH-3), em seu Eixo VI, diretriz 24, poderia desenvolver, juntamente com outros organismos sociais, como os Comitês Estaduais de Direito à Verdade, Memória e Justiça. A partir dele, poder-se-iam implantar políticas públicas de educação no ensino básico, fundamental e até o universitário, assim como produzir material à sensibilização pública dos movimentos sociais organizados e da comunidade em geral sob os temas em comento.

Ganha força o argumento de Bickford, no sentido de que: "The duty to establish the truth can be a form of symbolic reparation for the victims and their families; and memorials, if developed as inclusive spaces for dialogue on contemporary issues, can help strengthen democratic values and a culture of respect for human rights".[123]

---

[122] Disponível em: <www.places.co.za/html/freedom_park.html>, acesso em 22/08/2011.

[123] BICKFORD, Louis. Unofficial Truth Projects. In: *Human Rights Quarterly* 29, n. 4 (November 2007), 994–1035, p. 997.

Penso que aquele conceito do mesmo autor atinente à Memória como uma chave-componente de reformas e justiça transicional – referido antes – é muito rico, pois dá o exato sentido da intenção pacificadora e de reconciliação das ações públicas voltadas para tanto com grupos e bens jurídicos violados contramajoritários. E é isto que quero tratar agora: da "legitimidade democrática da memória contra-majoritária enquanto Direito Fundamental Social", para depois verificar algumas maneiras de se dar efetividade a ela.

2.1. A legitimidade democrática da memória contramajoritária como direito fundamental social

De pronto quero reconhecer que a teoria política tem discutido desde há muito a relação sempre tensa entre soberania popular, democracia e Direitos Humanos, perguntando se cidadãos livres e iguais devem se conceder reciprocamente Direitos Fundamentais se quiserem regulamentar a sua vida em comum por meio do direito positivo, quais seriam estes direitos?[124] Parte-se aqui do princípio segundo o qual devem almejar legitimidade exatamente aquelas regulamentações com as quais todos os possivelmente atingidos poderiam concordar como participantes dos discursos racionais, destacando que, "nos discursos os participantes, à medida que procuram convencer uns aos outros com argumentos, querem atingir visões comuns, enquanto nas negociações [Verhandlungen] visam equacionar os seus interesses diferentes".[125]

Neste quadro de ideias, o nexo interno entre os Direitos Humanos e a soberania popular consiste no fato de que os primeiros se apresentam, ao mesmo tempo, como resultado da comunicação política na

---

[124] Vale aqui a referência de Jessé Souza, no sentido de que na análise da relação entre autonomia privada e autonomia pública, Habermas segue a interpretação predominante do pensamento de Kant e Rousseau, no sentido de que, neles, os Direitos Humanos moralmente fundamentados e o princípio da soberania do povo estariam em uma relação inconfessada de concorrência. Assim sendo, sem desconhecer a tensão entre autonomia privada e autonomia pública, enfatiza, no seu estilo reconstrutivo, "a unidade de soberania do povo e Direitos Humanos e, portanto, a origem comum da autonomia política e privada" ou a "relação de pressuposição recíproca" entre ambas. SOUZA, Jessé. *Democracia hoje*: novos desafios para a teoria contemporânea. Brasília: UnB, 2001, p. 120.

[125] Idem, p. 148. Registre-se que já se pode perceber desde aqui, ao menos sob o ponto de vista interno, a indicação de existência de uma tensão entre validade e faticidade dos comandos normativos que regulam a vida social, manifestada inicialmente na relação entre positividade e legitimidade, ou seja, o direito vale não apenas porque é posto, e sim enquanto é posto de acordo com um procedimento democrático, no qual se expressa intersubjetivamente a autonomia dos cidadãos.

história, e institucionalizam as condições de comunicação para a formação da vontade política racional. Tais direitos – que devem garantir a todos chances iguais para conquistarem os seus objetivos privados na vida e uma proteção jurídica individual abrangente – possuem evidentemente um valor intrínseco, construído historicamente pela sociedade, e não são como que absorvidos no seu valor instrumental para a formação democrática da vontade, razão pela qual mantém um fundamento de validade axiológico, travestido pelos códigos linguísticos do direito (notadamente constitucional).[126]

A conclusão fática e operacional daquele nexo é a de que as autonomias privada e pública pressupõem-se reciprocamente, isto é, o nexo interno da democracia com o Estado de Direito consiste no fato de que, por um lado, os cidadãos só poderão utilizar condizentemente a sua autonomia pública se forem suficientemente independentes graças a uma autonomia privada assegurada de modo igualitário. Por outro lado, só poderão usufruir de modo igualitário da autonomia privada se eles, como cidadãos, fizerem uso adequado de sua autonomia política.

No plano da elaboração constitucional, por sua vez, a decisão majoritária irradia sua vontade por toda a organização sociopolítica do Estado, cumprindo aos poderes da República e seus integrantes conduzirem-se em acordo com os ditames constitucionais. Ao mesmo tempo, estas prescrições constitucionais passam a contemplar também os direitos de natureza individual, isto é, aqueles que garantem o pleno exercício da autonomia privada dos indivíduos. A legitimidade do Estado Constitucional de Direito é haurida, portanto, simultaneamente da soberania popular e da *rule of Law*.

De qualquer sorte, pode-se dizer que o modelo de práxis que gera a Constituição Moderna, e nela os Direitos Fundamentais, é compreendido de tal modo que os Direitos Humanos não são *encontrados* como dados morais, mas afiguram-se como verdadeiros *constructos societais*, os quais, por serem positivos, não podem ter um *status* político facultativo como a moral[127]. Como direito subjetivo que se transformam (por exemplo, em Direitos Fundamentais transportados para tratados internacionais e para as constituições dos Estados Nacionais), apontam para uma positivação com base em entidades legislativas,

---

[126] HABERMAS, Jürgen. *A Inclusão do Outro*: estudos de teoria política. São Paulo: Loyola, 2002, p. 132.

[127] Aliás, Habermas deixa claro que "direitos subjetivos são uma espécie de capa protetora para a condução da vida privada das pessoas individuais, mas em um duplo sentido: eles protegem não apenas a perseguição escrupulosa de um modelo de vida ético, mas também uma orientação pelas preferências próprias de cada um, livre de considerações morais". Op. cit., p. 156.

pela via da representação parlamentar, bem como contam com toda a estrutura do Estado Moderno (Poder Executivo e Judiciário) à sua efetividade.

Daqui a rica assertiva de Habermas no sentido de que a ideia dos Direitos Humanos, vertida em Direitos Fundamentais, não pode ser imposta ao legislador soberano a partir de fora, como se fora uma limitação, nem ser simplesmente instrumentalizada como um requisito funcional necessário aos seus fins, considerando-se, assim, que "Direitos Humanos e soberania popular, em verdade, afiguram-se como co-originários, ou seja, um não é possível sem o outro".[128]

Ocorre que, a partir desta nova plasticidade normativa que aqueles Direitos imprimem nos sistemas jurídicos ocidentais, impõe-se a superação do conceito de direitos subjetivos enraizada na tradição lockiana, renovada pelo neoliberalismo, calcada num individualismo possessivo que ignora o fato de que reivindicações de direito individuais só podem ser derivadas de normas *preexistentes*, e a bem da verdade reconhecidas de modo *intersubjetivo* por uma comunidade jurídica.[129]

> Por isso, deve-se livrar a compreensão dos Direitos Humanos do fardo metafísico da suposição de um indivíduo existente antes de qualquer socialização e que como que vem ao mundo com direitos naturais. Juntamente com essa tese "ocidental" é descartada também a necessidade de uma antítese "oriental" segundo a qual as reivindicações da comunidade merecem precedência diante das reivindicações de direito individuais. A alternativa "individualistas" versus "coletivistas" torna-se vazia quando se incorpora aos conceitos fundamentais do direito a unidade dos processos opostos de individualização e de socialização. Porque também as pessoas jurídicas individuais só são individuadas no caminho da socialização, a integridade da pessoa particular só pode ser protegida juntamente com o acesso livre àquelas relações interpessoais e às tradições culturais nas quais ela pode manter sua identidade. O individualismo compreendido de modo correto permanece incompleto sem essa dose de "comunitarismo".[130]

Em outras palavras, quer-se com isto elevar a Sociedade a níveis de descentralização amplos, que diferencia e autonomiza com a opinião pública qualificada cenários propícios à constatação, identificação e tratamento de problemas pertinentes à comunidade como

---

[128] HABERMAS, Jürgen. O Estado Democrático de Direito – uma amarração paradoxal de princípios contraditórios. In: *A Era das Transições*. Rio de Janeiro: Tempo Brasileiro, 2003, p. 155.

[129] Op. cit., 158.

[130] Idem, p. 159. Importa lembrar que o autor alemão está consciente, novamente, de que a concepção dos Direitos Humanos construída pela Modernidade Ocidental foi a resposta europeia às consequências políticas da cisão confessional, problema este diante do qual outras culturas encontram-se de modo semelhante hoje em dia. Além disso, o conflito das culturas dá-se dentro da moldura de uma sociedade mundial na qual os atores coletivos, independentemente das suas diferentes tradições culturais, devem concordar, quer queiram quer não, quanto às normas da vida em comum.

um todo. Por outro lado, e é importante deixar isto claro aqui, não há dúvidas de que se impõe a necessidade de conversão desta opinião pública autonomamente constituída em decisões tomadas por corpos deliberativos também democraticamente constituídos e regulados (sufrágio, partidos políticos, parlamento, processo legislativo, administração pública etc.), dentre eles, na espécie, a necessária aprovação da Comissão da Verdade que se encontra no Congresso Brasileiro nesta quadra histórica (julho de 2011).[131]

O problema é que toda e qualquer decisão política não pode se sustentar somente na lógica da vontade das maiorias – mesmo que por amostragem parlamentar e representativa –, eis que para aquém ou além delas há interesses e vontades de minorias, igualmente protegidas pelo sistema jurídico internacional (através, por exemplo, da Declaração dos Direitos das Minorias), e nacional – *ex vi* a Constituição brasileira que garante o Direito Fundamental à Igualdade e à não discriminação –, decorrendo daí o reconhecimento do que posso chamar de Direito à Identidade, no sentido de ser reconhecido como diferente e ter direito à diferença.

É interessante a posição da Embaixada Americana no Brasil sobre o tema:

> Superficialmente, os princípios da maioria e a proteção dos direitos individuais e das minorias podem parecer contraditórios. Na realidade, contudo, estes princípios são pilares gêmeos que sustêm a mesma base daquilo que designamos por governo democrático:
>
> Governo da maioria é um meio para organizar o governo e decidir sobre assuntos públicos; não é uma outra via para a opressão. Assim como um grupo auto-nomeado não tem o direito de oprimir os outros, também nenhuma maioria, mesmo numa democracia, deve tirar os direitos e as liberdades fundamentais de um grupo minoritário ou de um indivíduo.
>
> As minorias – seja devido à sua origem étnica, convicção religiosa, localização geográfica, nível de renda ou simplesmente por ter perdido as eleições ou o debate político – desfrutam de direitos humanos fundamentais garantidos que nenhum governo e nenhuma maioria, eleita ou não, podem tirar.
>
> As minorias devem acreditar que o governo vai proteger os seus direitos e a sua identidade própria. Feito isto, esses grupos podem participar e contribuir para as instituições democráticas do seu país.

---

[131] Como lembra Habermas, a responsabilidade pela formação da vontade deve, pois, ser assentada numa instituição burocrática, uma vez que os discursos apenas geram um *communicative power that cannot take the place of administration but can only influence it*; uma influência limitada *to the procurement and withdrawal of legitimation*. HABERMAS, Jürgen. Struggles for Recognition in the Democratic Constitutional State. In: BERGUER, Samuel. (ed.) *Multiculturalism: Examining the Politics of Recognition*. New York: Sendell Editors, 2006, p. 82.

Entre os direitos humanos fundamentais que qualquer governo democrático deve proteger estão a liberdade de expressão; a liberdade de religião e de crença; julgamento justo e igual proteção legal; e liberdade de organizar, denunciar, discordar e participar plenamente na vida pública da sua sociedade.

As democracias entendem que proteger os direitos das minorias para apoiar a identidade cultural, práticas sociais, consciências individuais e atividades religiosas é uma de suas tarefas principais.

A aceitação de grupos étnicos e culturais, que parecem estranhos e mesmo esquisitos para a maioria, pode ser um dos maiores desafios que um governo democrático tem que enfrentar. Mas as democracias reconhecem que a diversidade pode ser uma vantagem enorme. Tratam estas diferenças na identidade, na cultura e nos valores como um desafio que pode reforçar e enriquecê-los e não como uma ameaça.

Pode não haver uma resposta única a como são resolvidas as diferenças das minorias em termos de opiniões e valores – apenas a certeza de que só através do processo democrático de tolerância, debate e disposição para negociar é que as sociedades livres podem chegar a acordos que abranjam os pilares gêmeos do governo da maioria e dos direitos das minorias.[132]

Por certo que a diferença que trato aqui não é a tradicionalmente enfrentada pelos movimentos de minorias sociais (étnicas, sexuais, religiosas, culturais etc.), mas o atinente a um segmento da Sociedade brasileira em menor número que sofreu violações de origem e fundamento comuns, praticada por agentes públicos encarregados da *Segurança do Estado*. Pelo fato de eles não representarem a maior parte quantitativa da Nação brasileira – pelo contrário –, não merecem o reconhecimento da República sobre os Direitos Civis e Políticos que lhes foram violados? Em face do desconforto vergonhoso que o tema eventualmente possa a trazer à maior parte quantitativa da população – exatamente por desconhecer o ocorrido (dentre outras causas) –, pode-se impor silêncio e segredo ao que se passou?

Afigura-se-me óbvia a resposta negativa às perguntas enunciadas, exatamente por reconhecer a natureza de fundamentalidade dos Direitos sob comento, indisponíveis em face de interesses privados ou públicos que venham de encontro ao que buscam proteger, ou seja, mesmo que alguma Administração Pública em particular ou pessoas físicas e jurídicas de direito privado – envolvidos direta ou indiretamente – não desejem dar conhecimento ao ocorrido, tal pretensão não se mostra legítima diante das demandas democráticas de uma República que quer a Verdade enquanto condição de possibilidade da

---

[132] Disponível em: <http://www.embaixada-americana.org.br/democracia/majority.htm>, acesso em 01/07/2011. Na mesma direção os textos de: HERMAN, Judith. *Trauma and Recovery*: the Aftermath of Violence: From Domestic Abuse to Political Terror. New York: Basic Books, 1997. HAMBER, Barbara; WILSON, Raymond. *Symbolic Closure through Memory, Reparation and Revenge in Post-conflict Societies*. London: Oxford University Press, 2001.

sua própria história. Por tais razões que Bickford insiste com a tese de que: "All memorials have both a private side (often, their designers are seeking to create a space for mourning, healing, solemnity, and personal reflection) as well as a public side. This distinction may be seen in sociological terms as the difference between so-called 'sacred' and 'profane' space".[133]

Os fundamentos de validade, pois, dos interesses e direitos – de minorias e maiorias – são os valores democráticos constituídos na história da civilização ocidental e suas consectárias formatações normativas (Direitos Humanos e Fundamentais), notadamente constitucionais, razão pela qual não se apresentam legítimas as pretensões, a meu juízo, de minorias que propugnam "viewpoints and historical perspectives defended by Holocaust deniers, apologists for race discrimination, nostalgic Stalinists, or champions of the anticommunist crusade that led to tens of thousands of deaths".[134]

Vai nesta direção a postura de um ex-Diretor da Faculdade Latinoamericana de Ciências Sociais – FLACSO –, no Chile, Dr. Claudio Fuentes, ao dizer que:

> For some the state's job is to reflect a plural memory, the memory of all sides, of society as a whole. Public policies must make it their business to reflect diversity, they say. A central question that must be addressed is whether there is room for all memories in defining a public policy. In my opinion it's a mistake to approach this question from the kind of pluralism which says that any vision is legitimate.... The state has an essential role in defending and promoting human rights. Public policy must embrace the ideal of "Never Again." So public policy can never be neutral in the face of unjustified violence or flagrant violation of human rights.[135]

Efetivamente não se pode aceitar, com base nos argumentos do multiculturalismo e da tolerância, somados à ideia de respeito às diferenças, que sejam fomentadas na discussão pública destes temas posições que, por si só, são violadoras dos Direitos e Garantias que se

---

[133] BICKFORD, Louis. *Memorialization and Democracy*: State Policy and Civic Action. Op. cit., p. 89. Ver também o texto de LIFTON, Robert Jay; OLSON, Eric. Symbolic Immortality. In: ROBBEN, Antonius C.G.M. (Editor). *Death, Mourning, and Burial*: a Cross-cultural Reader. Malden, MA: Blackwell, 2006. Para além disto, o autor ainda sustenta que é preciso se perguntar sobre este tema: "Who and what should be remembered? Must all stories be included? For whom are we remembering? Are all memorials open to everyone? Should our memorials focus on serving our immediate needs or take the long view?".

[134] DMITRIJEVI, Nenad. Justice beyond blame: moral justification of (the idea of) a truth. In: *Journal of Conflict Resolution*, vol. 50, n° 3, jun. 2006, p. 368-382. Lembra o autor que: "Numerous speakers stressed that the desire for reconciliation and inclusion must never compromise human rights principles and that the promotion of dialogue should never degenerate into an all-permissive relativism". Ver também o texto de HUNTINGON, Samuel. *The Third Wave: Democratization in the Late Twentieth Century*. Norman, OKlahoma: University of Oklahoma Press, 1991.

[135] In: BRITO, Alexandra Barahona de. *et al* (eds). *The Politics of Memory and Democratization*. Oxford: Oxford University Press, 2001, p. 71.

Verdade, Memória e Justiça no Brasil – responsabilidades compartidas

quer proteger e efetivar nos diálogos e ações constituidores da Democracia.

Aliás, há várias diretrizes internacionais bem claras neste sentido, basta fazer-se referência aos termos da Resolução 60/147, da Assembleia Geral da ONU, de 16/12/2005, sobre Princípios e diretrizes básicos sobre o direito das vítimas de violações manifestas de normas internacionais e de violações graves do direito internacional humanitário a interpor recursos e obter reparações, bem como os princípios reitores das Nações Unidas para Migrações Forçadas Internas, nos termos do seu documento E/CN. 4/1998/53/Add.2; Resolução nº 2175 (XXXVI-0/06), da Assembleia Geral da Organização dos Estados Americanos, denominada *O direito à verdade*, de 6 de junho de 2006.[136]

A própria Comissão Interamericana de Direitos Humanos, nos termos do seu Informe n. 37/00, de 13 de abril de 2000,[137] reconhece o Direito à Verdade e mesmo à Memória, sustentando que tais direitos implicam conhecer, completa e publicamente, os fatos ocorridos, suas circunstâncias específicas e quem participou deles.

3. Considerações finais

São nestes espaços públicos e privados que se vai erigir a constituição da Memória de fatos, atos e documentos que envolvem períodos do tempo e da vida de uma Nação que precisa radicalizar sua identidade democrática, dando oportunidades para que todos tenham assegurada a manifestação e participação, pois em tais episódios inexistem *dois lados*, mas apenas um: o da violência violadora.

O governo federal, desde a gestão do Presidente Lula (2003/2010), tem gerado algumas políticas públicas envolvendo a matéria, dentre as quais se podem destacar: a) o Projeto Direito à Memória e à Verdade, levando a cabo o registro de mortes e desaparecidos no período militar; b) as Caravanas da Anistia, realizando julgamentos públicos de violações cometidas contra pessoas no mesmo regime e apresentando pedidos de desculpas oficiais; c) Projeto de Lei ao Congresso

---

[136] Que reconhece "o direito que assiste às vítimas de violações manifestas aos Direitos Humanos e violações graves ao direito internacional humanitário, assim como às suas famílias e à sociedade, em seu conjunto, de conhecer a verdade sobre tais violações da maneira mais completa possível, em particular a identidade dos autores e as causas, os fatos e as circunstâncias em que se produziram". Registre-se igualmente que na 28ª Conferência de Chefes de Estado, os Estados-Membros e associados do MERCOSUL adotaram declaração reafirmando o direito à verdade de que são titulares as vítimas de violações de Direitos Humanos e seus familiares.

[137] Caso 11.481, Monsenhor Oscar Romero,

Nacional (n° 7.376/2010) à criação de uma Comissão Nacional da Verdade; d) Projeto de Lei Complementar ao Congresso Nacional (n° 41/2010), regulamentando o direito de acesso à informação pública; (f) proposta de criação do Memorial da Anistia.[138]

É claro que outras medidas de gestão pública tomadas há mais tempo igualmente têm contribuído para o resgate desta Memória, fundamentalmente porque eliminando em parte resistências históricas neste sentido. Estou falando, por exemplo: 1) da extinção do Serviço Nacional de Informações – SNI; 2) a criação do Ministério da Defesa, adequando os comandos militares ao civil; 3) a extinção dos DOI-CODI e DOPS; 4) a criação da Secretaria Especial de Direitos Humanos; 5) a criação do Centro de Referência das Lutas Políticas no Brasil (1964-1985) – Memórias Reveladas,[139] coordenado pelo Arquivo Nacional da Casa Civil da Presidência da República, organizando e difundindo documentos, produzindo estudos e pesquisas sobre o regime político que vigeu entre 01/04/1964 até 15/03/1985, associando entidades públicas e privadas, mais pessoas físicas que possuam documentos relativos à história política do país durante o regime militar; dentre outros.

Ao lado destas, ainda se tem como registro exemplificativo iniciativas internacionais de instituições públicas e privadas (Estado, ONGs, Movimentos Sociais, Atividades de Voluntariado, Universidades etc.) envolvendo:

a) Medidas de atendimento individual e familiar centrado no apoio psicológico através de trabalho em grupo, terapia individual e familiar, abrindo espaços para que as pessoas ou grupos atingidos direta ou indiretamente por atos de violência possam compartilhar suas experiências, o que pode ser útil para romper o silêncio e aumentar os níveis de consciência social;

b) Treinamento de pessoas locais em capacidades de apoio psicossocial para encarar e tratar o impacto traumático causado por regimes militares, com apoio e seguimento institucional;

c) Formação de grupos de autoajuda, constituído por sobreviventes de conflitos violentos e por familiares dos que morreram ou

---

[138] Conforme informações do texto ABRÃO, Paulo; TORELLY, Marcelo D. As razões da eficácia da Lei de Anistia no Brasil e as alternativas para a Verdade e Justiça em relação às graves violações de Direitos Humanos ocorridas durante a ditadura militar (1964-1985). In: PRADO, Alessandra Martins; BATISTA, Cláudia Karina Ladeia; SANTANA, Isael José. *Direito à Memória e à Verdade e Justiça de Transição no Brasil*: Uma história inacabada! Uma República inacabada! Curitiba: CRV, 2011, p. 197.

[139] Ver o *site* <www.memoriasreveladas.gov.br>.

desapareceram nos regimes militares, gerando espaços seguros e amistosos em que pode haver o compartilhamento de experiências;

d) Constituição de formas simbólicas de expressão do reconhecimento do ocorrido, como cerimônias e rituais, evidenciando ícones sociais que mantenham vivas as lições dolorosas do passado (memoriais, parques, placas nas ruas, celebração de aniversários etc.);

e) Criação de sítios virtuais históricos, monumentos e museus temáticos, projetos conceituais de exposições de arte, fotografia, música, literatura, filmes etc., eventos e performas comemorativas. Neste sentido, e muito original algumas experiências relatadas por Sebastian Brett e outros:

> Memorial forms can encourage us to confront human cruelty by going on an inward journey. The "Eye that Cries" memorial in Lima manages to combine solemnity with introspection and truth-telling. The memorial is composed of a gravel path lined on both sides with smooth stones bearing the names of 27,000 victims of Peru's 20-year civil conflict. The circling path leads to a large weeping rock, symbolizing the Inca earth goddess Pachamama. As described by its creator Lika Mutal, "The labyrinth extends for an 800-meter walk, in which the string of names [inscribed on smooth stones] with ages from 0 to 90 overwhelms the walker, who is faced by life and death. In front of the names of the victims resting one against another, our differences and truths become hollow; one basically comes up against one's own life and one's own conscience.[140]

Outras experiências ainda operam no sentido da chamada *sensibilização de contrastes*, no sentido de criar memoriais que exponham a história predadora de Direitos Humanos e Fundamentais associada a problemas do presente igualmente violadores da dignidade humana, como mostram os mesmos autores no caso do Líbano, em que um famoso arquiteto, Bernard Khoury, resolveu realizar projetos sofisticados em áreas e sítios históricos e ainda utilizados por pessoas desamparadas, sem teto, com dificuldades econômicas etc.:

> The site of one of Khoury's projects, a luxurious sushi bar, is next-door to a derelict building still occupied by refugees who live without running water or even windows. His discotheque, built underneath the vacant site where a massacre of Palestinian refugees took place in 1976, emerges from underground only at night. Khoury's buildings celebrate these cruel contrasts. "My entertainment projects are about recognizing and confronting different social realities and try to make these issues visible".[141]

Aliás, como bem lembrado por Alexandra de Brito, a autonomização institucional possibilita que as políticas continuem a se desenvolver, mesmo em contexto de indiferença ou adversidade social ou

---

[140] BRETT, Sebastian; BICKFORD, Louis; SEVCENKO, Liz; RIOS, Marcela. In: *Memorialization and Democracy: State Policy and Civic Action*. Op. cit., p. 26. Ver também o texto de SOYINKA, Wole. *The Burden of Memory, The Muse of Forgiveness*. Oxford: Oxford University Press, 2004.

[141] Idem.

política, a exemplo das políticas de reparação que se ampliam para novas categorias de vítimas, com as equipes de investigação continuando a abastecer processos administrativos e criminais de novas informações.[142]

No Brasil, têm-se notícias de eventos de formação e sensibilização da opinião pública sobre a matéria em discussão, com a participação do Ministério da Justiça, a saber: 1) III Semana Jurídica da Universidade Estadual de Mato Grosso do Sul – Unidade Universitária de Paranaíba –, discutindo exatamente o tema da Verdade, Memória e Justiça; 2) III Semana de Estudos Jurídicos das Faculdades Integradas de Paranaíba FIPAR/UEMS, tratando de temas correlatos; 3) Exposição Direito à Memória e à Verdade: a Ditadura no Brasil 1964-1985; 4) I Encontro Brasil-Argentina de Direito à Memória e à Verdade e Justiça de Transição, organizado pelo Curso de Pós-Graduação em Direitos Humanos da Universidade Estadual de Mato Grosso do Sul – Unidade de Paranaíba – e pela UMSA – Universidad del Museo Social Argentino; 5) I Feira de Livros do Encontro Internacional de Direitos Humanos: Livros da Resistência; 6) I Mostra de Cinema Nacional com ênfase em Direitos Humanos; 7) I Concurso Estadual de Mato Grosso do Sul na área de Direitos Humanos em Homenagem à Ivan Akselrud de Seixas, Maurice Politi; 8) I Concurso FIPAR/UEMS/UFMS/UMSA de Pôsteres Científicos com a temática: Direito à Memória e à Verdade e Justiça de Transição.[143]

Resta claro, pois, que a questão da Memória diz diretamente com a Democracia que se tem e se quer, sustentada na ideia de que qualquer concepção contemporânea dela *cannot exist without justice based on a single incontrovertible truth, free from corruption and denial*. E mais, funcionando esta memória como verdadeira *irrupção*, como no caso do Chile, ela pode eclodir como evento que desencadeia ativismos renovados em torno da questão de injustiça passada, gerando ciclos mais amplos de extensão, o que permite a cada geração interpretar o sentido das atrocidades do passado por si própria, de modo que os consensos sobre aquelas épocas eventualmente sejam alterados, modificados e revisados, para suprir as necessidades do novo.[144] Entende-se, desta

---

[142] BRITO, Alexandra Barahona de. *A justiça transicional e a política da memória: uma visão global.* Op. cit., p. 71.

[143] Conforme informações colhidas no *site* <http://portal.mj.gov.br/data/Pages/MJ20BF8FDBP-TBRIE.htm>, acessado em 10/10/2011.

[144] OLSON, Eric. *Symbolic Immortality.* Op. cit., p. 41. Sustenta o autor ainda que: "Knowing the truth is a complex and difficult process, but it's indispensable if we are to build a space for encounter and consensus, a space that allows us to affirm that democracy belongs to all of us. E isto porque: Memory eruptions occur from time to time, suddenly re-opening wounds and putting the past back on the front pages of newspapers". A despeito disto, adverte com pertinência o

forma, a relevância do argumento de que: "the state's responsibility for memory initiatives should be transversal–shared and developed in different ways by different government departments, such as education, health, and gender equality. In Chile one example is the work undertaken by the Ministry of Public Property to create a map of public buildings used as detention centers during the dictatorship".[145]

Por outro lado, como diz Imere Kértez (...) enquanto o homem sonhar – as coisas boas ou ruins –, enquanto o homem tiver histórias sobre as origens, lendas universais, mitos, haverá literatura, a despeito do que e do quanto falem da sua crise. A verdadeira crise é o completo esquecimento, a noite sem sonhos (...).[146]

Há muito ainda o que fazer.

4. Bibliografia

ABRÃO, Paulo; TORELLY, Marcelo D. As razões da eficácia da Lei de Anistia no Brasil e as alternativas para a Verdade e Justiça em relação às graves violações de Direitos Humanos ocorridas durante a ditadura militar (1964-1985). In: PRADO, Alessandra Martins; BATISTA, Cláudia Karina Ladeia e SANTANA, Isael José. *Direito à Memória e à Verdade e Justiça de Transição no Brasil*: Uma história inacabada! Uma República inacabada! Curitiba: CRV, 2011.

ARANTES, Maria Auxiliadora de Almeida Cunha e PONTUAL, Pedro. *Tortura, desaparecidos políticos e direitos humanos*. In: Brasil. Direitos Humanos: percepções da opinião pública: análises de pesquisa nacional/org. Gustavo Venturi. – Brasília: Secretaria de Direitos Humanos, 2010.

ARENDT Hannah. *De la historia a la acción*. Barcelona: Paidós ICE/UAB, 2002.

——. *Entre o Passado e o Futuro*. São Paulo: Perspectiva, 1997.

BARBOSA, Marco Antônio Rodrigues. *Direito à Memória e à Verdade*. In: Revista de Direitos Humanos, vol.1. Brasília: Secretaria Especial dos Direitos Humanos da Presidência da República do Brasil. Dezembro de 2008.

BERGER, Juan. *Y nuestros rostros, mi vida, breves como fotos*. Madrid: Hermann Blume, 2006.

BERISTAIN, Martín. *Reconstruir el tejido social*. Un enfoque crítico de la ayuda humanitária. Barcelona: Icaria, 1999.

BICKFORD, Louis. *Unofficial Truth Projects*. In: *Human Rights Quarterly* 29, no. 4 (November 2007), 994–1035.

---

autor que: "When governments drive memorialization initiatives, therefore, they often seek to neutralize disagreements about the past and develop a unified national narrative. In contrast, when civil society drives memorialization efforts, the narrative may seek to challenge official truths".

[145] BRETT, Sebastian; BICKFORD, Louis; SEVCENKO, Liz; RIOS, Marcela. In: *Memorialization and Democracy: State Policy and Civic Action*. Op. cit., p. 31.

[146] KERTÉZ, Imere. A língua exilada. In: *Jornal Folha de São Paulo*, edição de 20/10/2002, p. 12.

BRETT, Sebastian; BICKFORD, Louis; SEVCENKO, Liz; RIOS, Marcela. In: *Memorialization and Democracy: State Policy and Civic Action*. June 20-22. Santiago: Gobierno de Chile, 2007.

BRITO, Alexandra Barahona de. A justiça transicional e a política da memória: uma visão global. In: *Revista Anistia*, vol.I. Brasília: Ministério da Justiça, 2009.

———. *The Politics of Memory and Democratization*. Oxford: Oxford University Press, 2001.

DMITRIJEVI, Nenad. *Justice beyond blame: moral justification of (the idea of) a truth*. In: Journal of Conflict Resolution, vol. 50, n° 3, jun. 2006, pp. 368-382.

FUNARI, Pedro Paulo A.; ZARANKIN, Andrés; REIS, José Alberioni dos (Org.) *Arqueologia da repressão e da resistência na América Latina na era das ditaduras*. São Paulo: Annablume/Fapesp, 2008.

GADAMER, Hans-Georg. *Verdade e Método*. Rio de Janeiro: Vozes, 2000, p. 421 (285 do original).

GALEANO, Eduardo. *La memoria subversiva. En Tiempo: reencuentro y esperanza*. Guatemala: ODHAG, no.96, 1996.

GIBNEY, Mark and HOWARD-HASSMANN, Rhoda E.(eds). *The Age of Apology*. Philadelphia, PA: University of Pennsylvania Press, 2008.

HABERMAS, Jürgen. *A Inclusão do Outro*: estudos de teoria política. São Paulo: Loyola, 2002.

HABERMAS, Jürgen. O Estado Democrático de Direito – uma amarração paradoxal de princípios contraditórios. In: *A Era das Transições*. Rio de Janeiro: Tempo Brasileiro, 2003.

———. Struggles for Recognition in the Democratic Constitutional State. In: BERGUER, Samuel. (ed.) *Multiculturalism*: Examining the Politics of Recognition. New York: Sendell Editors, 2006.

———. Sul concetto di partecipazione política. Roma: Einaudi, 2000.

HAMBER, Barbara and WILSON, Raymond. *Symbolic Closure through Memory*, Reparation and Revenge in Post-conflict Societies. London: Oxford University Press, 2001.

HAYDEN, Dolores. *The Power of Place*: Urban Landscapes as Public History. Cambridge, MA: MIT Press, 2007.

HERMAN, Judith. *Trauma and Recovery*: the Aftermath of Violence: From Domestic Abuse to Political Terror. New York: Basic Books, 1997.

HUNTINGON, Samuel. *The Third Wave: Democratization in the Late Twentieth Century*. Norman, OKlahoma: University of Oklahoma Press, 1991.

INSTITUTO INTERAMERICANO DE DIREITOS HUMANOS. *Verdad, justicia y reparación: Desafíos para la democracia y la convivencia social*. Disponível em: <www.iidh.ed.cr>. Acesso em: 27/05/2011.

JENNINGS JR., Theodore. Reading Derrida / Thinking Paul: On Justice (Cultural Memory in the Present). New York: Macmillan, 2010.

JODELET, Dominique. *Memoire de Masse*: le cote moral et affectif de l'histoire. Paris: Dalloz, 2008.

JOINET, Louis. *Los Derechos Civiles y Políticos, en particular las cuestiones relacionadas con la tortura y la detención*. In: Informe del Grupo de Trabajo sobre la Detención Arbitraria. Presidente-Relator: Sr. Louis JOINET, E/CN.4/2003/8.

Verdade, Memória e Justiça no Brasil – responsabilidades compartidas

KIZA, Ernesto, RATHGEBER, Corene, and ROHNE, Holger-C. Victims of War: An Empirical Study on War-Victimization and Victims' Attitudes Toward Addressing Atrocities. London: Oxford, University Press, 2010.

LIFTON, Robert Jay and OLSON, Eric. *Symbolic Immortality*. In: ROBBEN, Antonius C.G.M. (Editor). Death, Mourning, and Burial: a Cross-cultural Reader. Malden, MA: Blackwell, 2006.

ODHAG. Oficina de Derechos Humanos del Arzobispado de Guatemala. *Informe Proyecto InterDiocesano de Recuperación de la Memoria Histórica: Guatemala: Nunca Más*. Vol. I, Impactos de la Violencia. Tibás, LIL/Arzobispado de Guatemala, Costa Rica, 1998.

PÁEZ, Diego, VALENCIA, Jesús; PENNEBAKER, Jaime; RIMÉ, Bartolomeu; JODELET, Davi. (EDS). *Memoria Colectiva de Procesos Culturales y Politicos*. Leioa: Editorial de la Universidad del País Vasco/Euskal Herriko Unibertsitatea, 1997.

PÉREZ, Carmen Lúcia Vidal. O lugar da memória e a memória do lugar na formação de professores: a reinvenção da escola como uma comunidade investigativa. In: *Reunião Anual da Anped*, 26, 2003, p. 5. Disponível em: <http://www.anped.org.br/reunioes/26/trabalhos>.

RICOEUR, Paul. *A memória, a história, o esquecimento*. Campinas: Unicamp, 2007.

SOUZA, Jessé. Democracia hoje: novos desafios para a teoria contemporânea. Brasília: UnB, 2001.

SOYINKA, Wole. *The Burden of Memory, The Muse of Forgiveness*. Oxford: Oxford University Press, 2004.

THOMPSON, Paul. *La voz del pasado*. Valência: Alfons el Magnanim, 2008.

WILDE, Alexander. *Chile's Memory and Santiago's General Cemetery*. Trabalho apresentado no Latin American Studies Association Congress. September 5–8. Montreal: Canadá, 2007. Entregue impresso no Congresso.

Sítios

http://blogdabrhistoria.blog.uol.com.br/, acesso em 28/06/2011.

http://brasiliaeuvi.wordpress.com/2010/01/02/a-longa-despedida-da-ditadura/, acesso em 28/06/2011.

http://portal.mj.gov.br/data/Pages/MJ20BF8FDBPTBRIE.htm, acesso em 10/10/2011.

http://www.embaixada-americana.org.br/democracia/majority.htm, acesso em 10/10/2011.

http://www.sitesofconscience.org/, acessado em 10/10/2011.

http://www.villagrimaldi.cl/archivo-oral/videos-y-documentos.html, acesso em 10/10/2011.

http://www.youtube.com/watch?v=_hNnSGflpAE&feature=player_embedded, acesso em 10/10/2011.

http://www.censusdiggins.com/prison_bellisle.html, acesso em 19/08/2011.

http://www.places.co.za/html/freedom_park.html, acesso em 22/08/2011.

http://www.memoriasreveladas.gov.br.

Capítulo Terceiro

A difícil relação entre o direito fundamental à informação e o acesso aos documentos produzidos pelo regime militar brasileiro

1. Notas introdutórias

Pretendo tratar, neste ensaio, de algumas questões preambulares envolvendo o tema da relação entre o Direito Fundamental à Informação e o problema do acesso aos documentos produzidos pelo regime militar brasileiro.

Para a discussão desta matéria, inicialmente quero estabelecer alguns marcos teórico-filosóficos e políticos atinentes à questão da importância da (1) informação e do conhecimento à (2) Democracia contemporânea, e o farei a partir de (3) interlocuções com alguns textos de Jürgen Habermas, para, a partir de então, avaliar de que maneira a informação e o conhecimento sobre os documentos produzidos pelo regime militar brasileiro se constituem em Direito Fundamental Individual (dos atingidos direta ou indiretamente por ele) e Social (relacionados à Sociedade Civil nacional).

No cotejamento do debate, vou ainda avaliar o evolver normativo internacional e nacional de acesso público às informações de Estado e de que forma os Tribunais brasileiros têm abordado estas questões, analisando criticamente as possibilidades principalmente de acesso aos documentos sob comento já disponibilizados pelo sistema arquivístico público do país, e os chamados documentos secretos que ainda não estão disponíveis.

Verdade, Memória e Justiça no Brasil – responsabilidades compartidas

2. Conhecimento e Interesse: uma abordagem habermasiana

Em linhas gerais, pode-se dizer que a sociedade de informação em que se vive hoje tem progressivamente amainado as distâncias e mesmo os obstáculos à comunicação entre as pessoas, a ponto de que nos recantos mais isolados do planeta é possível obter informações do que está acontecendo, em tempo real, nas grandes metrópoles do Ocidente e mesmo Oriente, o que nem sempre foi a realidade cotidiana.

Em termos políticos e administrativos, houve tempo – não muito longínquo e quiçá ainda vigente em alguns territórios – que a regra era o segredo enquanto ausência de informação e comunicação, viabilizando autoritarismos e regimes ditatoriais das mais diversas formas e modalidades – físicos, simbólicos, burocráticos etc.

Em termos históricos, esta ideia de segredo já estava presente na cultura Ocidental desde os Romanos, envolvendo os desígnios políticos da comuna sob estrito conhecimento, primeiro, do representante de Deus na terra, o Imperador, depois dos ilustrados que entendiam suas mensagens e as mundanizavam mais, os Senadores.

Na própria Bíblia se pode vislumbrar a presença do segredo com três significados específicos, a saber:

> In primo luogo, per indicare le cose non conoscibili di per sé (segreti del futuro, della natura, ecc.); poi, per indicare le cose confidenziali: la voce sod, usada nel texto in língua ebraica, significava originariamente divano, da cui consiglio o riunione de coloro che siedono sul divano, quindi anche ciò che si tratta in consiglio ristretto e non deve essere divulgato, ovvero è segreto; infine, tale termine é usato per indicare i luoghi nascosti.[147]

A era das luzes modernas contribuiu em muito para a transposição destes períodos obscurantistas, e no âmbito jurídico Brugaletta assevera que:

> Tutte le barriere burocratiche elevate dal diritto napoleonico, volte a costruire il segreto più impenetrabile sull'attività amministrativa degli stati post-ottocenteschi, stanno cadendo, prima ancora che per effetto dell'azione delle riforme democratiche, per cambiamenti di realtà di fatto che s'impongono al legislatore. E forse le due cose, democrazia e informazione, possono essere due aspetti, l'uno politico e l'altro tecnologico, della stessa realtà che sta cambiando velocemente sotto l'impulso della rivoluzione telematica.[148]

---

[147] ORESTANO, Ricardo. *Sulla problemática del segreto*. Roma: Mulino, 2009, p. 59.

[148] BRUGALETTA, Francesco. Poteri pubblici e dovere di disseminazione: l'altra faccia del diritto all'informazione. In: *Rivista Diritto & diritti*. Disponível em: <www.diritto&diritti.com.it>, acesso em 06/04/2011, p. 4. Diz o autor ainda que: "Già nella sensibilità letteraria del 700 la pubblicità degli atti del potere, categoria dell'illuminismo e componente essenziale del mito

Alguns especialistas são mais incisivos nesta matéria e sustentam que os níveis de democracia da sociedade contemporânea dependem dos respectivos índices de difusão das informações em seu cotidiano, outorgando ao cidadão a possibilidade de, assim, participar ativamente no espaço público e privado, resguardado, por certo, os direitos fundamentais de cada qual. Em especial no que diz com a coisa pública, tais informações se referem às leis, sentenças, disposições administrativas, e quaisquer outros documentos que se refiram a interesses passíveis de publicação.[149]

Em trabalho já clássico de Jürgen Habermas – e também revisado pelo autor em momentos posteriores a sua escrita – há nítida reivindicação da unidade indissociável de conhecimento e interesse, demonstrando que a neutralidade das ciências é uma exigência que não resiste ao exame crítico das condições do conhecimento como tal, pelo simples fato de que este invariavelmente está arraigado em certos interesses.[150]

Na base de tal reflexão se encontram alguns pressupostos fundamentais, como: 1) a de que há um conceito normativo de ciência; uma determinada categoria de saber que se encontra à disposição de um sujeito cognoscente, cujos elementos constitutivos se afiguram como aprioristicamente dados; 2) o de que há um dado sujeito de conhecimento – cuja existência é dada pelo tempo presente; 3) o de que há igualmente um objeto de conhecimento que pode ser cognitivamente apreendido pelo sujeito cognoscente.

Para o combate de tal perspectiva cientificista, Habermas vai buscar subsídios, inicialmente e dentre outros, em Hegel, exatamente para testar a teoria do conhecimento clássica da Idade Moderna como mecanismo de apreensão de objetos de saber por sujeitos de saber, e o faz a partir de matrizes fenomenológicas, eis que: "A experiência fenomenológica movimenta-se em uma dimensão onde as determi-

---

solare della rivoluzione, costituiva uno dei criteri fondamentali per contraddistinguere lo stato costituzionale dallo stato assoluto ... l'azione pubblica, da sempre trincerata dietro un manto di impermeabilità, diventa penetrabile dal privato. Il passaggio dalla dimensione segreta alla sfera della pubblicità è testimoniata dalla rifondazione del segreto di ufficio che, da regola, diventa eccezione, operante solo nelle ipotesi legislativamente scolpite".

[149] Na mesma direção vai DELLA TORRE, Zucchetti. *Privacy e accesso ai documenti amministrativi*. Roma: Giuffrè, 2009, p. 76: "Dare al cittadino informazioni, significa dargliele "gratis"[1], fornendo un servizio pubblico allo stesso modo del servizio sanitario, dell'istruzione, ecc. E siccome oggi dare informazioni significa darle a mezzo di strumenti telematici, compito dello Stato è anche quello di diffondere le conoscenze per l'uso degli strumenti telematici quanto più ampiamente possibile; in caso contrario si rischia di costruire società di classi in cui il potere resterà confinato nelle mani di una élite di uomini tecnologici".

[150] O que o autor denomina de *Erkenntnisleitende Interessen*. In: HABERMAS, Jürgen. *Conhecimento e Interesse*. Civilização Brasileira, 1987, p. 27.

nações transcendentais se autoconstituem. Nela não há um ponto de referência absolutamente seguro; tão somente a experiência da reflexão permite, enquanto tal, ser esclarecida sob a epígrafe do processo formativo".[151]

Este processo formativo, por sua vez, está marcado por um universo de contingências e interesses que, a despeito de mutáveis, espelham o cenário societal a partir do qual se constituem e se transformam os atores sociais – que constituem e transformam aquele cenário. Assim, por óbvio que o conceito de interesse em Habermas não se apresenta como categoria com sentido universalmente dado ou enclausurado no tempo e no espaço (a despeito que identificado no tempo e no espaço), mas vem forjado circunstancialmente pela historicidade que o envolve, ora sendo causa ora efeito das relações de força que marcam as relações intersubjetivas e materiais dos sujeitos sociais.

Por outro lado, naquelas ações humanas que visam não só a atingir pragmaticamente um fim de caráter não necessariamente coletivo, é possível perceber-se outro tipo de interesse, fundamentalmente comunicativo, que fomenta os homens a se relacionarem entre si por meio de normas linguisticamente articuladas/negociadas, e cujo objetivo é o entendimento mútuo, servindo a um mais fundamental: o da emancipação da espécie.[152]

Aquela ideologia tecnocrática, a partir de definição de seu campo de prioridades e de ação – instrumental/estratégica para atingir fins previamente postos como prioritários universalmente – afasta quaisquer outros problemas de caráter social, filosófico ou político do centro de atenção e de ação dos sujeitos sociais.

Já sobre as condições de validade ou competência do conhecimento a partir da perspectiva da comunicação não coatada pela ideologia tecnocrática, em cada situação de fala existem quatro "expectativas" a serem cumpridas (*Geltungsansprüche*): 1) a de que os conteúdos transmitidos são compreensíveis; 2) a de que os interlocutores são verazes; 3) a de que os conteúdos proposicionais são verdadeiros; e a 4) de que o locutor, ao praticar o ato linguístico em questão (afirmando, prome-

---

[151] HABERMAS, Jürgen. *Conhecimento e Interesse*, op. cit., p. 39. Ver também o texto de DEFLEM, Mathieu. *Habermas, Modernity and Law*. London: Sage Publication, 1996, p. 36.

[152] "O conhecimento instrumental permite ao homem satisfazer as suas necessidades ajudando-o a libertar-se da natureza exterior (por meio da produção); o conhecimento comunicativo o impele a emancipar-se de todas as formas de repressão social (ou de seus representantes intrapsíquicos)". HABERMAS, Jürgen. *Conhecimento e Interesse*, op. cit., p. 45. Ver também o texto de WINCH, Peter. *Understanding a Primitive Society*. New York: Humanities Press, 1978, p. 24.

tendo, ordenando), tinha razões válidas para fazê-lo, isto é, agia de acordo com normas que lhe pareciam justificadas.[153]

Ocorre que a ideologia tecnocrática impede a tematização discursiva do político, excluindo da comunicação pública certos temas e motivos inconvenientes para o sistema de poder, e que poderiam, precisamente, levar os indivíduos a promoverem a abertura de discursos problematizadores.

Para se chegar à comunicação não coatada, entende Habermas que todos os interessados precisam ter condições para participar do discurso, e que todos eles tenham oportunidades idênticas de argumentar, dentro dos sistemas conceituais existentes ou transcendendo-os, e *chances* simétricas de fazer e refutar afirmações, interpretações e recomendações, supondo também que só são admitidos ao discurso aqueles participantes que, como atores, agiam de acordo com normas que lhes pareciam justificáveis e não movidos pela coação, e satisfaziam o pressuposto da veracidade, não mentindo nem intencionalmente, nem inconscientemente (neurose ou falsa consciência). Essas duas condições configuram o *modelo da ação comunicativa pura*: uma forma de interação (e de organização social) caracterizada pela eliminação de todas as formas de coação externa e interna, o que se apresenta como de difícil concreção cotidiana, funcionando como tipo ideal/ideia regulativa do que deveria ser (e, portanto, deve ser constantemente buscado).[154]

Resta claro, assim, que, no âmbito do tema de fundo que proponho aqui analisar, impõe-se para o seu tratamento a adoção de compromissos e comportamentos pautados por uma ética da responsabilidade com o outro e as gerações presentes e futuras, oportunizando interconexões entre esfera pública e privada, na medida em que os atos de governo/Estado envolvendo a morte, o desaparecimento, o sequestro e a tortura de pessoas, passando a interagir com os atos

---

[153] HABERMAS, Jürgen. *Conhecimento e Interesse*, op. cit., p. 19.

[154] "O modelo da ação comunicativa pura e a situação lingüística ideal são duas pressuposições (Unterstellungen) mutuamente vinculadas. Ambas podem ser contrafatuais, e quase sempre o são: o modelo da comunicação pura constitui um telos (utópico) da comunicação normal, que remete a uma ordem social ainda inexistente; a situação lingüística ideal constitui um telos (igualmente utópico) que, uma vez alcançado, tornaria possível o discurso perfeito em condições também inexistentes. Ao mesmo tempo, ambos têm que ser pressupostos como já reais: sem essa presunção, a interação e o discurso seriam impossíveis. Nesse sentido, a utopia da vida perfeita e a do conhecimento total têm que ser vistas como de certa forma já reais; ao mesmo tempo, proporcionam paradigmas críticos que permitem criticar formas existentes de interação e discurso. Em suma, os homens não podem nem interagir, nem comunicar-se discursivamente senão na perspectiva de uma ordem social não repressiva (caracterizada pela comunicação e pela situação lingüística ideal), a qual, precisamente, não existe, mas que tais antecipações nos autorizam a definir como possível". In: HABERMAS, Jürgen. *Conhecimento e Interesse*, op. cit., p. 20

privados de pessoas que, ou foram atingidas, ou foram autoras de regimes de força autoritários (estou falando tanto dos agentes públicos como os indivíduos da resistência violenta que se criou em face de tais circunstâncias, e que perpetraram atos de sequestro, tortura, desaparecimento e morte de pessoas).

Os níveis de democracia da sociedade contemporânea dependem dos respectivos índices de conhecimento, participação social em esferas de debate e decisão política, bem como da difusão das informações em seu cotidiano, única maneira legítima de propiciar ao cidadão constituir-se como ator decisivo no espaço público.[155] Neste ponto, comparto com Chequer na assertiva de que:

> (...) a liberdade de expressão em sentido estrito não se confunde com o direito fundamental à liberdade de informação (acolhendo-se aqui uma concepção dual ou diferenciadora). De acordo com essa corrente de pensamento, a exigência da prova da verdade ou a existência de um necessário trabalho preparatório da informação são elementos exclusivos da liberdade de informação, já que esta se refere a fatos. A liberdade de expressão em sentido estrito, por se referir a idéias, opiniões, pensamentos, não está condicionada à verdade.
>
> A liberdade de informação exige uma divulgação verdadeira sobre fatos de relevância pública e, portanto, capaz de oferecer interesse para a reta conformação de uma opinião pública livre, requisito básico de toda a sociedade democrática;[156]

É óbvio que tal diretriz não se aplica de forma tão intensa a determinadas relações que, em face de sua natureza, justificam os chamados *segredos de mercado*, como diz Posner:

> In most states, a trade secret may consist of any formula, pattern, physical device, idea, process or compilation of information that both: (a) provides the owner of the information with a competitive advantage in the marketplace, and (b) is treated in a way that can reasonably be expected to prevent the public or competitors from learning about it, absent improper acquisition or theft. Some examples of potential trade secrets are: (a) a formula for a sports drink; (b) survey methods used by professional pollsters;

---

[155] Neste modelo de Democracia do qual falo, o Estado não tem a função exclusiva de garantir a igualdade de oportunidades aos diferentes projetos de institucionalidade democrática, mas deve também garantir padrões mínimos de inclusão e informação, que tornem possível à cidadania ativa criar, monitorar, acompanhar e avaliar o desempenho dos projetos de governo e proteção da comunidade, assim como os níveis de efetividade democrática de suas instituições. Ver o excelente texto de AVRITZER, Leonardo. Teoria democrática, esfera pública e participação local. In: *Revista Sociologias*, ano1, n° 2, julho/dezembro de 1999. Porto Alegre: UFGRS, 1999, p. 18/43.

[156] CHEQUER, Cláudio. *A Liberdade de Expressão como Direito Fundamental Preferencial Prima Facie* (análise crítica e proposta de revisão ao padrão jurisprudencial brasileiro). Rio de Janeiro: Lumen Juris, 2011, p. 12. É interessante que, conforme a pesquisa do autor, os Tribunais Constitucionais da Espanha, Alemanha e dos EUA, convergem no sentido de diferenciar estes Direitos Fundamentais de modo semelhante.

(c) recipes; (d) a new invention for which a patent application has not yet been filed; (e) marketing strategies; (f) manufacturing techniques, and (g) computer algorithms.[157]

De outro lado, é certo também que não se podem aplicar tais regras do mercado das relações de produção e consumo aos negócios, atos e comportamentos da Administração Pública, exatamente em face de sua natureza social e não privada.

Importa agora verificar como esta discussão se projeta ao nível normativo, constitucional e infraconstitucional, exatamente para identificar as possibilidades de ação no tocante à matéria.

3. Marcos normativos do Direito Fundamental à Informação

Em termos de historicidade internacional, é importante ter presente que desde o século XX a mutação normativa – notadamente constitucional – no Ocidente se deu com foco no âmbito dos Direitos Fundamentais Individuais e Sociais.

Na Declaração Universal dos Direitos Humanos, pode-se encontrar um dispositivo (artigo 19) que trata do direito de acesso à informação, garantindo que toda pessoa tem direito à liberdade de opinião e expressão; "este direito inclui a liberdade de, sem interferência, ter opiniões e de procurar receber e transmitir informações e idéias por quaisquer meios e independentemente de fronteiras".[158]

Da mesma forma na Convenção Americana de Direitos Humanos, de 1969,[159] pode-se encontrar previsão clara no sentido de que toda pessoa tem o direito à liberdade de pensamento e de expressão, e que tal direito inclui a liberdade de procurar, receber e difundir informações e ideias de qualquer natureza, sem considerações de fronteiras, verbalmente ou por escrito, ou em forma impressa ou artística, ou por qualquer meio de sua escolha (art. 13). Ademais, o exercício deste direito não pode estar sujeito à censura prévia, mas à responsabilidades ulteriores, que devem ser expressamente previstas em lei e que se façam necessárias para assegurar tão somente o respeito dos direitos e

---

[157] POSNER, Richard A. *Law, Pragmatism and Democracy.* Boston: Harvard University Press, 2003, p. 91.

[158] Adotada e proclamada pela resolução 217 A (III), da Assembleia Geral das Nações Unidas em 10 de dezembro de 1948.

[159] Adotada e aberta à assinatura na Conferência Especializada Interamericana sobre Direitos Humanos, em San José de Costa Rica, em 22.11.1969 – ratificada pelo Brasil em 25.09.1992, Diário Oficial da União de 9-11-92; p. 15.562-15.567.

da reputação das demais pessoas, e à proteção da segurança nacional, da ordem pública, ou da saúde ou da moral públicas.

A Declaração Internacional de Chapultepec,[160] firmada pelo presidente Fernando Henrique Cardoso, em 1996, em conjunto com vários presidentes latino-americanos, estabelece, em seus Princípios, que: "Não há pessoas nem sociedades livres sem liberdade de expressão e de imprensa. O exercício desta não é uma concessão das autoridades; é um direito inalienável do povo. Toda pessoa tem o direito de buscar e receber informação, expressar opiniões e divulgá-las livremente. Além disto, refere o documento que as autoridades devem estar legalmente obrigadas a pôr à disposição dos cidadãos, de forma oportuna e equitativa, a informação gerada pelo setor público".

Assim têm se comportado as Constituições de parte significativa dos países Ocidentais, eis que:

> The right of access to official information is now protected by the constitutions of some 60 countries. At least 46, and arguably 53 of these expressly guarantee a "right" to "information" or "documents," or else impose an obligation on the government to make information available to the public. The top courts of six of these countries (Argentina, Canada, France, India, Israel and South Korea) have interpreted the constitution to recognize the right implicitly.[161]

Especificando mais este mapeamento da forma com que o Direito à Informação se encontra disposto na ordem constitucional contemporânea, o documento referido dá conta de que:

a) Em onze (11) países da América há previsão constitucional sobre tal direito, a saber: Brasil, Chile, Colômbia, Costa Rica, Equador, México, Nicarágua, Panamá, Paraguai, Peru e Venezuela;

b) Em outros dezessete (17) países há uma clara garantia constitucional deste direito: Albânia, Bulgária, República Checa, Estônia,

---

[160] O documento foi adotado pela Conferência Hemisférica sobre liberdade de Expressão realizada em Chapultepec, na cidade do México, em 11 de março de 1994. Ela não é um documento de governo, como são os acordos internacionais. Trata-se de uma carta de princípios assinada por chefes de estado, juristas e entidades ou cidadãos comuns. O compromisso foi assumido pelo Brasil quando o ex-presidente Fernando Henrique Cardoso assinou a declaração em 9 de Agosto de 1996, sendo que o presidente Luis Inácio Lula da Silva deu continuidade ao trabalho renovando o compromisso no dia 03 de Maio de 2006.

[161] Disponível em: <http://right2info.org/constitutional-protections-of-the-right-to>, acesso em 12/09/2011. Adverte o documento, todavia, que: "Constitutions that guarantee less than general right to government-held information are not included in this count. For instance, we do not include constitutions that guarantee a right only to personal information, or to environmental information, or extend the right only to journalists. Nor do we include in this count constitutions that recognize a "right to freely seek and receive information," or variations of that phrasing, for instance as part of the right to freedom of expression, unless case-law, actual practice and/or assessments of in-country experts support the conclusion that the right includes a general right to information. We do, however, include in this count a right to government-held information that is limited to information of public interest". (p. 3).

Finlândia, Grécia, Hungria, Lituânia, Moldova, Noruega, Polônia, Portugal, Romênia, Servia, Slovakia, Slovênia, Suíça;

c) Igualmente na Ásia e Pacífico pode-se contar com as seguintes constituições: Nepal, Nova Zelândia, Paquistão, Nova Guiné, Filipinas, Tailândia;

d) Na África, têm-se os seguintes países compromissados normativamente com o Direito à Informação: Camarões, República do Congo, Gana, Kênia, Madagascar, Marrocos, Moçambique, Senegal, África do Sul, Tanzânia, Uganda.[162]

Em algumas constituições de países como Azerbaijão, Macedônia, Rússia e Ucrânia, há a explícita garantia do direito de receber informações, mas não especificamente em relação aos órgãos públicos como fornecedores destas, razão pela qual os Tribunais destes países têm progressivamente determinado que tal direito da cidadania também está associado e relacionado aos poderes estatais, devendo estes providenciar as informações postuladas – guardadas as situações impossíveis normativamente de serem publicizadas, como aquelas que envolvem segurança nacional ou perigo de Estado (tema igualmente polêmico na discussão contemporânea da questão).[163]

As constituições do Kênia, Panamá, Polônia, Sérvia e África do Sul, expressamente estendem o Direito à Informação às empresas e ou entidades que exercem funções públicas bem como às autoridades públicas, garantindo tais constituições o acesso a qualquer informação que é produzida ou está na posse de outra pessoa e é necessária/requerida para o exercício ou proteção de qualquer direito ou liberdade.

De outro lado, desde o caso Claude Reyes e outros contra o Governo Chileno, julgado em 19 de setembro de 2006, pela Corte Interamericana de Direitos Humanos,[164] tem-se uma posição clara no âmbito latino-americano da jurisprudência internacional envolvendo esta matéria, reconhecendo o direito à informação como fundamental, em especial diante do Estado.

---

[162] Idem, p. 4. Alerta o documento ainda que: "Top courts of at least nine of these countries have ruled that the constitutional right is enforceable in court even without enactment of an implementing law, including Chile, Costa Rica, India, Paraguay, the Philippines, South Africa, South Korea, Uganda and Uruguay".

[163] Disponível em: <http://www.ccourt.go.kr/home/english>, acesso em 12/09/2011.

[164] Disponível em: <http://www.soros.org/initiatives/justice/litigation/chile/d_decision-en_20060919.pdf>, acesso em 12/09/2011. Em especial ver também a *Open Society Justice Initiative's Amicus Brief*. Disponível em: <http://www.soros.org/initiatives/justice/litigation/chile/court-amicus-brief-3282006.pdf>.

Tais posturas vêm alterando a própria compreensão da função institucional e social dos fundos e arquivos públicos, como bem adverte o Prof. Dr. Jaime Antunes:

> Com o advento das modernas tecnologias de controle e recuperação da informação, a visão de arquivo como instituição de guarda de documentos foi substituída por aquela que o situa enquanto gestor de um sistema de informação, integrado a outros sistemas, com o objetivo maior de garantir o acesso do usuário às informações demandadas. Ou seja, o eixo foi deslocado da questão da guarda para a do acesso.[165]

Nesta linha de raciocínio, resta claro que os documentos e arquivos envolvendo temas de natureza pública – em especial os que dizem com aprendizagens democráticas necessárias – precisam ser manejados para além da conservação meramente histórica, impondo compreensão enquanto fontes de informações que reclamam domínio e debate público emergente, até em face da dicção constitucional do art. 216, § 2º, da Constituição Federal de 1988, ao disciplinar que cabe à Administração Pública a gestão da documentação governamental e as providências para franquear sua consulta a quantos dela necessitem.

Veja-se que a Corte Constitucional italiana tratou bem de tema correlato a este (o do segredo de Estado), na linha do que tenho sustentado até aqui, ao dizer que:

> Il principio di segretezza esiste e resiste, rispetto ad altri valori costituzionali alla cui tutela è preposto l'ordinamento giurisdizionale, solo se trova fondamento in altre esigenze anch'esse costituzionali ma di rango superiore. La sua ragion d'essere è dunque nella finalizzazione al supremo interesse della sicurezza dello Stato nella sua personalità Internazionale, nella sua preordinazione alla tutela dell'interesse dello Stato-comunità alla propria integrità territoriale, alla propria indipendenza e, al limite, alla propria sopravvivenza.[166]

É importante ter claro que o sistema normativo italiano e sua jurisprudência hegemônica reconhece a natureza amplamente discricionária da avaliação categorizante do Segredo de Estado (*alla salus rei publicae*), sendo a autoridade pública responsável por tal mister o Presidente do Conselho de Ministros, enquanto órgão no vértice da

---

[165] SILVA, Jaime Antunes. O Centro de Referência das Lutas Políticas no Brasil (1964-1985). In: *Revista Acervo*, v. 21, nº 2, julho/dezembro de 2008. Rio de Janeiro: Arquivo Nacional, 2008, p. 14.

[166] COSTITUZIONALE, Corte. Sentença nº 19/28, junho de 2002, n. 295. In: *Gazzetta Ufficiale*, Parte I, 1ª Serie Speciale, n. 26 del 3 luglio 2002, p. 28. Francesco Manganaro lembra que: "La 'costituzionalizzazione' di tale interesse viene quindi individuato dalla Consulta negli artt. 52 e 126 della Carta costituzionale, ove si fa riferimento al concetto di 'sicurezza nazionale'. Il concetto di 'difesa' trova, invece, specificazione nell'art. 87 (Consiglio Supremo di Difesa) che, posto in connessione con gli artt. 5 e 1 ('che riassume i caratteri essenziali dello Stato stesso nella formula di *repubblica democratica*'), rende possibile attribuire contenuto concreto alla nozione di segreto". In: MANGANARO, Francesco; ROMANO TASSONE, Antonio (a cura di). *I nuovi diritti di cittadinanza*. Torino: Giappichelli, 2005, p. 119.

organização governamental deste país, o que vem regulado pelos termos do art. 95, da sua Constituição.

No julgamento referido, a Corte Constitucional deixa claro que o segredo é somente legítimo quando se apresenta como necessário à tutela efetiva e demonstrada dos interesses nacionais referentes ao Estado, o que se distingue de forma absoluta dos interesses conjunturais de qualquer um dos Poderes de Estado instituídos (Legislativo, Executivo e Judiciário), ou mesmo de partidos políticos, interesses corporativos ou individuais, destacando "che mai il segreto potrebbe essere allegato per impedire l'accertamento di fatti lesivi dell'ordine costituzionale".[167]

E no Brasil em especial, como está a configuração normativa constitucional e infraconstitucional da matéria sob comento?

A Constituição de 1988, em seu art. 5º, incisos IV, IX e XIV, dentre outros, dispôs que: a) é livre a manifestação do pensamento, sendo vedado o anonimato (IV); b) é livre a expressão da atividade intelectual, artística, científica e de comunicação, independentemente de censura ou licença (IX); c) é assegurado a todos o acesso à informação e resguardado o sigilo da fonte, quando necessário ao exercício profissional (XIV).

Já no que tange à Administração Pública, o art. 37, *caput*, e o art. 93, incisos IX e X, ambos da Carta Política, dispuseram que são públicos os atos e negócios da Administração Pública no país, observadas as situações que envolvem segurança nacional ou congênere.

Com maior grau de especificidade, pelos termos da Lei Federal nº 9.784, de 29/01/1999, que regula os procedimentos administrativos, de igual sorte restaram consolidados direitos e garantias da cidadania – e da Administração – no atendimento de demandas, inclusive de informação, que se apresentam a esta.

Por tais razões, pode-se dizer com Sandulli que é regra constitucional do agir administrativo a sua transparência, eis que:

> Costituisce un'esigenza assolutamente fondamentale degli ordinamenti democratici, ponendosi come strumento indispensabile a realizzare un effettivo e diretto rapporto tra governanti e governati, per il fatto di consentire a questi ultimi una più consapevole partecipazione all'operato dei pubblici poteri e un più pieno controllo della relativa rispondenza agli interessi sociali e ai precetti legislativi e costituzionali.[168]

---

[167] MANGANARO, Francesco; ROMANO TASSONE, Antonio (a cura di). *I nuovi diritti di cittadinanza*. Torino: Giappichelli, 2005.

[168] ROMANO, Santi. *Principii di Diritto Amministrativo*. Milano: Giuffrè, 1906. p. 22. Ainda refere o autor que: "Il diritto di accesso, ponendosi come momento di attuazione del principio di partecipazione e quale strumento di controllo dei cittadini sull'imparzialità della pubblica am-

Mas em termos operacionais, o que significa esta transparência administrativa? Junto com a participação nos procedimentos administrativos, à motivação e publicidade dos atos administrativos, dar a conhecer os documentos públicos.

Agora, em um ordenamento jurídico como o brasileiro, em que vige a exigência da documentação administrativa – decorrente dos princípios informativos do art. 37, *caput*, da Constituição Federal –, o direito de acesso constitui, se não o principal, certamente um dos parâmetros fundamentais para colocar à prova a maturidade do sistema como um todo e verificar a possibilidade de afirmar e concretizar esta centralidade que o cidadão possui no âmbito da gestão do interesse público. Assim, "per definizione, accesso si contrappone a *segretezza*. Il binomio implica un rapporto inversamente proporzionale tra i termini: minore è il grado di segretazione, maggiore è la possibilità di accedere ai documenti".[169]

Como já disse, a informação e o acesso a ela hoje se afiguram como condição de possibilidade da própria Democracia, da Igualdade e Liberdade, assim como da dignidade da pessoa humana. Na perspectiva habermasiana, isto significa que a Democracia contemporânea deve estar baseada em um modelo teórico e pragmático dual, relacionado não apenas com a formação da vontade, institucionalizada no complexo parlamentar, mas também com uma noção de esfera pública que é reenviada a um conjunto espontaneamente gerado de arenas políticas informais, dialogicamente discursivas, e ao próprio contexto cultural respectivo, afigurando-se como uma oposição binária entre o plano formal e institucionalizado da democracia e os domínios informais e anárquicos de formação da opinião.[170]

Vai na mesma direção Ana Graf:

O direito às informações de que o Estado dispõe fundamenta-se no princípio da publicidade dos atos administrativos e na eliminação dos segredos públicos. Neste sentido,

---

ministrazione, deve diventare come regola, generale ed immanente, dell'ordinamento giuridico italiano".

[169] ARENA, Gregório. *Il Segreto Amministrativo*. Padova: CEDAM, 2004, p. 34. Refere ainda o autor que: "l'accesso ai documenti amministrativi, attese le sue rilevanti finalità di pubblico interesse, costituisce principio generale dell'attività amministrativa al fine di favorire la partecipazione e di assicurarne l'imparzialità e la trasparenza".

[170] O conceito de esfera pública aqui tem natureza política e constitucional, eis que pretende destacar a importância do sentimento de pertencimento do cidadão à sua realidade espacial e temporal, no sentido de corresponsável pela constituição do espaço público em que vive, a partir de pautas normativas que ele ajudou a demarcar, com objetivos, finalidades e valores a serem perseguidos. Ver neste sentido o texto de VIROLI, Maurizio. *For love of Country. An essay on patriotism and nationalism.* Oxford: Clarendon Press, 1995, assim como o texto de BUNCHAFT, Maria Eugenia. *Patriotismo Constitucional na perspectiva de Jürgen Habermas.* Rio de Janeiro: Lumen Juris, 2010.

o direito à informação constitui um indicador significativo dos avanços em direção a uma democracia participativa: oponível ao Estado, comprova a adoção do princípio da publicidade dos atos administrativos; sob o ponto de vista do cidadão, é instrumento de controle social do poder e pressuposto da participação popular, na medida em que o habilita para interferir efetivamente nas decisões governamentais e, se analisado em conjunto com a liberdade de imprensa e banimento da censura, também funciona como instrumento de controle social do poder.[171]

Neste modelo de Democracia do qual falo, o Estado não tem a função exclusiva de garantir a igualdade de oportunidades aos diferentes projetos de institucionalidade democrática, mas deve também garantir padrões mínimos de inclusão e informação, que tornem possível à cidadania ativa criar, monitorar, acompanhar e avaliar o desempenho dos projetos de governo e proteção da comunidade. Esses padrões mínimos são indispensáveis para transformar a instabilidade institucional em campo de deliberação democrática.[172]

No âmbito do texto constitucional brasileiro vigente, podem-se destacar algumas previsões normativas muito claras nesta direção, dentre as quais, no plano formal, tratando de requisitos instrumentais da participação e do controle social da administração pública:

a) a exigência de publicidade dos atos da Administração, para os fins de garantir um grau de visibilidade do poder político e social, dela não podendo constar nomes, símbolos ou imagens que caracterizem promoção pessoal de autoridades ou servidores públicos,[173] ao mesmo tempo em que se impõe como requisito de vigência da norma legal;[174]

b) o direito do cidadão em obter certidões do Poder Público, visando a trazer informações oficiais sobre interesses pessoais e determinados, consoante disposição constitucional inscrita no art. 5º, inciso XXXIV, do mesmo Estatuto;

---

[171] GRAF, Ana Cláudia Bento. O direito à informação ambiental. In: *Direito Ambiental em Evolução*. Curitiba: Juruá, 1998, p. 38.

[172] Vai neste sentido decisão da Corte alemã ao dizer que: "A liberdade de informação é, precisamente, o direito a informar-se. Por outra parte, este direito de liberdade é o pressuposto da formação da opinião que precede a expressão desta. Pois só a informação completa possibilita uma livre formação e expressão da opinião tanto para o indivíduo como para a sociedade". In: CHEQUER, Cláudio. *A Liberdade de Expressão como Direito Fundamental Preferencial Prima Facie* (análise crítica e proposta de revisão ao padrão jurisprudencial brasileiro). Op. cit., p. 14.

[173] Nos termos do art. 37, *caput* e parágrafo primeiro, da CF/88, destacando-se esta publicidade como princípio informativo da própria Administração Pública.

[174] Cumpre destacar que a publicidade, neste particular, não é elemento formativo do ato, necessário a existência válida deste ato, salvo quando a lei o dispuser, mas será sempre requisito de sua eficácia, exequibilidade e moralidade. Neste sentido, ver o texto de MOREIRA NETO, Diogo de Figueiredo. *Direito de Participação Política*. Rio de Janeiro: Renovar, 1993, p. 107 e ss.

c) o direito de petição, garantido a qualquer pessoa, independentemente de ser ou não cidadão, alcançando aos três Poderes do Estado, para os fins de defesa de direitos ou contra ilegalidade ou abuso de poder, nos termos do art. 5º, inciso XXXIV, *a*.

Por tais argumentos é que o Segredo Administrativo de Estado não tem vez nos regimes democráticos contemporâneos, sendo até possível, em raríssimas e muito bem justificadas situações, aceitar-se a existência da informação e do documento secreto não mais reportado à posição do seu detentor ou produtor, mas à qualidade da informação/documento envolvido e o que protege, superando-se, desta maneira, o fundamento meramente subjetivo e pessoal do segredo administrativo – um documento é segredo porque pertence à Administração Pública, ou porque o Administrador o produziu ou assim o entende –; mas pelo fato de representar uma concessão objetiva e real (tal documento/informação é segredo em face da qualidade da informação que contém, justificado normativa e racionalmente).

Em face disto, evidencia-se como demasiadamente contraditório o fato de que o Brasil tenha, por iniciativa governamental, pela via do Decreto nº 5.584, de 18/11/2005, determinado o envio de fundos documentais atinentes ao regime militar ao Arquivo Nacional, até então sob a guarda da Agência Brasileira de Inteligência – ABIN –, dos extintos Serviço Nacional de Informações – SNI – (1964-1990), da Comissão Geral de Investigações – CGI – (1964-1979), e do Conselho de Segurança Nacional – CSN – (1964-1980), Divisão de Segurança e Informações do Ministério da Justiça – DSI/MJ – (1946-1986), Divisão de Inteligência da Polícia Federal (1960-1990) e, ao mesmo tempo, não tenha gerado políticas públicas de acesso integral a este universo de informações acumuladas, mas, pelo contrário, vem criando obstáculos para tal ocorrer.[175]

Por outro lado, não se pode esquecer que o art. 5º, inciso XXIII, da CF/88, ao disciplinar que todos têm direito a receber dos órgãos públicos informações de seu interesse particular, ou de interesse coletivo ou geral, que serão prestadas no prazo da lei, sob pena de responsabilidade, ressalvou aquelas cujo sigilo seja imprescindível à segurança da sociedade e do Estado.

---

[175] Conforme o excelente trabalho de Jaime Antunes citado constam de tais acervos várias espécies de documentos, desde impressos, processos, microfilmes, microfichas, fotografias, mapas, plantas e desenhos correspondentes, com aproximadamente 9.926.000 páginas de textos. Até 2009, o Arquivo Nacional já contava com 11.468.676 de páginas de texto em termos de documentos atinentes a este período de exceção, sendo que a Coordenação Regional do Arquivo Nacional no Distrito Federal vem recebendo outros fundos documentais similares, recolhidos, até 2009, 39 acervos, com 1.291.775 metros lineares, 220.000 microfichas e 84 rolos de microfilmes (ou 16.258.676 de folhas de documentos), abrangendo o período de 1934/2009. Op. cit., p. 17/18.

Mas, afinal, quais são as informações cujo sigilo seja imprescindível à segurança da Sociedade e do Estado? Quem define, e como o faz, os critérios de eleição desta imprescindibilidade? De que tipo de segurança se está falando aqui em face da Sociedade e do Estado? Estas questões demandam reflexão e respostas preliminares, as quais devem tomar como referência obrigatória, dentre outros, os marcos normativos constitucionais e infraconstitucionais aplicados no caso.

Não estou sustentando aqui que o Direito à Informação seja absolutamente autônomo em face dos demais Direitos albergados pelo ordenamento jurídico brasileiro, mas há que se tencionar ao menos os argumentos de fundamentação e justificação da suas restrições – este também um Direito Fundamental.[176]

Como quer Crisafulli, há pelos menos duas formas de se compreender o Direito à Informação hodiernamente, uma em sentido lato e outra em sentido estrito: "la prima attiene a quel duplice ordine di situazioni soggettive consistenti nella libertà di informare e nella libertà di informarsi; la seconda, invece, è un'espressione che può essere usata per indicare in maniera più specifica quella situazione soggettiva derivante dal diritto all'informazione come libertà di informarsi (*ossia di ricevere e ricercare informazioni*)", e é desta segunda que estou tratando aqui.[177]

Nos Estados Unidos da América, desde há muito, existe a chamada Teoria do Segredo de Estado, reforçada pela Era Bush Filho em face dos atentados de 11 de setembro, autorizando o governo – por várias medidas legislativas e outras por decisões judiciais – a não precisar informar determinados atos que desenvolve em nome da Segurança Nacional contra o Terrorismo. Mesmo em tais situações, a opinião pública deste país jamais aceitou de forma incondicionada as consequências geradas por tais permissivos, denunciando abusos e violações de Direitos Fundamentais que ocorreram em decorrência deste contexto.[178]

---

[176] Digo isto porque tenho presente a existência de posições doutrinárias e jurisprudenciais – inclusive internacionais – que sustentam a autonomia deste direito, *ex vi*: "Un secondo e più illuminato orientamento, invece, ha successivamente sostenuto e dimostrato, con estrema convinzione, l'idea di un diritto all'informazione come diritto del tutto autonomo e unitario sotto il profilo della sua configurazione fattuale". In: LOIODICE, Carlo. *Contributo allo studio sulla libertà d'informazione*. Napoli: Giuffrè, 2002, p. 39.

[177] CRISAFULLI, Vezio. Problematica della libertà d'informazione. In: *Rivista Il Político*. Milano: Daltrice, 1962, p. 65.

[178] O *New York Times*, em sua edição de 24/05/2011, publicou uma materia intitulada State Secrets Privilege, dizendo que: "It has been more than 50 years since the Supreme Court issued a major ruling on the state-secrets privilege, a judicially created doctrine that the government has increasingly used to win dismissals of lawsuits related to national security, shielding its actions from judicial review. In: 2007, the Supreme Court declined to hear an appeal of a similar

Mas voltando ao Brasil, o evolver legislativo desta matéria no plano da infraconstitucionalidade tem sido muito truncado, basta ver, de forma exemplificativa, a sucessão de regulamentações que se teve à espécie.

Um dos principais documentos normativos infraconstitucionais que o país teve sobre a matéria foi o Decreto Federal n° 79.099, de 06 de janeiro de 1977, posteriormente revogado pelo Decreto 21.134, de 2/01/1997 (o qual foi revogado pelo Decreto n° 4.553, de 27/12/2002 e suas alterações – em especial a do Decreto n° 5.301, de 09/12/2004) editado em pleno regime militar, pelo então Presidente General Ernesto Geisel, e que lançou os marcos conceituais preliminares sobre a matéria que os demais institutos jurídicos basicamente repetiram, chegando às minúcias de definir categorias próprias de blindagem e segredo documental, a saber, a título exemplificativo:

Art. 2º Para os fins deste Regulamento serão consideradas as seguintes conceituações:

ACESSO – Possibilidade e ou oportunidade de obter conhecimento de assunto sigiloso.

ÁREA SIGILOSA – Área em que se situam instalações, edificações ou imóveis de qualquer tipo, ou somente parte deles, que requeira a adoção de medidas especiais em proveito da segurança de assuntos sigilosos que nela sejam tratados, manuseados ou guardados.

ASSUNTO SIGILOSO – É aquele que, por sua natureza, deva ser do conhecimento restrito e, portanto, requeira medidas especiais para sua segurança.

CLASSIFICAR – Atribuir um grau de sigiloso a um material, documento ou área que contenha ou utilize assunto sigiloso.

COMPROMETIMENTO – Perda de segurança resultante de obtenção, por pessoa não autorizada, do conhecimento de assunto sigiloso.

CREDENCIAL DE SEGURANÇA – Certificado, concedido por autoridade competente, que habilita uma pessoa a ter acesso a assunto sigiloso.

CUSTÓDIA – Responsabilidade pela segurança de assunto sigiloso, decorrente da posse de material ou documento sigiloso.

DOCUMENTO SIGILOSO – Documento impresso, datilografado, gravado, desenhado, manuscrito, fotografado ou reproduzido que contenha assunto sigiloso.

---

rendition and torture ruling by the federal appeals court in Richmond, Va. The leading Supreme Court decision on state secrets is United States v. Reynolds, which grew out of the crash in Georgia in 1948 of a B-29 bomber on a secret mission. Nine men died, and the widows of three of them sued the government for negligence. The central document in the case was the Air Force's accident report. The government refused to turn it over, saying that disclosure of the report, even to a judge, would endanger national security by revealing military secrets. When the report was ultimately released in 1996, it contained no secrets at all but did show appalling negligence".

GRAU DE SIGILO – Gradação atribuída a um assunto sigiloso, de acordo com a natureza de seu conteúdo e tendo em vista a conveniência de limitar sua divulgação às pessoas que tenham necessidade de conhecê-lo.

INVESTIGAÇÃO PARA CREDENCIAMENTO – Investigação feita com o propósito de verificar se determinada pessoa possui os requisitos indispensáveis para receber Credencial de Segurança.

MATERIAL SIGILOSO – Toda matéria, substância ou artefato que, por sua natureza, deva ser do conhecimento restrito, por conter e ou utilizar assunto sigiloso.

NECESSIDADE DE CONHECER – É a condição, inerente ao efetivo exercício de cargo, função ou atividade, indispensável para que uma pessoa, possuidora da Credencial de Segurança adequada, tenha acesso a assunto sigiloso.

VISITA – Pessoa cuja entrada foi admitida, em caráter excepcional, em área sigilosa de organização privada ou do Governo.

Com base em tais elementos, o governo militar efetivamente autorizou a gestão confidencial de documentos que, a seu juízo, poderiam expor as forças armadas e suas ações de *ordem e segurança públicas*.

Isto restou tão evidente que, nos termos do art. 3º deste Diploma legal, ficou assentado que os assuntos sigilosos serão classificados de acordo com a sua natureza ou finalidade e em função da sua necessidade de segurança, em um dos seguintes graus de sigilo: ultrassecreto, secreto, confidencial e reservado, sendo que a necessidade de segurança será avaliada mediante estimativa dos prejuízos que a divulgação não autorizada do assunto sigiloso poderia causar aos interesses nacionais, a entidades ou indivíduos.[179]

Por outro lado, ciosa de sua hegemonia institucional, as forças armadas sequer se preocuparam em disfarçar que, ao fim e ao cabo, os assuntos sigilosos veiculados por quaisquer documentos assim enquadrados seriam classificados de acordo com o seu conteúdo, e não, necessariamente, em razão de suas relações com outro assunto (art. 5º do Decreto), ou seja, permitindo juízos discricionários a respeito do tema.[180]

---

[179] Redação dada pelo art. 3º e parágrafo único, do Decreto sob comento. Veja-se que, pelos termos do art. 68, § 1º, "para a guarda de documentos ULTRA-SECRETOS é obrigatório o uso de cofre com segredo de, no mínimo, três combinações ou material que ofereça segurança equivalente. Na falta destes, os documentos ULTRA-SECRETOS deverão ser mantidos sob guarda armada – o mesmo valento para os documentos SECRETOS".

[180] A despeito de estabelecer o mesmo diploma legal, em seu art. 5º, e parágrafos, as situações fáticas de enquadramento das modalidades de sigilo enunciadas pela norma: "§ 1º São assuntos normalmente classificados como ULTRA-SECRETO aqueles da política governamental de alto nível e segredos de Estado, tais como: – negociações para alianças políticas e militares; – hipóteses e planos de guerra; – descobertas e experiências científicas de valor excepcional; – Informações sobre política estrangeira de alto nível. § 2º São assuntos normalmente classificados como SECRETO os referentes a planos, programas e medidas governamentais, os extraídos de assunto ULTRA-SECRETO que, sem comprometer o excepcional grau de sigilo do original, necessitem de maior difusão, bem como as ordens de execução, cujo conhecimento prévio, não autorizado,

O curioso é que o Decreto ainda trata de estratégias para que a confidencialidade não descambe para o excesso, não porque isto poderia violar Direito Fundamental, mas pelo fato de que: "A classificação exagerada retarda, desnecessariamente, o trato de assuntos e deprecia a importância do grau de sigilo. Deste modo, o critério para a classificação deve ser o menos restritivo possível" (art. 9º). Mas o menos restritivo possível para quem? Por certo que para o regime de exceção.

E agora o mais impressionante: Qual o critério para que se possa conseguir uma Credencial de Segurança a fim de permitir o acesso a documentos ditos sigilosos? "Para a concessão de Credencial de Segurança os seguintes requisitos pessoais, entre outros, deverão ser avaliados através de investigação para credenciamento: – lealdade e confiança; – caráter e integridade moral; – hábitos e atitudes no trato com assunto sigiloso; – ligações e amizades".[181]

Não bastasse isto, a Portaria Ministerial nº 2.449, de 27 de setembro de 1979, estabeleceu normas para utilização dos arquivos, bibliotecas e museus do Exército por parte de historiadores e outros estudiosos, definindo (em seu item 4) que:

> A concessão de Credencial de Segurança, nas diferentes categorias (Ultra-Secreto, Secreto, Confidencial e Reservado), é regulada pelos seguintes diplomas legais: (a) Regulamento para Salvaguarda de Assuntos Sigilosos,, aprovado pelo Decreto nº 79 099, de 06 Janeiro de 1977; (b) Normas Gerais para a Concessão de Credencial de Segurança e para a Condução de Investigação para Credenciamento, aprovadas pela Portaria Confidencial nº 01, de 06 de janeiro de 1977, do Secretário-Geral do Conselho de Segurança Nacional; e (c) Normas para a Concessão de Credencial de Segurança e para a Condução de Investigação para Credenciamento, no Âmbito do

---

possa comprometer suas finalidades. Poderão ser SECRETOS, entre outros, os seguintes assuntos: – planos ou detalhes de operações militares; – planos ou detalhes de operações econômicas ou financeiras; – aperfeiçoamento em técnicas ou materiais já existentes; – Informes ou Informações sobre dados de elevado interesse relativos a aspectos físicos, políticos, econômicos, psicossociais e militares nacionais ou de países estrangeiros; – materiais de importância nos setores de criptografia, comunicações e processamento de informações. § 3º São assuntos normalmente classificados como CONFIDENCIAL os referentes a pessoal, material, finanças etc., cujo sigilo deva ser mantido por interesse do Governo e das partes, tais como: – Informes e Informações sobre atividades de pessoas e entidades; – ordens de execução cuja difusão prévia não seja recomendada; – radiofreqüências de importância especial ou aquelas que devam ser freqüentemente trocados; – indicativo de chamada de especial importância que devam ser freqüentemente distribuídos; – cartas, fotografias aéreas e negativos, nacionais e estrangeiros, que indiquem instalações consideradas importantes para a Segurança Nacional. § 4º São assuntos normalmente classificados como RESERVADO os que não devam ser do conhecimento do público em geral, tais como: – outros Informes e Informações; – assuntos técnicos; – partes de planos, programas e projetos e suas respectivas ordens de execução; – cartas, fotografias aéreas e negativos, nacionais e estrangeiros, que indiquem instalações importantes".

[181] Art. 22 do Decreto referido.

Ministério do Exército, aprovadas pela Portaria Ministerial Confidencial, nº 01, de 02 de janeiro de 1978.[182]

Persistem ainda hoje tais diretrizes, ainda que revogados os Decretos referidos? Poderão ser arguidos na discussão do acesso a documentos – em especial os que envolvam as violações de Direitos Humanos perpetradas por agentes do Estado Militar? Se ainda forem estes os parâmetros, quem e com que critérios avaliarão a configuração de lealdade e confiança; caráter e integridade moral; hábitos e atitudes no trato com assunto sigiloso; ligações e amizades? Se não forem estes os parâmetros, haverá outros (por quem e como determinados)?

Parece-me inafastável a inconstitucionalidade superveniente de tais enunciados, isto porque eles vão de encontro às orientações de publicidade, transparência e acesso a documentos que a nova ordem constitucional no país inaugurou, tanto que, no início da década de 1990 já se alinhavam as normativas sobre o tema, como bem mostra a Lei Federal nº 8.159, de 08/01/1991, ao assegurar que: a) Todos têm direito a receber dos órgãos públicos informações de seu interesse particular ou de interesse coletivo ou geral, contidas em documentos de arquivos, que serão prestadas no prazo da lei, sob pena de responsabilidade, ressalvadas aquelas cujo sigilo seja imprescindível à segurança da sociedade e do Estado, bem como à inviolabilidade da intimidade, da vida privada, da honra e da imagem das pessoas (art. 4º); b) A Administração Pública franqueará a consulta aos documentos públicos na forma desta lei (art. 5º); c) Mesmo para os casos em que tal publicização destes documentos viessem a gerar algum tipo de violação de direito a pessoas físicas ou jurídicas, estabelecia que restaria resguardado o direito de indenização pelo dano material ou moral decorrente da violação do sigilo, sem prejuízo das ações penal, civil e administrativa (art. 6º).

O problema é o que vem disposto no capítulo V desta norma, em especial em seu art. 22, que de um lado garante ser assegurado o acesso pleno de documentos, mas, em seu art. 23, coloca restrições e limitadores para tanto, ao prever que: (i) os documentos cuja divulgação ponha em risco a segurança da sociedade e do Estado, bem como aqueles *necessários ao resguardo da inviolabilidade da intimidade, da vida privada, da honra e da imagem das pessoas são originariamente sigilosos*; (ii) *o acesso aos documentos sigilosos referentes à segurança da sociedade e do Estado será restrito* por um prazo máximo de 30 (trinta) anos, a contar da data de sua produção, podendo esse prazo ser prorrogado, por uma

---

[182] Disponível em: <http://www.dac.ensino.eb.br/docs/ligislacao>, acesso em 14/11/2011.

única vez, por igual período; (iii) *o acesso aos documentos sigilosos referente à honra e à imagem das pessoas será restrito* por um prazo máximo de 100 (cem) anos, a contar da sua data de produção.[183]

Como se abrindo uma brecha na blindagem da informação destes documentos, prevê o art. 24 do mesmo diploma que poderá o Poder Judiciário, em qualquer instância, determinar a exibição reservada de qualquer documento sigiloso, sempre que indispensável à defesa de direito próprio ou esclarecimento de situação pessoal da parte.

Pergunta-se: com esta dicção legal somente Direitos Individuais serão passíveis de autorizar intervenção judicial para garantia de acesso e conhecimento, eis que Direitos Sociais Difusos à Informação – como os que se quer alcançar com a Comissão da Verdade – estarão inacessíveis pelo prazo da lei? Ou se pode pensar num certo direito subjetivo público indisponível – envolvendo amplo conceito de Direito Fundamental Civil[184] – que se cria com a busca da Verdade e Memória daqueles períodos de exceção no país?

E mais, que tipologia de informações devem ter os documentos para serem considerados *necessários ao resguardo da inviolabilidade da intimidade, da vida privada, da honra e da imagem das pessoas*? Como e quem vai aferir isto, e com base em que critérios e juízos de valor? Há elementos objetivos para estas demarcações conceituais? Quem os definiu e com base em que procedimentos? Poderia imperar aqui a proteção *a posteriori* – com o dano consumado?

Poder-se-ia inclusive perquirir se os anteriores documentos sigilosos referente à honra e à imagem das pessoas restritos por um prazo máximo de 100 (cem) anos, a contar da sua data de produção, não seriam os mesmos dos referidos no item *ii* do art. 23, anteriormente citado, criando zona de incerteza a favor da discricionariedade do agente público que os catalogar, o que torna mais difícil o controle social, político e mesmo jurisdicional da matéria.

É interessante notar que em 24 de fevereiro de 1997, o Presidente Fernando Henrique Cardoso faz publicar o Decreto nº 2.134, regulamentando a Lei Federal nº 8.159/91, e ampliando de certa forma o

---

[183] §§ 1º, 2º e 3º do art. 23 da Lei.

[184] Aliás, "Civil rights are the protections and privileges of personal liberty given to all citizens by law. Examples of civil rights and liberties include the right to get redress if injured by another, the right to privacy, the right of peaceful protest, the right to a fair investigation and trial if suspected of a crime, and more generally-based constitutional rights such as the right to vote, the right to personal liberty, the right to life, the right to freedom of movement, the right to business and profession, the right to freedom of speech and expression". In: Claude Reyes et al. v. Chile. In: *Inter-American Court of Human Rights*, September 19, 2006. Disponível em: <http://www.soros.org/initiatives/justice/litigation/chile/d_decision-en_20060919.pdf>, acesso em 27/09/2011.

acesso à informação de determinados documentos tidos como sigilosos ao estabelecer regras de catalogação e desclassificação destes, e com isto tornando-os mais ostensivos à Sociedade Civil, isto porque:

a) determinava, em seu art. 4°, que qualquer documento classificado como sigiloso, recolhido à instituição arquivística pública, *que em algum momento tenha sido objeto de consulta pública*, não poderia sofrer restrição de acesso;

b) fora determinada a criação, pelos órgãos públicos e as instituições de caráter público, custodiadores de documentos sigilosos, de *Comissões Permanentes de Acesso*, para o cumprimento deste Decreto, podendo ser criadas subcomissões (art. 5°);

c) estabeleceu que as Comissões Permanentes de Acesso deveriam analisar, periodicamente, os documentos sigilosos sob custódia, submetendo-os à autoridade responsável pela classificação, a qual, no prazo regulamentar, efetuaria, se fosse o caso, sua desclassificação (art. 6°);[185]

d) no que tange aos documentos que continham informações pessoais, eles seriam liberados à consulta pública desde que previamente autorizada pelo titular ou por seus herdeiros (art. 8°), sendo que as Comissões Permanentes de Acesso poderiam autorizar o acesso a documentos públicos de natureza sigilosa a pessoas devidamente credenciadas, mediante apresentação, por escrito, dos objetivos da pesquisa (art. 9°);

e) restou disposto de forma clara neste Decreto que a eventual negativa de autorização de acesso deveria ser justificada por escrito (art. 12), o que facilitaria o controle da legalidade e legitimidade dos comportamentos arquivísticos.

O pesquisador Carlos Fico, em artigo publicado na *Revista Acervo*, do Arquivo Nacional,[186] refere que em outubro de 2001(portanto, 04 anos depois da normativa ter sido criada) recebeu a notícia do Gabinete de Segurança Institucional da Presidência da República, de que a Agência Brasileira de Inteligência – ABIN – havia nomeado Co-

---

[185] Imagina-se que estas Comissões Permanentes de Acesso observassem procedimentos administrativos de discussão e deliberação sobre matéria tão importante, assim como fundamentasse e justificasse todas elas, com registros formais próprios, até porque a relação dos documentos desclassificados, contendo nome e sigla do órgão ou da instituição, tipo, número e data do documento, grau de sigilo original, destinatário e assunto, deveria ser encaminhada, semestralmente, por estas Comissões, para publicação no Diário Oficial da União, do Distrito Federal, dos Estados ou dos Municípios, conforme o caso – parágrafo único do art. 6° .

[186] FICO, Carlos. A Ditadura Documentada: acervos desclassificados do regime militar brasileiro. In: *Revista Acervo*, v. 21, n° 2, julho/dezembro de 2008. Rio de Janeiro: Arquivo Nacional, 2008, pp. 67 e seguintes.

missão Permanente de Acesso para avaliar os documentos pertencentes ao extinto Conselho de Segurança Nacional, mas que, em face da quantidade e diversidade de documentação relacionadas, o trabalho ainda não havia sido concluído, razão pela qual não poderiam disponibilizar os referidos documentos.

A par destes avanços na regulamentação da matéria, o Decreto foi tímido na questão da conceituação restritiva de arquivos e documentos, classificando-os em: a) ultrassecretos: os que requeiram *excepcionais medidas de segurança* e *cujo teor só deva ser do conhecimento de agentes públicos ligados ao seu estudo e manuseio*; b) secretos: os que requeiram *rigorosas medidas de segurança* e cujo teor ou característica possam ser do conhecimento de agentes públicos que, embora sem ligação íntima com seu estudo ou manuseio, sejam autorizados a deles tomarem conhecimento em razão de sua responsabilidade funcional; c) confidenciais: aqueles cujo conhecimento e divulgação possam ser *prejudiciais ao interesse do País*; d) reservados: aqueles que não devam, imediatamente, ser do conhecimento do público em geral. (art. 15)

Eis os níveis de extrema abertura dos conceitos construídos pelo Decreto presidencial!

Ou seja, além da via eleita para tais demarcações categoriais de alta significação política e jurídica – porque restringem o acesso à informação da Sociedade Civil sobre temas de interesse público evidente –, ser esvaziadora do debate público democrático (sequer contou com a discussão pontual e específica do Parlamento enquanto representante popular), os próprios termos indicados à catalogação dos documentos se prestam a múltiplas manipulações hermenêuticas redutoras de possibilidades socioeficaciais atinentes à informação e conhecimento das questões que veiculam.

Afinal, quem vai definir, e como vai definir o que são as excepcionais medidas de segurança de cujo teor só deva ser do conhecimento de agentes públicos ligados ao seu estudo e manuseio atinentes aos documentos ultrassecretos? Quais são as rigorosas medidas de segurança passíveis de bloquearem o acesso aos documentos ditos secretos? Quem os define e como os define? Que conteúdos de documentos ou fonte produtora podem ser classificados como prejudiciais ao interesse do País para os fins de classificação documental confidencial? Quem os define e como os define? E quanto aos chamados documentos reservados, quais os critérios de delimitação daquilo que não deve ser de imediato conhecimento público? Qual a dimensão temporal da expressão *imediato*? Quem define isto e como define?

O Decreto tentou espancar estes interrogantes com algumas disposições tais quais as do art. 16, afirmando que são documentos passíveis de classificação como *ultrasecretos* aqueles referentes à soberania e integridade territorial nacionais, planos de guerra e relações internacionais do País, cuja divulgação ponha em risco a segurança da sociedade e do Estado. E andou bem neste sentido, porque ao menos densificou materialmente os casos mais objetivos de enquadramento da categoria tratada, todavia, de forma monocrática (Decreto Presidencial) e não coletiva (por que não o Congresso Nacional?).

Não bastasse isto, os legitimados à decisão de quando se encontram presentes aquelas situações de classificação documental são ainda mais reduzidos, a saber: *A classificação de documento na categoria ultra-secreta somente poderá ser feita pelos chefes dos Poderes Executivo, Legislativo e Judiciário federais.* (art. 16, parágrafo único).

Fê-lo também no âmbito dos *documentos secretos*, aduzindo que se referem a planos ou detalhes de operações militares, a informações que indiquem instalações estratégicas e aos assuntos diplomáticos que requeiram rigorosas medidas de segurança, cuja divulgação ponha em risco a segurança da sociedade e do Estado (art. 17), outorgando competência à classificação documental na categoria somente às *autoridades indicadas no parágrafo único do art. 16 deste Decreto, por governadores e ministros de Estado, ou, ainda, por quem haja recebido delegação.* (parágrafo único). O problema é que o § 2°, do mesmo artigo, radicalizou a subjetividade desta decisão, ao dizer que: *A competência prevista no § 1° deste artigo poderá ser subdelegada.* (Incluído pelo Decreto n° 4.497, de 4.12.2002)

Nos chamados *documentos confidenciais* não foi diferente, uma vez que o art. 18 do mesmo estatuto definiu que estes se caracterizam *quando o sigilo deva ser mantido por interesse do governo e das partes*, e cuja divulgação prévia possa vir a frustrar seus objetivos ou ponha em risco a segurança da sociedade e do Estado, sendo que tal classificação somente poderá ser feita: a) pelos chefes dos Poderes Executivo, Legislativo e Judiciário federais; b) por governadores e ministros de Estado; c) pelos titulares dos órgãos da Administração Pública Federal, do Distrito Federal, dos Estados e dos Municípios; d) por quem haja recebido delegação.

Surge de forma direta aqui a questão de quando se apresentam as condições nas quais devam os documentos ser mantidos em sigilo em face de interesse governamental ou de partes? Quem as define e como se dá isto? Ademais, que interesses governamentais ou pessoais podem inviabilizar o conhecimento público uma vez que versam sobre matérias de natureza pública inconteste?

Por sua vez, os *documentos tidos como reservados*, entendidos pelo art. 19 desta normativa como aqueles cuja divulgação, quando ainda em trâmite, comprometa as operações ou objetivos neles previstos, tiveram sua classificação outorgada aos seguintes agentes públicos: a) aos chefes dos Poderes Executivo, Legislativo e Judiciário federais; b) aos governadores e ministros de Estado; c) aos titulares dos órgãos da Administração Pública Federal, do Distrito Federal, dos Estados e dos Municípios; d) a quem haja recebido delegação; e) aos agentes públicos formalmente encarregados da execução de projetos, planos e programas.

Veja-se que, em termos de prazos de classificação, o Decreto, em seu art. 20, determinava que seriam os seguintes: a) ultrassecretos, máximo de trinta anos; b) secretos, máximo de vinte anos; c) confidenciais, máximo de dez anos; d) reservados, máximo de cinco anos.

É interessante que, nos termos das dicções dos art. 22 e 23, a autoridade responsável pela *classificação* dos documentos, ou a autoridade mais elevada, findo o motivo de sua classificação ou alteração de sua natureza, e considerando o interesse para a pesquisa e para a administração, poderia alterar ou mesmo cancelar a classificação, *tornando-os ostensivos*. Ao mesmo tempo, *considerando o interesse da segurança da sociedade e do Estado*, poderia renovar a classificação por uma única vez, por igual período; e mais, poderia a autoridade superior à que classificou o documento alterar o grau de sigilo dos documentos em trâmite, o que mostra o resquício autoritário.

Havia ainda outra engenhosa ferramenta de manejo/manipulação desta documentação no âmbito do Decreto sob comento que diz com a chamada *credencial de segurança documental*, ou seja, o selo identificatório da classificação do documento, eis que o seu art. 25 dispôs que os procedimentos específicos à espécie seriam objeto de disposições internas de cada órgão ou instituição de caráter público, os quais levariam em conta as diretrizes e conceitos abertos acima enfocados, portanto, com excessivo juízo de discricionariedade inclusive axiológica.

Por fim, o Decreto, em seus arts. 28 e 29, ainda excetuou do acesso público irrestrito *os documentos cuja divulgação comprometa a intimidade, a vida privada, a honra e a imagem das pessoas*, e aqueles integrantes de processos judiciais que tenham tramitado em segredo de justiça, tornando-os restritos pelo prazo de cem anos, a partir da data de sua produção, criando uma excepcionalidade misteriosa para que se permitisse o acesso (parágrafo único do art. 29), desde que autorizado pelas Comissões Permanentes de Acesso, mas somente a pessoas devidamente credenciadas, mediante apresentação, por escrito, dos objetivos da pesquisa (art. 9°).

Então veja-se a incongruência da regulação: a) é vedado o acesso a documentos cuja divulgação comprometa a intimidade, a vida privada, a honra e a imagem das pessoas, mas ao mesmo tempo não se esclarece de que pessoas se fala: se as que produziram os documentos ou as que foram alvo das informações veiculadas pelos documentos (algozes ou vítimas); tampouco são indicados os critérios que serão utilizados pelas Comissões Permanentes de Acesso – se é que são elas que irão exercer os juízos de valor necessários aqui e, a partir disto, deliberar o que e quando se caracteriza comprometimento dos interesses envolvidos – para tais tomadas de decisões (sequer há procedimentos públicos previstos no particular).

Não bastasse isto, no final do segundo governo do Presidente Fernando Henrique Cardoso, fora editado o Decreto n° 4.553, de 27/12/2002, retrocedendo o tratamento destas questões, na medida em que ampliou significativamente os prazos à classificação dos documentos (ou seja, o tempo em que ficariam indisponíveis ao acesso público), a saber: a) os documentos reservados que tinham prazo de classificação de 05 anos passaram para 10 anos; b) os documentos confidenciais que tinham prazo de classificação de 10 anos passaram para 20 anos; c) os documentos secretos que tinham prazo de classificação de 20 anos passaram para 30 anos; d) os documentos ultrassecretos, com prazo de classificação inicial estabelecidos em 50 anos, poderiam ser sigilosos eternamente.[187] Como diz Fico: "Além disso, as regras para a desclassificação tornaram-se confusas. As comissões de acesso foram eliminadas, o Executivo passou a ser o único poder competente para a atribuição de sigilo e o número de autoridades com tal poder aumentou".[188]

Somente em 09 de dezembro de 2004, através do Decreto n° 5.301, o governo federal regulamentou a Medida Provisória n° 228/2004, determinando a *criação, no âmbito da Casa Civil da Presidência da República, da Comissão de Averiguação e Análise de Informações Sigilosas*, com a finalidade de decidir pela aplicação da ressalva prevista na parte final

---

[187] O retrocesso foi tanto que este novo diploma legal chegou a estabelecer a possibilidade de classificar partes de um mesmo documento (art. 13): "As páginas, os parágrafos, as seções, as partes componentes ou os anexos de um documento sigiloso podem merecer diferentes classificações, mas ao documento, no seu todo, será atribuído o grau de sigilo mais elevado, conferido a quaisquer de suas partes".

[188] Idem, p. 74.

do inciso XXXIII do art. 5º da Constituição Federal, restaurando um pouco os prejuízos opostos ao acesso público das informações e acervos sob comento.

O referido decreto determinou que a composição da Comissão de Averiguação e Análise de Informações Sigilosas contasse com os seguintes membros: Ministro de Estado Chefe da Casa Civil da Presidência da República (coordenador), Ministro de Estado Chefe do Gabinete de Segurança Institucional da Presidência da República, Ministro de Estado da Justiça, Ministro de Estado da Defesa, Ministro de Estado das Relações Exteriores, Advogado-Geral da União, e Secretário Especial dos Direitos Humanos da Presidência da República.

Nos termos do § 2º do art. 4º deste Decreto, facultou-se à Comissão, para o exercício de suas atribuições, a convocação de técnicos e especialistas de áreas relacionadas com a informação contida em documento público classificado no mais alto grau de sigilo, para sobre ele prestarem esclarecimentos, desde que assinem termo de manutenção de sigilo, cabendo à Casa Civil da Presidência da República expedir normas complementares necessárias ao funcionamento da Comissão, assegurando o apoio técnico e administrativo indispensável ao seu funcionamento (§ 4º).

O problema é que este diploma legal autorizou que a autoridade competente para classificar o documento público no mais alto grau de sigilo, por juízo de discricionariedade absolutamente subjetivo, possa, após vencido o prazo ou sua prorrogação, previstos no § 2º do art. 23 da Lei nº 8.159/1991, provocar, de modo justificado, a manifestação da Comissão de Averiguação e Análise de Informações Sigilosas para que avalie, previamente a qualquer divulgação, se o acesso ao documento acarretará dano à segurança da sociedade e do Estado (art. 5º).

Ou seja, o primeiro juízo de valoração sobre a matéria é monocrático da autoridade estatal, podendo ou não levar esta questão de alta relevância política e social ao órgão colegiado e mais democrático que é a Comissão sob comento.

No § 1º do art. 5º da mesma normativa, até de forma paradoxal, retira-se o poder absoluto daquela autoridade competente nas situações em que pessoas *que demonstrem possuir efetivo interesse no acesso à determinada informação*, venham a provocar diretamente a Comissão para os fins de revisão da classificação de documento público no mais alto grau de sigilo, podendo, aqui, a Comissão fazê-lo. Para tanto, o interessado deverá especificar, de modo claro e objetivo, que informação pretende conhecer e qual forma de acesso requer, dentre as seguintes: vista de documentos, reprodução de documentos por qualquer meio para tanto adequado, ou pedido de certidão, a ser expedida pelo órgão consultado (§ 2º), não estando obrigado, todavia, a aduzir razões no requerimento de informações, salvo a comprovação de seu efetivo interesse na obtenção da informação (§ 3º).

Por outro lado, dando sequência ao tratamento que os anteriores dispositivos imprimiram à matéria, a Medida Provisória nº 228/2004 fez registrar que os documentos públicos que deixassem de ser classificados no mais alto grau de sigilo, mas que contivessem informações relacionadas à intimidade, vida privada, honra e imagem de pessoas, teriam, em face do disposto no inciso X do art. 5º da Constituição, o acesso a essas informações restrito, no prazo de que trata o § 3º do art. 23 da Lei nº 8.159, de 1991,[189] à pessoa diretamente interessada ou, em se tratando de morto ou ausente, ao seu cônjuge, ascendentes ou descendentes.

Até poder-se-ia questionar se esta previsão da Medida Provisória indicada teria sua validade garantida em face de não ter sido alcançada pelos termos da regulamentação do Decreto nº 5.301/2004. Ocorre que a regulamentação citada não tem o condão de exaurir os termos da Medida Provisória, mas apenas estabelecer procedimentos de execução material e formal da matéria. Ademais, em 05/05/2005, a referida Medida Provisória foi transformada em Lei Federal nº 11.111, estabilizando, assim, a regulação do tema, inclusive abrandando de certa forma os documentos envolvendo o disposto no inciso X do art. 5º da Constituição de 1988, ao dizer que:

> Art. 7º Os documentos públicos que contenham informações relacionadas à intimidade, vida privada, honra e imagem de pessoas, e que sejam ou venham a ser de livre acesso poderão ser franqueados por meio de certidão ou cópia do documento, que expurgue ou oculte a parte sobre a qual recai o disposto no inciso X do *caput* do art. 5º da Constituição Federal.
>
> Parágrafo único. As informações sobre as quais recai o disposto no inciso X do caput do art. 5º da Constituição Federal terão o seu acesso restrito à pessoa diretamente interessada ou, em se tratando de morto ou ausente, ao seu cônjuge, ascendentes ou descendentes, no prazo de que trata o § 3º do art. 23 da Lei nº 8.159, de 8 de janeiro de 1991.

Deste emaranhado de normas jurídicas, ao fim e ao cabo, restou formalmente patenteada no país a possibilidade de consulta a documentos com altíssimos níveis de classificação inibitória ao acesso às informações que veiculam, entretanto, com índices de imprecisão e aberturas semânticas impressionantes no que tange às suas classificações, e ainda, para ultimar, delegando a competência liberatória para

---

[189] Diz a norma que o acesso aos documentos sigilosos referente à honra e à imagem das pessoas será restrito por um prazo máximo de 100 (cem) anos, a contar da sua data de produção.

órgão que, ao que parece, até agora não mostrou a que veio – sequer se veio, a saber, as referidas Comissões de Averiguação e Análise de Informações Sigilosas, conforme matéria jornalística que reproduzo:

Governo não organiza os dados sigilosos. Casa Civil deveria criar a Comissão de Averiguação e Análise de Informações Sigilosas

À exceção do Ministério de Relações Exteriores, a organização dos documentos sigilosos de nove entre os mais estratégicos órgãos do governo ainda engatinha. Nem o Gabinete de Segurança Institucional da Presidência (GSI) e os ministérios da Defesa e da Justiça sabem quantos arquivos classificados estão sob sua tutela. Na última semana, a discussão sobre o sigilo de documentos ultrassecretos causou polêmica no país. E a sinalização da presidente Dilma Rousseff (PT) em favor do segredo constrangeu a Câmara, que aprovou projeto no sentido oposto.

A reportagem consultou dez ministérios com potencial para guardar informações sigilosas. Desde a Controladoria Geral da União (CGU) ao Ministério de Desenvolvimento, Indústria e Comércio Exterior (Mdic), passando por Banco Central, Fazenda e Secretaria de Assuntos Estratégicos (SAE). Em todos, as informações nunca foram sistematizadas.

De acordo com a lei 11.111, de 2005, a Casa Civil da Presidência deveria criar a Comissão de Averiguação e Análise de Informações Sigilosas para "decidir sobre a aplicação da ressalva ao acesso de documentos" no Poder Executivo. Mas, na prática, cada órgão segue seu próprio ritmo e tem suas próprias diretrizes de classificação, que não ficam claras para a sociedade. A comissão existe, mas sequer determinou aos ministérios que sistematizassem o fluxo de informações classificadas.

Ao GSI, órgão que desde 1999 gerencia informações da vida palaciana – como a rotina dos presidentes da República – a reportagem perguntou sobre o número de arquivos sigilosos, sua classificação e quais argumentos são utilizados para o enquadramento em cada caso. A resposta veio em breve comunicado. "Em resposta às suas indagações, informamos que o Gabinete de Segurança Institucional, a exemplo dos demais órgãos da Administração Pública Federal, cumpre o prescrito no Decreto no. 4.553, de 27 de dezembro de 2002, que regula a salvaguarda de dados, informações, documentos e materiais sigilosos de interesse da segurança da sociedade e do Estado e elabora, no momento, uma síntese do acervo existente", informou.[190]

O jornal Folha de São Paulo, em sua edição de 23/09/2011, página A9, com matéria intitulada *Arquivo sigiloso de órgão de segurança tem 70 mil papéis*, dá conta de que o Gabinete de Segurança Institucional da Presidência da República – GSI – (o mesmo referido na matéria acima citada), informou ao Senado Federal que guarda mais de 69.000 documentos sigilosos, incluindo os produzidos pela Agência Brasileira de Informação – ABIN –, dividindo-se em quatro tipos de arquivos: dois ultrassecretos, 4.116 secretos, 56.644 confidenciais e 8.344 reservados.

---

[190] Disponível em: <http://gazetaonline.globo.com/_conteudo/2011/06/noticias/a_gazeta/politica/883018-governo-nao-organiza-os-dados-sigilosos.html>, publicado no sítio do *Jornal A Gazeta*, em 18/06/2011 – 18h35 – Atualizado em 18/06/2011 – 18h35, acesso em 27/09/2011.

Diz ainda a matéria que o Senador relator do projeto de lei que altera a classificação e os prazos de armazenamento de documentos oficiais restou indignado em face das informações deficitárias enviadas pelo GSI, sugerindo até apresentar pedido de esclarecimentos ao setor responsável.

Ou seja, para além das questões de ordem jurídica – que são sérias –, há problemas de gestão e (des)organização institucional para com estes acervos públicos, o que reclama medidas enérgicas do governo sob pena de se inviabilizar os trabalhos da própria Comissão da Verdade que acaba de ser aprovada pela Câmara dos Deputados do Brasil.

Aliás, esta foi a conclusão da Comissão Interamericana de Direitos Humanos de São José da Costa Rica, no caso *Gomes Lund e Outros ("Guerrilha do Araguaia") vs. Brasil*,[191] ao dizer que:

> Adicionalmente, as diversas leis e decretos que tem regido o direito de acesso à informação no Brasil não cumprem com os parâmetros estabelecidos pelo Sistema Interamericano, dado que o alcance e o conteúdo do direito de acesso à informação está regulamentado por disposições de caráter administrativo e nenhuma das normas de regulamentação desse direito define nem delimita as causas de restrição. Ademais, essas disposições: a) não incluem procedimentos administrativos que assegurem a correta tramitação e resolução de solicitações de informação, os prazos para contestar, nem a possibilidade de impugnar a negativa de facilitar a informação através de um recurso rápido e efetivo; b) não contemplam a obrigação de fundamentar adequadamente as negativas à solicitação de informação, e c) contemplam períodos de restrição ilegítimos.

Por tais razões, entendeu a Comissão que os Estados têm a obrigação positiva de produzir e conservar informação, o que os obriga a buscá-la e implementar medidas que permitam a custódia, o manejo e o acesso aos arquivos.

A jurisprudência brasileira não tem tido muitas oportunidades para tratar deste assunto no particular, a despeito de reconhecer que a Lei Fundamental garante o direito à obtenção de certidões em repartições públicas para a defesa de direitos e esclarecimentos de situações de interesse pessoal (art. 5º, XXXIII), e o direito a receber dos órgãos públicos informações de seu interesse particular, ou de interesse coletivo ou geral, que serão prestadas no prazo da lei, sob pena de responsabilidade, ressalvadas aquelas cujo sigilo seja imprescindível à segurança da sociedade e do Estado (art. 5º, XXXIV), lembrando inclusive que a Lei 9.051/95 regulamentou o direito a certidões, prevendo que o interessado, na petição, faça constar a finalidade da certidão e

---

[191] Sentença de 24/11/2010, item nº 184, fl.69.

as razões do pedido. Por tais razões, afigurar-se-ia inexistente direito líquido e certo à obtenção de informações quando formulado à Administração Pública pedido genérico e imotivado.[192]

O Superior Tribunal de Justiça teve oportunidade também de referir relacionando o Direito à Informação como Direito Social, que:

CONSTITUCIONAL E ADMINISTRATIVO. RECURSO ORDINÁRIO. MANDADO DE SEGURANÇA COLETIVO. PARTIDO DOS TRABALHADORES E PARLAMENTARES ESTADUAIS. GOVERNO DO PARANÁ. PROTOCOLO DE INTENÇÕES CELEBRADO COM RENAUT DO BRASIL AUTOMÓVEIS S/A. INSTALAÇÃO DE MONTADORA DE VEÍCULOS NO ESTADO. EXIBIÇÃO DE DOCUMENTOS DO INTERESSE DA COLETIVIDADE. ART. 5o, XXXIII, DA CF.

1. Dentre os Direitos e Garantias Fundamentais capitulados no art. 5º da Constituição Federal está inserido o de que "todos têm direito de receber dos órgãos públicos informações de seu interesse particular, ou de interesse coletivo em geral, que serão prestados no prazo de lei, sob pena de responsabilidade, ressalvadas aquelas cujo sigilo seja imprescindível à segurança da sociedade e do Estado" (inciso XXXIII).

2. Inequívoco que os documentos cuja exibição foi requerida pelos impetrantes não estão protegidos pelo sigilo prescrito no art. 38, da Lei 1.595/64, sendo sua publicidade indispensável à demonstração da transparência dos negócios realizados pela Administração Pública envolvendo interesses patrimoniais e sociais da coletividade como um todo.

3. Recurso ordinário conhecido e provido para, reformando o acórdão impugnado, conceder a segurança nos termos do pedido formulado pelos recorrentes.[193]

Nesta lógica de raciocínio, tem-se que, mesmo superados todos estes entraves normativos, ainda assim ter-se-ia o problema de delimitar melhor os procedimentos, critérios e formas de deliberação das chamadas *Comissões de Averiguação e Análise de Informações Sigilosas*, não se podendo aceitar que tamanha responsabilidade para os fins de classificar ou desclassificar documentos (que significa torná-los públicos ou não) que dizem com a Verdade e Memória deste país, reste cingida à boa vontade e exercício subjetivo dos seus membros, que inclusive, ao que tudo indica, poderão ter formatos, operacionalizações, comportamentos e resultados de acordo com cada órgão detentor destes acervos – o que implica absoluta falta de controle social e político sobre o que vão fazer.

Daí a importância de se pensar em instituir também procedimentos públicos de atuação, controle e resultados àquelas Comissões, per-

---

[192] Neste sentido, as decisões do Superior Tribunal de Justiça: RMS 32.740/RJ, Rel. Min. Arnaldo Esteves Lima, j. 1.3.2011, DJe 17.3.2011; RMS nº 32.748 – RJ 2010/0147887-2, Rel. Min. Herman Benjamin, DJe 31/08/2011; RMS 20.412/PR, Rel. Ministra Eliana Calmon, Segunda Turma, DJe 25/03/2008; RMS 18.564/RJ, Rel. Ministro Francisco Falcão, Primeira Turma, DJ 13/12/2004.

[193] Recurso Ordinário em MS nº 10131 – PR, Relator Min. Peçanha Martins, DJ: 18/02/2002.

mitindo com isto maior participação social e mesmo institucional dos Poderes do Estado.

Importa agora verificar, mesmo que no calor do debate, os termos da nova Lei Federal de Acesso a Informações recentemente aprovada pelo Senado Federal, indo à apreciação da Presidenta da República para sanção.

4. O novo marco de acesso a informações públicas no Brasil

O Senado da República brasileira, no dia 25/10/2011, restou por aprovar o Projeto de Lei da Câmara dos Deputados de n° 41/2010, que regula o acesso a informações previsto no inciso XXXIII do art. 5°, no inciso II do § 3° do art. 37, e no § 2° do art. 216 da Constituição Federal; altera a Lei n° 8.112, de 11 de dezembro de 1990; revoga a Lei n° 11.111, de 5 de maio de 2005, e dispositivos da Lei n° 8.159, de 8 de janeiro de 1991, dando ainda outras providências.

Pelos termos desta norma, que ainda pende de sanção pela Presidência da República, subordinam-se aos seus termos: a) os órgãos públicos integrantes da administração direta dos Poderes Executivo, Legislativo, incluindo as Cortes de Contas, e Judiciário e do Ministério Público; b) as autarquias, as fundações públicas, as empresas públicas, as sociedades de economia mista e demais entidades controladas direta ou indiretamente pela União, Estados, Distrito Federal e Municípios; c) às entidades privadas sem fins lucrativos que recebam, para realização de ações de interesse público, recursos públicos diretamente do orçamento ou mediante subvenções sociais, contrato de gestão, termo de parceria, convênios, acordo, ajustes ou outros instrumentos congêneres,[194] dando amplitude significativa ao direito de acesso a informações no país.

O disposto no art. 3° da norma é de relevo, na medida em que positiva de forma explícita o Direito à Informação como Fundamental, estabelecendo ainda diretrizes pontuais à sua efetivação, a saber: a) *observância da publicidade como preceito geral e do sigilo como exceção*; b) divulgação de informações de interesse público, independentemente de solicitações; c) utilização de meios de comunicação viabilizados pela tecnologia da informação; d) fomento ao desenvolvimento da

---

[194] Art. 1°, § 1°, mais o art. 2°, do Projeto de Lei.

Verdade, Memória e Justiça no Brasil – responsabilidades compartidas

cultura de transparência na administração pública; e) desenvolvimento do controle social da administração pública.[195]

Aqui é preciso entender que, mesmo tautológica, a intenção do legislador foi a de não deixar dúvidas sobre o que até agora venho sustentando neste trabalho, ou seja, pelos termos da ordem constitucional vigente no país, a publicidade e transparência radical dos atos da Administração Pública são imposições de princípio e de regência vinculativa ao Estado e seus agentes, enquanto segredo e sigilo são absolutamente exceções, e enquanto tais, demandam níveis de justificação pública inexoráveis, sob o controle incisivo da Sociedade Civil, tanto que "a negativa de acesso às informações objeto de pedido formulado aos órgãos e entidades referidas no art. 1º, quando não fundamentada, sujeitará o responsável a medidas disciplinares".[196]

Estas diretrizes/princípios devem servir como juízos de valoração e admissibilidade da classificação e desclassificação de documentos públicos, independentemente das fontes produtoras ou atingidas por eles, pois, para os fins daquela transparência e do controle social, afigura-se indispensável o acesso à informação – seja na forma documental ou não. Aliás, "é dever do Estado garantir o direito de acesso à informação, que será franqueada, mediante procedimentos objetivos e ágeis, de forma transparente, clara e em linguagem de fácil compreensão".[197]

Veja-se que qualquer interessado poderá apresentar pedido de acesso a informações aos órgãos e entidades referidos na Lei, por qualquer meio legítimo, devendo o pedido conter tão somente a identificação do requerente e a especificação da informação requerida. Ademais, e isto é de alta relevância, restaram vedadas quaisquer exigências relativas aos motivos determinantes da solicitação de informações de interesse público,[198] ou seja, isto qualifica o Direito Fundamental à Informação como também de natureza Social/Difu-

---

[195] Em face disto dispõe a norma, em seu art. 12, que o serviço de busca e fornecimento da informação é gratuito, salvo nas hipóteses de reprodução de documentos pelo órgão ou entidade pública consultada, situação em que poderá ser cobrado exclusivamente o valor necessário ao ressarcimento do custo dos serviços e dos materiais utilizados.

[196] Art. 7º, § 4º, da Lei. Este mesmo artigo esclarece quais os direitos que envolvem o acesso à informação de que trata a norma. Diz o art. 11, inciso III, que a autoridade que não conceder a informação solicitada deverá, obrigatoriamente, *indicar as razões de fato ou de direito da recusa, total ou parcial, do acesso pretendido,* sendo que quando não for autorizado o acesso por se tratar de informação total ou parcialmente sigilosa, o requerente deverá ser informado sobre a possibilidade de recurso, prazos e condições para sua interposição, devendo, ainda, ser-lhe indicada a autoridade competente para sua apreciação. (§ 4º, do mesmo artigo). Além disto, é direito do requerente obter o inteiro teor de decisão de negativa de acesso, por certidão ou cópia. (art. 14).

[197] Art. 5º do Projeto de Lei sob comento.

[198] Art. 10, em especial seu § 3º .

sa, podendo qualquer cidadão buscar informações sobre atos e comportamentos públicos pelo simples fato de que foram praticados em nome do Estado enquanto gestor público.

Outro avanço singular desta nova matriz normativa é a que diz com a previsão do seu art. 21, no sentido de que:

> Art. 21. Não poderá ser negado acesso à informação necessária à tutela judicial ou administrativa de direitos fundamentais.
>
> Parágrafo único. As informações ou documentos que versem sobre condutas que impliquem violação dos direitos humanos praticada por agentes públicos ou a mando de autoridades públicas não poderão ser objeto de restrição de acesso.

Por certo que tal disposição não anula ou desconsidera, de forma direta, todas as classificações documentais que já vigem há tempo, pelo fato de que demarcam moduladores do acesso à informação destes documentos, ou seja, (1) isto se aplica somente aos documentos necessários à tutela judicial ou administrativa de Direitos Fundamentais, ou (2) aqueles que digam respeito a condutas que impliquem violação dos direitos humanos praticada por agentes públicos ou a mando de autoridades públicas. Poder-se-ia dizer que a primeira hipótese diz com os casos de violações de Direitos Fundamentais Individuais (próprios e de terceiros), e a segunda, a Direitos Fundamentais Sociais, envolvendo pontualmente a Verdade e a Memória das violações perpetradas pelos agentes dos regimes de exceção e força contra membros da Sociedade Civil.

De certa forma, também evolui a nova norma no que tange à definição das possibilidades de classificação da informação em nível de graus e prazos do sigilo, eis que, já em seu art. 23, refere a Lei que são consideradas imprescindíveis à segurança da sociedade ou do Estado e, portanto, passíveis de classificação as informações cuja divulgação ou acesso irrestrito possam:

> I – pôr em risco a defesa e a soberania nacionais ou a integridade do território nacional;
>
> II – prejudicar ou pôr em risco a condução de negociações ou as relações internacionais do País, ou as que tenham sido fornecidas em caráter sigiloso por outros Estados e organismos internacionais;
>
> III – pôr em risco a vida, a segurança ou a saúde da população;
>
> IV – oferecer elevado risco à estabilidade financeira, econômica ou monetária do País;
>
> V – prejudicar ou causar risco a planos ou operações estratégicos das Forças Armadas;
>
> VI – prejudicar ou causar risco a projetos de pesquisa e desenvolvimento científico ou tecnológico, assim como a sistemas, bens, instalações ou áreas de interesse estratégico nacional;

Verdade, Memória e Justiça no Brasil – responsabilidades compartidas

VII – pôr em risco a segurança de instituições ou de altas autoridades nacionais ou estrangeiras e seus familiares; ou

VIII – comprometer atividades de inteligência, bem como de investigação ou fiscalização em andamento, relacionadas com a prevenção ou repressão de infrações.

É a partir destas causas que se justificam o sigilo e o segredo de Estado. Todavia, como elas não são autoaplicáveis abstratamente, demandando circunstâncias empíricas passíveis de enquadramento em cada hipótese, aqui entram os juízos de ponderação associativa do caso concreto a cada uma das possibilidades legais enunciadas, não perdendo de vista as premissas fundamentais que informam toda a matéria, a saber, observância da publicidade como preceito geral e do sigilo como exceção, fomento ao desenvolvimento da cultura de transparência na administração pública, desenvolvimento do controle social da administração pública, dentre outros. Vai nesta direção o disposto no § 5º do art. 24 da norma, ao referir que para a classificação da informação em determinado grau de sigilo, deverá ser observado o interesse público da informação e utilizado o critério menos restritivo possível.

No que tange às autoridades competentes para os procedimentos de classificação, reclassificação e desclassificação, pouco se evoluiu, isto porque os arts. 27 e seguintes da Lei atribuem tal mister para poucos agentes públicos com alto grau de concentração de poder e discricionariedade.[199]

Chega a tal ponto o exagero na matéria que se atribui a agentes públicos que exerçam funções de direção, comando ou chefia, nível DAS 101.5, ou superior, do Grupo-Direção e Assessoramento Superiores, ou de hierarquia equivalente, competência para definir estas questões no âmbito dos documentos chamados de reservados, permitindo-se ainda que a classificação como ultrassecreta e secreta possa ser delegada pela autoridade responsável a agente público, inclusive em missão no exterior.[200]

Resta incontornável o reconhecimento de um paradoxo aqui: como pode estar a Lei compromissada com a transparência, o contro-

---

[199] Para os documentos ultrassecretos: Presidente da República, Vice-Presidente da República, Ministros de Estado e autoridades com as mesmas prerrogativas, Comandantes da Marinha, do Exército e da Aeronáutica, Chefes de Missões Diplomáticas e Consulares permanentes no exterior. Para os documentos secretos: as autoridades referidas para os ultrassecretos, mais os titulares de autarquias, fundações ou empresas públicas e sociedades de economia mista. Para os documentos reservados: as autoridades referidas para os ultrassecretos e secretos, mais os que exerçam funções de direção, comando ou chefia, nível DAS 101.5, ou superior, do Grupo-Direção e Assessoramento Superiores, ou de hierarquia equivalente, de acordo com regulamentação específica de cada órgão ou entidade, observado o disposto na Lei.

[200] § 1º do art. 27 da Lei.

le social e o acesso à informação, tendo o sigilo e o segredo como exceção, e ao mesmo tempo manter tamanha verticalização no processo de blindagem documental restritiva sobre os atos dos agentes estatais?

Veja-se que somente a decisão de autoridade ou outro agente público que classificar informação como ultrassecreta é que deverá encaminhar a decisão à Comissão Mista de Reavaliação de Informações. E as decisões sobre os documentos secretos e reservados não precisam da homologação desta Comissão? Por que razões se igualmente elas impõem restrições ao acesso público?

Por mais que se estabeleçam critérios conformativos das deliberações classificatórias,[201] mesmo assim permanece demasiadamente concentrado o poder de fazê-lo, sem possibilidade aparente de revisão do *ato administrativo* consectário, o que não se sustenta no atual estágio da democracia constitucional contemporânea.

Em verdade, a possibilidade de reavaliação da classificação documental tomada nos termos indicados, com o fito de desclassificação ou redução de prazo do sigilo, só pode ser feita pela própria autoridade classificadora ou por superior hierárquico, mediante provocação ou de ofício, todavia, *nos termos e prazos previstos por regulamento* que ainda não existe.[202] Assim, pouco adianta a previsão de que a reavaliação sob comento deve ser examinada observando-se a permanência ou não dos motivos do sigilo documental original e a possibilidade de danos decorrentes do acesso ou da divulgação de seu conteúdo,[203] pois não há prazos nem termos dispostos para tanto, matéria que com certeza ainda vai prolongar a solução satisfativa destes cenários.

Isto se aplica de igual forma às disposições do art. 30 da Lei, pois, apesar de conter determinação coerente e importante às premissas que sustentam o acesso à informação, esvaziam tais providências na medida em que as fazem depender de regulamentação posterior:

---

[201] Conforme os termos do art. 28 da Lei: "Art. 28. A classificação de informação em qualquer grau de sigilo deverá ser formalizada em decisão que conterá, no mínimo, os seguintes elementos: I – assunto sobre o qual versa a informação; II – fundamento da classificação, observados os critérios estabelecidos no art. 24; III – indicação do prazo de sigilo, contado em anos, meses ou dias, ou do evento que defina o seu termo final, conforme limites previstos no art. 24; e IV – identificação da autoridade que a classificou".

[202] Art. 29 da Lei. Registra-se que há a previsão de que o Poder Executivo regulamentará o disposto nesta Lei no prazo de 180 (cento e oitenta) dias a contar da data de sua publicação (art. 42). O que se pode perguntar é se tal regulamentação não ocorrer quais os efeitos jurídicos que daí redundará? Poder-se-á pensar na hipótese da utilização do Mandado de Injunção para suprir tais lacunas? Poderá o Judiciário ser provocado para colocar em mora o Executivo com prazo certo, e a partir daí dar solução a cada caso concreto?

[203] Conforme dispõe o § 2º do art. 29 da Lei.

Verdade, Memória e Justiça no Brasil – responsabilidades compartidas

Art. 30. A autoridade máxima de cada órgão ou entidade publicará, anualmente, em sítio à disposição na internet e destinado à veiculação de dados e informações administrativas, nos termos de regulamento:

I – rol das informações que tenham sido desclassificadas nos últimos 12 (doze) meses;

II – rol de documentos classificados em cada grau de sigilo, com identificação para referência futura;

III – relatório estatístico contendo a quantidade de pedidos de informação recebidos, atendidos e indeferidos, bem como informações genéricas sobre os solicitantes.

§ 1º Os órgãos e entidades deverão manter exemplar da publicação prevista no *caput* para consulta pública em suas sedes.

§ 2º Os órgãos e entidades manterão extrato com a lista de informações classificadas, acompanhadas da data, do grau de sigilo e dos fundamentos da classificação.

Por fim, revela-se positivo o fato de que esta norma preveja prazo para que os órgãos públicos procedam à reavaliação das informações classificadas como ultrassecretas e secretas no prazo máximo de dois anos, contado do termo de sua vigência (art. 39), sendo que, no âmbito da administração pública federal, a reavaliação prevista poderá ser revisada a qualquer tempo pela Comissão Mista de Reavaliação de Informações; as informações classificadas como secretas e ultrassecretas não reavaliadas neste prazo serão consideradas, automaticamente, de acesso público (§§ 2º e 4º do art. 39).

Como se pode ver, muitos são os desafios ainda para se enfrentar.

5. Bibliografia

ARENA, Gregório. *Il Segreto Amministrativo*. Padova: CEDAM, 2004.

AVRITZER, Leonardo. Teoria democrática, esfera pública e participação local. In: *Revista Sociologias*, ano1, nº 2, julho/dezembro de 1999. Porto Alegre: UFGRS, 1999.

BRUGALETTA, Francesco. Poteri pubblici e dovere di disseminazione: l'altra faccia del diritto all'informazione. In: *Rivista Diritto & diritti*. Disponível em: <www.diritto&diritti.com.it>, acesso em 06/04/2011.

BUNCHAFT, Maria Eugenia. *Patriotismo Constitucional na perspectiva de Jürgen Habermas*. Rio de Janeiro: Lumen Juris, 2010.

CHEQUER, Cláudio. *A Liberdade de Expressão como Direito Fundamental Preferencial Prima Facie* (análise crítica e proposta de revisão ao padrão jurisprudencial brasileiro). Rio de Janeiro: Lumen Juris, 2011.

COSTITUZIONALE, Corte. Sentença nº 19/28, junho de 2002, n. 295. In: *Gazzetta Ufficiale*, Parte I, 1ª Serie Speciale, n. 26 del 3 luglio 2002.

CRISAFULLI, Vezio. Problematica della libertà d'informazione. In: *Rivista Il Político*. Milano: Daltrice, 1962.

DEFLEM, Mathieu. *Habermas, Modernity and Law*. London: Sage Publication, 1996.

DELLA TORRE, Zucchetti. *Privacy e accesso ai documenti amministrativi.* Roma: Giuffrè, 2009.

FICO, Carlos. A Ditadura Documentada: acervos desclassificados do regime militar brasileiro. In: *Revista Acervo,* volume 21, nº 02, julho/dezembro de 2008. Rio de Janeiro: Arquivo Nacional, 2008.

GRAF, Ana Cláudia Bento. O direito à informação ambiental. In: *Direito Ambiental em Evolução.* Curitiba: Juruá, 1998.

HABERMAS, Jürgen. *Conhecimento e Interesse.* Civilização Brasileira, 1987.

LOIODICE, Carlo. Contributo allo studio sulla libertà d'informazione. Napoli: Giuffrè, 2002.

MANGANARO, Francesco, ROMANO TASSONE, Antonio (a cura di). *I nuovi diritti di cittadinanza.* Torino: Giappichelli, 2005.

MOREIRA NETO, Diogo de Figueiredo. *Direito de Participação Política.* Rio de Janeiro: Renovar, 1993.

ORESTANO, Ricardo. *Sulla problemática del segreto.* Roma: Mulino, 2009.

POSNER, Richard A. *Law, Pragmatism and Democracy.* Boston: Harvard University Press, 2003.

ROMANO, Santi. *Principii di Diritto Amministrativo.* Milano: Giuffrè, 1906.

SILVA, Jaime Antunes. O Centro de Referência das Lutas Políticas no Brasil (1964-1985). In: *Revista Acervo,* volume 21, nº 02, julho/dezembro de 2008. Rio de Janeiro: Arquivo Nacional, 2008.

VIROLI, Maurizio. For love of Country. An essay on patriotism and nationalism. Oxford: Clarendon Press, 1995.

WINCH, Peter. *Understanding a Primitive Society.* New York: Humanities Press, 1978.

Sítios

http://gazetaonline.globo.com/_conteudo/2011/06/noticias/a_gazeta/politica/883018-governo-nao-organiza-os-dados-sigilosos.html, acesso em 18/06/2011.

http://right2info.org/constitutional-protections-of-the-right-to, acesso em 12/09/2011.

http://www.ccourt.go.kr/home/english/, acesso em 12/09/2011.

http://www.soros.org/initiatives/justice/litigation/chile/court-amicus-brief-3282006.pdf, acesso em 18/09/2011.

http://www.soros.org/initiatives/justice/litigation/chile/d_decision-en_20060919.pdf, acesso em 12/09/2011.

Capítulo Quarto

O direito fundamental a saber a verdade em relação aos atos e fatos cometidos pelos regimes de exceção no Brasil em face do direito fundamental a preservar direitos subjetivos privados: que equação é possível?

1. Notas introdutórias

Pretendo nesta abordagem tensionar a relação entre o Direito Fundamental a Saber a Verdade em relação aos atos e fatos cometidos pelos regimes de exceção no Brasil em face do Direito Fundamental a preservar direitos subjetivos privados, mais especialmente os relacionados a privacidade, honra, intimidade, patrimônio gentílico e imagem de eventuais sujeitos de direito que de alguma forma participaram na tortura, sequestro, morte e desaparecimento de pessoas nestes períodos históricos.

Para tanto, pretendo me valer de algumas premissas filosófico--jurídicas envolvendo a Teoria dos Direitos Fundamentais, para em seguida analisar os marcos normativos internacionais e nacionais sobre o tema; ato contínuo, vou trazer à colação alguns elementos de fundamentação dos chamados Direitos Fundamentais Individuais relacionados à proposta do texto, trazendo, ao fim, considerações conclusivas e sugestivas sobre o enfrentamento adequado desta difícil equação.

2. Há restrições ou limitações às concepções e efetivações dos direitos fundamentais

O tema dos Direitos Fundamentais em termos de história e debate acadêmico tem ganhado profundas e acaloradas discussões ao longo dos anos, algumas delas tornadas já clássicas, como as de John Rawls, no texto *Teoria da Justiça*,[204] em que propaga que os principais direitos constitucionais do século XX são os que dizem com as liberdades básicas (enquanto direito subjetivo), enquanto o tema do mínimo social (aqui entendido como aquele necessário à satisfação de necessidades básicas do ser humano, equivalente aos direitos sociais fundamentais e aos chamados conteúdos constitucionais essenciais), circunscrevia-se às competências legislativas próprias do Estado de Direito.[205]

Nesta teoria da justiça (concebida como equidade), o autor revela explícita inspiração contratualista-idealista de Sociedade,[206] vez que a concebe no texto como instituição bem ordenada, constituída por partes que se encontram na chamada *posição original*, a partir da qual elegem os princípios de justiça e regras de prioridades,[207] que devem regular suas vidas, todavia, esquece Rawls de identificar quais os perfis econômicos, culturais, políticos, de discernimento, igualdade e liberdade daqueles contratantes originais, o que fragiliza seu argumento notadamente quando o foco são os direitos sociais que exatamente ganham importância em face das diferenciações materiais que o mundo da vida impõe aos sujeitos de direito/cidadania.

Em verdade, a formulação do princípio de justiça de Rawls, enquanto igual direito ao sistema cada vez mais extenso de liberdades

---

[204] RAWLS, John. *A Theory of Justice*. Cambridge: Harvard University Press, 1971.

[205] RAWLS, John. *A Theory of Justice*. Op. cit., p. 277. Nesta direção, a decisão sobre a configuração e concretização dos direitos sociais, interpretados como direitos a prestações em sentido estrito, compreenderia essencialmente uma conformação política mais do que jurídica. Veja-se que esta perspectiva conceitual será desenvolvida também por autores do porte de BÖCKENFÖRDE, Ernst. Grundrechtstheorie und Grunrechtesinterpretation. In: *Neue Juristische Wochenschrift*, Baden, Baden, 1976, p. 151 e segs., assim como HESSE, Konrad. Grundrechte: Bestand und Bedeutung. In: BENDA; MAIHOFER; VOEGEL (eds). *Handbuch des Verfassungsrechts*. Berlin, 1983, p. 96 e segs., ambos sustentando que a decisão sobre direitos fundamentais sociais não se apresenta como uma questão de competência dos tribunais e do poder judicial, mas essencialmente dos órgãos politicamente conformadores. Ver também QUEIROZ, Cristina M. M. *O Princípio da não reversibilidade dos Direitos Fundamentais Sociais*. Coimbra: Coimbra Editora, 2007, p. 77.

[206] De matriz kantiana, rousseauniana e lockeniana.

[207] Rawls estabelece duas regras de prioridades à aplicação dos princípios de justiça: a) prioridade à liberdade, no sentido de que os princípios de justiça devem ser classificados em ordem lexicográfica, no sentido de que as liberdades básicas só podem ser restringidas a favor da liberdade; b) prioridade da justiça sobre a eficiência e o bem estar. Op. cit., p. 280.

básicas – aqui compreendidas fundamentalmente os direitos individuais (de ir e vir, de manifestação do pensamento, de crença religiosa,
hábitos e costumes, de participação política, reunião e associação pa-
cíficas, de propriedade etc.[208]) –, é deficitário quando concebido como
preferencial na estruturação e funcionamento de uma Sociedade Democrática regulada pelo Direito, revelando, como quer Arango, uma
matriz kantiana superada em nosso tempo:

> La formulación del primer principio de justicia en términos de igual derecho al sistema
> más extenso de libertades básicas compatible con el mismo sistema para todos, y la
> prioridad de la libertad sobre los demás bienes sociales, rememora en Rawls la tesis
> de Kant de que la autonomia es el derecho humano por excelencia (Immanuel Kant,
> la metafísica de los costumbres, Técnos, Madrid, 1994, p. 42). En Rawls, se equiparan
> así los derechos costitucionales y las libertades básicas, hasta el punto de excluir de
> los primeros a los derechos sociales, los cuales presuponen, no ya el simple respecto
> a la libertad de los ciudadanos, sino el otorgamiento de prestaciones a su favor.[209]

Já no ano de 1987, Rawls modifica sua compreensão sobre o primeiro princípio de justiça referido, no sentido de que num *sistema
jurídico adequado constitucionalmente*, dois elementos são importantes
figurar com primazia e atenção: os chamados conteúdos constitucionais essenciais e o mínimo social.[210] Os argumentos apresentados
pelo autor aqui são: a) que os conteúdos constitucionais essenciais e
os assuntos de justiça básica (*matters of basic justice*) caracterizam uma
ordem constitucional democrática baseada em *valores políticos de alto
nível*, cuja aceitação é de se esperar por parte de cidadãos iguais e livres; b) a concepção política de justiça mais razoável de um regime
democrático (a liberal) é aquela que protege os direitos básicos típicos
(mencionados acima) e confere a eles uma primazia especial, incluindo medidas tendentes a garantir que todos os cidadãos tenham meios
materiais suficientes para fazer uso efetivo destes direitos básicos (mínimo social).[211]

É como se o autor estivesse migrando as bases de sua teoria da
justiça de postulados demasiadamente individuais para alguns de na-

---

[208] Em suma, Direitos Civis e Políticos.

[209] ARANGO, Rodolfo. *El concepto de Derechos Sociales Fundamentales*. Colombia: Legis, 2008,
p. 241.

[210] RAWLS, John. La idea de un consenso entrecruzado. In: *Agora*, v. 2. Buenos Aires: Centro
de Estudios Políticos *Political Liberalism*. New York: Mendell, 1995, p. 76, e, fundamentalmente,
RAWLS, John, 1991.

[211] Idem, p. 79. Aduz o autor que "Tiene que haber una legislación fundamental que garantice
la libertad de conciencia y la libertad de pensamiento políticos; además de eso, se necesitan medidas que aseguren que las necesidades básicas de todos los ciudadanos pueden ser satisfechas
para que puedan participar en la vida política y social".

Verdade, Memória e Justiça no Brasil – responsabilidades compartidas

tureza e função mais sociais (mesmo que sob a categoria de bem-estar), reconhecendo que:

> El contenido costitucional esencial aquí es más bien que, debajo de un cierto nivel de bienestar material y social, y de entrenamiento y educación, la gente simplemente no puede participar en la sociedad como ciudadanos, y mucho menos como ciudadanos iguales. Lo que determina el nivel del bienestar y educación que permite esto no es una cuestión que deba dirimir una concepción política.[212]

Daqui a tese de que estes conteúdos constitucionais essenciais não dizem com preferências de governos ou conjunturas políticas particulares (regimes, formas ou sistemas de governo), ficando a cargo da discricionariedade dos administradores públicos de plantão, mas se impõem a todos como condições fundamentais à constituição de uma Sociedade Democrática e de Direito. Significa dizer que "for democracy's sake we should not simply follow our private preferences, as if we were consumers, but must act like citizens, that is, to justify our preferences with public reasons".[213]

De certa forma, Rawls vai revisando seu posicionamento de justiça social ideal para uma justiça social material, em face até de que há determinados bens e interesses que precisam estar sempre presentes em qualquer Sociedade Democrática, observado, por certo, o pluralismo razoável que caracteriza esta Sociedade. Estes bens e interesses explicitam determinadas necessidades sociais, as quais não são mais simples preferências individuais (desejos) que, somadas, representam as prioridades comunitárias (conteúdos constitucionais essenciais), mas resultam de circunstâncias e contingências processualmente constituídas em determinado espaço e tempo, no âmago do fenômeno social. Há nítida substituição da ideia de necessidades e preferências subjetivas para objetivas.[214]

---

[212] Idem, p. 78. Ver também o texto de SEGADO, Francisco Fernández. *La dogmática de los derechos humanos*. Lima: Ediciones Jurídicas, 1994.

[213] DRYZEK, John. *Deliberative Democracy and Beyond*: Liberals, Critics and Contestations. Oxford: Oxford University Press, 2007, p. 53. Questiona este autor: "Now, on the face of it, no one committed to the public cause can seriously disagree with this. We are all inclined to subscribe to this intuition. Who would oppose the notion that democratic politics should mean civic empowerment, that it should involve the emancipation of citizens? In a democracy, we expect the citizen to act like someone who puts the general interest before her own, to become a public reasoner so as to provide better explanations and justifications for her preferences".

[214] Aduz o autor que: "Detrás de la introcción de los bienes primarios está el propósito de encontrar una base pública practicable de comparaciones interpersonales fundadas en rasgos objetivos e inspeccionables de las circunstancias sociales de los ciudadanos siempre con el pluralismo razonable como transfondo". Op. Cit., p. 78. Mais tarde, no texto sobre o liberalismo político, Rawls vai reconhecer que uma concepção pública efetiva da justiça inclui um entendimento político em torno do que se deve reconhecer publicamente como necessidades dos cidadãos enquanto vantajoso para todos. RAWLS, John. *Political Liberalism*. Op. cit., p. 212.

É somente no início da década de 1990 que Rawls vai harmonizar sua teoria da justiça como equidade com sua teoria política da justiça (a qual já inicia na década de 1980, e toma níveis de profundidade na abordagem sobre o liberalismo político), na qual o ideal de razão pública se formula mais consistentemente, no sentido de que ela subtrai importantes matérias do âmbito deliberativo e decisório dos Poderes instituídos.

Mas quais os requisitos dos chamados conteúdos constitucionais essenciais? São em número de três para Rawls, a saber: a) devem ser justificáveis frente a qualquer um; b) devem basear-se em realidades facilmente reconhecíveis, aceitáveis pelo sentido comum e demonstráveis segundo os métodos científicos; c) devem ser completos no sentido de poder dar uma resposta pública e razoável a todos os casos, ou pelo menos a maior parte daqueles relacionados com os conteúdos constitucionais essenciais.[215]

A despeito desta evolução reflexiva neste autor clássico, concordando com Michelman, pode-se perceber ainda em sua teoria a existência, dentre outras, de uma objeção de peso contra o reconhecimento judicial dos direitos sociais fundamentais – e do mínimo social –, a saber, o que diz com o conceito de direito subjetivo e sua restrição normativa e dogmática à legalidade estrita e gramatical. É argumento de Michelman que se trata, isto, de certo esquema sofisticado de filosofar político, e seus fundamentos de ruptura drástica à ideia – e tradição – de *direito natural pré-institucional*, no sentido de que certos direitos provém diretamente da concepção adequada do que é ser uma pessoa humana, e que isto tem de ser aceito por qualquer sociedade que aspire a não ser monstruosa.[216]

Este conceito de direito subjetivo tão presente na tradição liberal, em verdade, está assentado na matriz kantiana de legitimidade do ordenamento jurídico, que assegurava e garantia a coexistência das vontades arbitrárias dos indivíduos (liberdade incondicionada) para não operarem danos a outrem, todavia, ao invés deste primado liberal da autonomia da vontade privada, tenho que melhor fundamento se encontra em Habermas, a partir do primado da autonomia pública, ou

---

[215] Idem, p. 259. Por certo que o conceito de Rawls sobre os conteúdos constitucionais essenciais é deverasmente restritivo, eis que se funda ainda nos direitos ao voto, à participação política, à liberdade de consciência, opinião e culto, a liberdade de pensamento e de associação – admitindo somente alguns elementos de justiça distributiva neste particular, envolvendo questões atinentes ao emprego e ao mínimo social indispensável para cobrir as necessidades básicas do cidadão.

[216] MICHELMAN, Frank I. Welfare Rights in a Constitutional Democracy. In: *Washington University Law Quarterly*, vol.03. Washington: Washington University Press, 1979, p. 680.

da soberania popular[217] (no sentido de que legítimas são aquelas leis que os cidadãos, enquanto membros orgânicos de uma comunidade se dão a si próprios).

Veja-se que, neste sentido, a autonomia/liberdade privada apresenta-se como um momento derivado e não primário, eis que só pode ser exercitada no âmbito em que a autonomia/liberdade pública concede, rompendo assim com o paradigma de que aquela autonomia privada se resumiria no direito de contratar e de adquirir propriedades através do lívre arbítrio e da vontade (autonomia kantiana).[218]

Ocorre que há um paradoxo destas regras de ação que exigem apenas um comportamento objetivamente conforme as normas, sem levar em conta a possibilidade de seu reconhecimento moral: é o fato de estarem justificadas tão somente com o auxilio do conceito kantiano da legalidade, deixando de valorar a dimensão social deste reconhecimento. Nas palavras de Habermas:

> A validade social de normas de direito é determinada pelo grau em que consegue se impor, ou seja, pela sua possível aceitação fática no circulo dos membros do direito. Ao contrario da validade convencional dos usos e costumes, o direito normatizado não se apóia sobre a facticidade de formas de vida consuetudinárias e tradicionais, e sim sobre a facticidade artificial da ameaça de sanções definidas conforme o direito e que podem ser impostas pelo tribunal. Ao passo que a legitimidade de regras se mede pela resgatabilidade discursiva de sua pretensão de validade normativa; e o que conta, em ultima instância, é o fato de elas terem surgido num processo legislativo racional – ou o fato de que elas poderiam ser justificadas sob pontos de vista pragmáticos, éticos

---

[217] Refere Habermas que no *princípio da soberania popular*, segundo o qual todo o poder do Estado vem do povo, o direito subjetivo à participação, com igualdade de chances, na formação democrática da vontade, vem ao encontro da possibilidade jurídico-objetiva de uma prática institucionalizada de autodeterminação dos cidadãos. Esse princípio forma a charneira entre o sistema dos direitos e a construção de um Estado de direito. Interpretado pela teoria do discurso a) o princípio da soberania popular implica: b) o princípio da ampla garantia legal do indivíduo, proporcionada através de uma justiça independente; c) os princípios da legalidade da administração e do controle judicial e parlamentar da administração; d) o princípio da separação entre Estado e Sociedade, que visa impedir que o poder social se transforme em poder administrativo, sem passar antes pelo filtro da formação comunicativa do poder. HABERMAS, Jürgen. *Direito e Democracia*: entre faticidade e validade. Rio de Janeiro: Tempo Brasileiro, 2003, p. 212.

[218] E neste ponto penso que o debate que Habermas faz, resgatando o histórico debate entre Forsthoff e Abendroth é esclarecedor, tendo o primeiro, à moda Carl Schimitt, sustentado que o Estado Constitucional deveria estar fundado na primazia incondicional da proteção dos Direitos e Liberdades clássicas individuais, contra as pretensões do Estado Social, enquanto que Abendroth optava por outro caminho, defendendo que a Constituição da Alemanha estendeu o conteúdo da concepção de Democracia desenvolvida pelo Estado Constitucional através da ideia do princípio de igualdade e de articulação dele à ideia de participação na ordem econômica e social – estando seu pensamento vinculado aos conceitos hegeliano-marxistas que deixavam de relevar, de certa maneira, (1) o fato de estarem vivendo em uma Sociedade diferenciada funcionalmente e que, por isto, escapava aos conceitos sociais holistas; (2) o fato de que as experiências do Socialismo de Estado ter complexificado ainda mais os fenômenos da burocratização e da judicialização excessivos. In: HABERMAS, Jürgen. *L'espace public*: archéologie de la publicité comme dimension constitutive de la société bourgeoise. Paris: Payot, 1993, p. XI.

e morais. A legitimidade de uma regra independe do fato de ela conseguir impor-se. Ao contrário, tanto a validade social, como a obediência fática, variam de acordo com a fé dos membros da comunidade de direito na legitimidade, e esta fé, por sua vez, apóia-se na suposição da legitimidade, isto é, na fundamentabilidade das respectivas normas.[219]

Em Robert Alexy, vão se encontrar bons argumentos para o enfrentamento tópico desta questão dos direitos subjetivos individuais e suas relações com os direitos sociais, pois para ele os primeiros se apresentam como *feixes de relações e de posições jurídicas*. Para todas estas relações e posições jurídicas podem incidir restrições, "las restriciones de derechos fundamentales son normas que restringen posiciones jusfundamentales prima facie".[220] Mas por quê? Pelo simples fato de que a universalidade dos Direitos Fundamentais torna imperativa sua limitação, eis que atribuídos a todas as pessoas, afigurando-se, em face disto, ser impossível a fruição de todos eles por todos ao mesmo tempo, sendo necessário uma disciplina ordenadora que viabilize suas harmonizações.[221]

Veja-se que no próprio plano normativo a Declaração Universal dos Direitos Humanos, da ONU, em seu art. 29.2, disciplina que: "(...) no exercício de seus direitos e liberdades, toda a pessoa estará sujeita apenas às limitações determinadas por lei, exclusivamente com o fim de assegurar o devido reconhecimento e respeito dos direitos e liberdades de outrem e de satisfazer às justas exigências da moral, da ordem pública e do bem-estar de uma sociedade democrática".

Mas quando as restrições de posições jusfundamentais podem desbordar para o campo da violação de Direitos Fundamentais?

---

[219] HABERMAS, Jürgen. *Direito e Faticidade*: entre facticidade e validade, volume I. Rio de Janeiro: Tempo Brasileiro, 1997, p. 50. Anda diz mais o autor: "Uma ordem jurídica não pode limitar-se apenas a garantir que toda pessoa seja reconhecida em seus direitos por todas as demais pessoas; o reconhecimento recíproco dos direitos de cada um por todos os outros deve apoiar-se, além disso, em leis legítimas que garantam a cada um liberdades iguais, de modo que 'a liberdade do arbítrio de cada um possa manter-se junto com a liberdade de todos'". (p. 52).

[220] ALEXY, Robert. *Teoría de los derechos fundamentales*. Op. cit., p. 272. O autor, em verdade, vai dialogar para tal intento com alguns teóricos da argumentação no âmbito da filosofia moral analítica, como Stevenson, Hares, Toulmin, Baier, Habermas e Perelman.

[221] Para além disto, não se pode cindir discursos de aplicação de discursos de fundamentação, pois isto implicaria em aguda atitude metafísica, descolando do fenômeno uno que é a interpretação seus momentos constitutivos – notadamente os conjunturais e contrafáticos. Por outro lado, se vingasse a possibilidade do discurso de aplicação ser separado da justificação, estar-se-ia dando ao intérprete autorização para decidir fundamentalmente de acordo com as particularidades contingenciais de cada caso, independentemente da existência ou não de uma fundamentação de caráter universal. Neste sentido ver o texto de ALEXY, Robert. *Jurgen Habermas's: theory of legal discourse*. In: ROSENFELD, Michel; ARATO, Andrew (eds.) *Habermas on law and democracy*: critical exchanges. Berkeley and Los Angeles: University of California Press, 1998, p. 227.

Talvez a matriz alexiana possa ajudar aqui, no sentido de ter presente, como pressuposto ao enfrentamento desta pergunta, a existência de regras e princípios que constantemente precisam ser cotejados a partir da lógica da ponderação[222] e enfrentamento entre si, utilizando-se para tanto juízos de proporcionalidade e precedência condicionada. De outro lado, partindo-se igualmente da premissa de que se configuraria como contradição em termos o indivíduo possuir direitos contra si mesmo, ou mesmo deveres para consigo, evidenciando-se, pois, de difícil sustentação a proposição de autoviolação ou de autorrestrição de posição jurídica subjetiva de Direito Fundamental.[223]

Acatando a tese de Alexy de que a Constituição deve decidir assuntos fundamentais à Sociedade (e neste sentido afigura-se como uma ordem fundamental na qual há previsões normativas que não se submete a alterações simples) e, ao mesmo tempo, deixa muitas perguntas e questões abertas (configurando-se também como um ordenamento-marco, para serem respondidas legislativa, administrativa e jurisdicionalmente), se, de um lado, ordena e proíbe algumas coisas, estabelecendo cláusulas pétreas fundamentais e de comportamento institucional e social; de outro lado confia temas e questões à discricionariedade dos poderes públicos e mesmo aos movimentos da sociedade.[224]

---

[222] Em suas três dimensões, a saber: a) adequação – ou subprincípio da idoneidade –, estando a exigir que toda a restrição aos direitos fundamentais seja idônea para o atendimento de um fim constitucionalmente legítimo, além do que os meios empregados devem ser instrumentalmente adequados para alcançar o fim almejado; b) necessidade (ou subprincípio da indispensabilidade, do meio menos restritivo, do direito à menor desvantagem possível), no sentido de que dentre as várias medidas restritivas de direitos fundamentais igualmente aptas para atingir o fim perseguido, a Constituição impõe que o legislador opte por aquela menos lesiva para os direitos envolvidos (certa proibição de excesso); c) proporcionalidade em sentido estrito, no sentido de que uma restrição aos direitos fundamentais é constitucional se pode ser justificada pela relevância da satisfação do princípio cuja implementação é buscada por meio da intervenção. Neste sentido, é preciso determinar se o atendimento à finalidade buscada pela medida restritiva compensa os prejuízos que desta advenham para os direitos fundamentais. Para Robert Alexy um meio deve ser considerado menos oneroso quando atinge o mesmo grau de satisfação da finalidade perseguida criando um prejuízo menor ao direito fundamental afetado. Na mesma direção, um meio deve ser considerado desnecessário quando há outra forma igualmente eficaz de atingir o fim que acarrete uma restrição mais leve ao direito fundamental em jogo. Na avaliação da proporcionalidade em sentido estrito, é preciso, primeiro, identificar a intensidade da restrição ao direito fundamental; em segundo lugar, deverá ser determinada a importância da realização do princípio antagônico ao direito, que fundamenta a restrição; por fim, caberá verificar se a importância da realização do fim perseguido é apta a justificar a intervenção no direito fundamental.

[223] O chamado dano a si – momentos nos quais o indivíduo ataca por si só seus direitos ou os bens por eles protegidos, como no suicídio, – não envolve restrição ou limitação de posições jurídicas subjetivas de Direito Fundamental na matriz de Alexy. Ver ALEXY, Robert. *Teoría de los derechos fundamentales.* Op. cit., p. 94 e 161; ALEXY, Robert. Direitos fundamentais no Estado Constitucional Democrático. In: *Revista da Faculdade de Direito UFRGS.* v. 16. Porto Alegre: Síntese, 1999, p. 203.

[224] ALEXY, Robert. *Epílogo a la Teoria de los Derechos Fundamentales.* Madrid: Centro de Estúdios Constitucionales, 2002, p. 31. No brasil, ver o interessante texto de SARMENTO, Daniel. *A Ponderação de Interesses na Constituição Federal.* Rio de Janeiro: Lumen Juris, 2000.

Ao longo da Teoria dos Direitos Fundamentais, Alexy refere que a densificação material do que seja *a maior medida possível de realização destes direitos* em face das possibilidades fáticas e jurídicas implica o princípio da proporcionalidade com seus três subprincípios: idoneidade, necessidade e proporcionalidade em sentido estrito.[225] Enquanto o subprincípio da idoneidade tem um *status* de *critério negativo*, mediante o qual se pode detectar que meios não são idôneos, o subprincípio da necessidade exige que dos meios anteriormente identificados como idôneos se escolha o que mais concretiza e garante o direito fundamental afetado no caso concreto.[226]

Por fim, o subprincípio de proporcionalidade em sentido estrito expressa o que significa a otimização em relação com os princípios que jogam em sentido contrário diante do caso concreto, perquirindo a seguinte *ponderação*: "cuanto mayor es el grado de la no satisfacción o de afectación de uno de los principios, tanto mayor debe ser la importância de la satisfacción del outro".[227] Esta ponderação, para o autor, à solução do caso concreto, divide-se em três momentos distintos, mas complementares, a saber:

> En el primer paso es preciso definir el grado de la no satisfacción o de afectación de uno de los príncípios. Luego, em um segundo paso, se define la importancia de la satisfacción del principio que juega en sentido contrario. Finalmente, en un tercer paso, debe definirse si la importancia de la satisfacción del principio contrario justifica la afectación o la no satisfacción del otro.[228]

Todas estas definições que compõem a decisão sobre temas que envolvam Direitos Fundamentais só podem ser construídas a partir de argumentos racionais cujas categorias de justificação e de fundamentação utilizados estejam igualmente comprometidos com aquilo que o sistema normativo estabelece em termos de prerrogativas e garantias

---

[225] ALEXY, Robert. *Teoria de los Derechos Fundamentales.* Op. cit., p. 111/115.

[226] Refere Alexy que, em face da existência de um meio mais concretizador e garantidor do direito fundamental em jogo, pode melhorar-se uma posição fundamental sem que isto represente custos para outra posição fundamental. Idem, p. 43.

[227] Idem, p. 48.

[228] Idem, p. 49. Veja-se que a partir desta lei de ponderação, o grau de não satisfação ou da afetação de um princípio e a importância da satisfação de outro são objeto de valorações tais como *leve*(l), *média*(m) *ou grave*(g). Por sua vez, os graus recém referidos, na equação alexiana, são tomados como *intensidade da intervenção*, utilizando o autor a expressão *Pi* para indicar o princípio cuja vulneração se examina, e a expressão *IPi*, para identificar a intensidade da intervenção operada neste princípio. Como variável concreta que é, no âmbito de IPi ter-se-á em consideração, também necessariamente, as circunstancialidades do caso concreto, aqui surgindo como variável C. Assim, completa-se uma primeira fase desta fórmula de solução do caso concreto a partir da ponderação dos interesses envolvidos e dos princípios normativos que lhe são aplicados, resultando na equação *IPiC*, que significa a intensidade da intervenção (I) no princípio normativo envolvido (Pi) no caso (C).

neurais da pessoa humana (início e fim de qualquer dispositivo regulatório de comportamento e conduta social).

Soma-se a isto o cenário internacional que se tem hoje sensibilizando para a retomada e debate destes temas, basta ver o editorial do jornal eletrônico disponívem em: <www.miamiherald.com>, em sua edição de 27/10/2011, dando a notícia de que:

> A wave against impunity by dictatorships of decades past is sweeping Latin America's southern cone.
>
> In Argentina, a dozen military officers who ran the most notoriously sinister detention center in the country's dirty war history were sentenced to life in prison Wednesday for the disappearances of thousands of leftist captives. Several hours later after an all-night session, Uruguay's Congress lifted the nation's amnesty law, which made it impossible to prosecute crimes committed during the military dictatorship that ended a quarter century ago.
>
> And in Brazil, the Senate voted Wednesday to create a truth commission to probe crimes committed during the military regime that ruled from 1964 to 1985. Last month the Brazilian lower chamber approved a similar measure.[229]

Pois bem, postos estes marcos conceituais preliminares, têm-se condições de enfrentar o objeto central a que se propõe este trabalho, em especial no que toca às eventuais tensões entre o que chamo de o Direito Fundamental a Saber a Verdade em relação aos atos e fatos cometidos pelos regimes de exceção no Brasil em face do Direito Fundamental a preservar direitos subjetivos privados eventual ou potencialmente envolvidos/afetados por tais circunstancias.

3. Marcos normativos do direito fundamental a saber

O Direito Fundamental a Saber está umbilicalmente relacionado ao direito de informação, igualmente fundamental em qualquer país democrático contemporâneo, pois elemento constitutivo da possibilidade de participação política da sociedade civil. Para além disto, constitui a meu juízo direito subjetivo público indisponível de todo o

---

[229] O material dá conta ainda de que: "In all three countries, amnesty laws were passed in a desperate quest to resume normalcy and allow democracy to take hold. Argentina's Supreme Court overturned its amnesty law in 2005. And since then, 262 people – including Wednesday's group – have been convicted, according to the Argentine United for Prosecution Coordination and Monitoring. Another 802 have been charged since the country's return to democracy in 1983. There are 14 more cases currently being tried, and 10 more are scheduled to begin trial. E mais adiante: Brazil's Supreme Court has already ruled in favor of amnesty, although some human rights activists suspect that the truth commission could create momentum and public outcry to demand criminal trials". Da mesma forma o texto de PAYNE, Leigh; BILBIJA, Ksenija; FAIR, Jo Ellen and MILTON, Cynthia E. Eds.. *The Art of Truth-Telling about Authoritarian Rule*. Madison: University of Wisconsin Press, 2005.

cidadão enquanto membro de uma comunidade (Direito Fundamental Híbrido – Individual e Social) que – em assuntos públicos – não pode aceitar o segredo, mas a transparência e a publicidade, aliás, exigência constitucional explícita no caso brasileiro.[230]

Veja-se que o art. 13 da Convenção Americana de Direitos Humanos, teve a preocupação de estabelecer que toda pessoa tem direito à liberdade de pensamento e de expressão, compreendido aqui o "direito à liberdade de buscar, receber e difundir informações e ideias de toda natureza, sem consideração de fronteiras, verbalmente ou por escrito, ou em forma impressa ou artística, ou por qualquer outro processo de sua escolha". Para não deixar dúvidas sobre a fundamentalidade deste Direito, ainda refere o Documento que o seu exercício não pode estar sujeito à censura prévia, mas as responsabilidades ulteriores, que devem ser expressamente fixadas pela lei e ser necessárias para assegurar: a) o respeito aos direitos ou à reputação das demais pessoas; ou b) a proteção da segurança nacional, da ordem pública, ou da saúde ou da moral públicas.

Mais recentemente, o Fórum Social Mundial de 2011, realizado em Dakar, Senegal, de 06 a 11 de fevereiro, em sua Assembleia pelo Direito à Comunicação, deliberou que, em face: a) da influência dos poderes políticos, econômicos e industriais sobre a comunicação e a instrumentalização da informação pelos Estado; b) da negação, obstaculização e repressão à liberdade de expressão dos povos; c) do pouco ou nenhum acesso à informação garantido ao conjunto dos cidadãos; d) da repressão violenta contra os cidadãos e sujeitos da informação; e) da mercantilização e a uniformização da informação; f) da desconfiança crescente da opinião pública em relação à informação veiculada pelas mídias tradicionais, se impõe, dentre outras coisas: a tomada de consciência e a capacidade maior dos cidadãos de participar da produção e veiculação de informação para promover a justiça sócia; a emergência de mídias alternativas e cidadãs que contribuem com transformações sociais e políticas; o reconhecimento de que o "Direito à Comunicação é um Direito Fundamental e um Bem Comum da Humanidade".[231]

---

[230] Ver a informação publicada no sítio <http://right2info.org/constitutional-protections-of-the-right-to>, acesso em 12/09/2011, dando conta que a maior parte dos países do Ocidente têm previsto em suas Constituições o Direito à Informação como Fundamental.

[231] Disponível em: <http://fsm2011.org/br/o-direito-de-informar-e-de-ser-informado>, acesso em 28/11/2011. Constam como países signatários do documento: Abong (Associação Brasileira de ONGs), Action Jeunesse –Marrocos, African Klomeo Renaissance – Nigéria, AK-Project – França-Senegal, ALAI – Agência Latino-Americana de Informação, Alba TV – Venezuela, Alternatives – Canadá, Amarc (Associalção Mundial de Rádios Comunitárias), Aphad – Senegal, Arcoiris TV – Itália, Babels Berlin Carré – Alemanha, Caritas – França, CIC Bata – Espanha,

---

Verdade, Memória e Justiça no Brasil – responsabilidades compartidas

Em termos de Brasil, a Constituição de 1988, em seu art. 5º, incisos IV, IX e XIV, dentre outros, dispôs que: a) é livre a manifestação do pensamento, sendo vedado o anonimato (IV); b) é livre a expressão da atividade intelectual, artística, científica e de comunicação, independentemente de censura ou licença (IX); c) é assegurado a todos o acesso à informação e resguardado o sigilo da fonte, quando necessário ao exercício profissional (XIV).

Apesar de todo este cenário favorável ao exercício deste Direito, o Brasil, recentemente, fora condenado pela Corte Interamericana de Direitos Humanos de São José da Costa Rica, dentre outras coisas, por não o observar.[232]

No caso, a Corte Interamericana sustentou que existiu por parte do Estado brasileiro uma restrição indevida ao direito de acesso à informação sobre os fatos ocorridos no Araguaia, dado que:

a) Não há nenhum interesse legítimo para reservar a informação relativa a violações massivas de direitos humanos; o Estado não demonstrou um interesse atual, imperativo ou obrigatório em manter reservada a informação requerida pelas vítimas; e a revelação de informações não pode constituir um dano certo, objetivo, grave e atual à segurança nacional;

b) O desconhecimento da verdade por parte dos familiares e a manutenção da falta de informação é uma situação "equiparável à tortura";

c) O Estado nunca poderia negar o acesso à informação a juízes e organismos autônomos de investigação, que possam verificar o legítimo objetivo da reserva, e

---

Cdtm72 (França), Cedidelp (França), Ciranda Internacional de Comunicação Compartilhada Citim (França), Commons Strategies Group – Alemanha, Communautique –Canadá, Editions Charles Léopold Mayer – França, E-Joussour – Marrocos, Federación de Sindicatos de Periodistas – Espanha, FocusPuller – Itália, Forum das Alternativas Marrocos – FMAS, Fundación Quepo –Espanha, Giaba – Guinée Bissau, Guinée Culture – Guinée, HEKS – Senegal, Imersão Latina – Brasil, Intervozes – Brasil, IES News Service – Palestine, IPS (Inter Press Service), KebethCache Women Resource Center – Nigéria, Maison des citoyens du monde (França), Maison des droits de l'homme (França), Maison du Monde d'Evry (França), May First / People link – Estados Unidos, Mission for Youth – Uganda, NIGD – Finlândia, Pambazuca – Senegal, Queens Magazine – Nigéria, Revista Fórum – Brasil, Ritimo – França, Rural Health Women Day – Nigéria, Sahara-reporters.com – Nigéria, Social Watch – Itália, Solafrika Soylocoporti – Brasil, Support Initiative For Sustainable Development – Nigéria, Survie – França, TIE – Brasil, TV Star – Senegal, UnisCité – França, UPO – Espanha, Vecam – França, WarriorsSelf-Help Group – Quênia, WSFTV.

[232] Estou falando do caso *Gomes Lund e Outros ("Guerrilha do Araguaia") vs. Brasil*, sentença de 24/11/2010. Ainda referiu a Comissão que os Estados têm a obrigação positiva de produzir e conservar informação, o que os obriga a buscá-la e implementar medidas que permitam a custódia, o manejo e o acesso aos arquivos.

d) A liberdade de expressão e o acesso à informação contribuem para garantir os direitos à verdade, à justiça e à reparação, evitando que se produzam novas violações graves de direitos humanos.[233]

A Corte ainda refere explicitamente que, em que pese a alegada destruição de documentos por parte das Forças Armadas, em 2010, a Força Aérea entregou ao Arquivo Nacional vários documentos, portanto, esses arquivos, embora não aportem informações suficientes para esclarecer o paradeiro das vítimas, demonstram que os documentos existem e que não haviam sido divulgados anteriormente.[234]

Em face disso, resta claro que as limitações dos mecanismos criados pelo Estado, a ineficácia das ações civis interpostas com o fim de aceder à informação e das missões de busca empreendidas por ele, bem como as medidas legislativas e administrativas sobre restrições de acesso à informação sigilosa em seu poder, impediram a reconstrução dos fatos e, consequentemente, da verdade, o que caracterizou violação aos direitos e obrigações consagrados nos artigos 1.1, 2, 8, 13 e 25 da Convenção Americana.

Não se pode esquecer que a destruição de documentos relacionados com o regime militar foi regulamentada e permitida pelos termos do Decreto nº 79.099, de 6 de janeiro de 1977, impedindo-se a responsabilização individual dos agentes públicos que praticaram tais atos.

A despeito de tudo isto, tem-se já à disposição para consulta pública um universo muito significativo de documentos da repressão e sobre a repressão que é pouco pesquisado no país, basta ver os fundos e arquivos depositados junto ao Arquivo Nacional do Rio de Janeiro e Brasília, no DOPS de São Paulo, nos Arquivos Públicos dos Estados da Federação, e mesmo em arquivos privados. Este universo vem constituído de elementos os mais variados, os quais a cultura tradicional geralmente dá atenção; estou falando de registros históricos importantíssimos que inclusive precisam ser devidamente tratados e compreendidos pelas ciências sociais como ferramentas indispensáveis à interpretação do passado e do presente. Como diz Bickford:

> Documentary materials are more than the frayed and yellowing paper records generated by official agencies. They also include audio and video recordings; letters written from jails, sneaked out by sympathetic guards; court documents being produced daily; cassette tapes of perpetrators' confessions; newspaper articles; ephemera such as pamphlets, posters and mimeo-graphed leaflets; professional records of promotions,

---

[233] Item nº 184, da Decisão referida, p. 69.

[234] Item nº 185, p. 70. Refere este documento ainda que "a Marinha informou que determinados documentos divulgados pelos meios de comunicação sobre a Guerrilha haviam sido subtraídos de maneira ilícita dos arquivos antes que fossem destruídos".

firings and complaints; documents produced by local bureaucrats; and, of course, the written and oral testimony of those who have suffered or witnessed suffering. These are the physical materials at the heart of the struggle against impunity and for the development of historical memory.[235]

Um dos problemas que residem aqui é que, dentre tantos materiais, há alguns que esbarram em regras e roscos jurídicos que têm vedado a possibilidade de acesso público na medida em que contenham informações capazes de violar direitos individuais, tema que passo a abordar.

4. A tensa relação entre o direito fundamental individual de proteção do patrimônio privado imaterial e o direito fundamental social a saber

Em termos gerais, pode-se dizer que o direito de informação se caracteriza por ser um direito individual por excelência, eis que consiste no direito de poder se expressar e de manifestar opiniões, ou mesmo de obter e reter informações de interesse pessoal. Veja-se que a Constituição, quando fala da comunicação social (arts. 220 a 224), garante a liberdade de informar, de manifestar o pensamento, convergente ao que diz o art. 5°, IV, que garante a liberdade de manifestação de pensamento.

Já o direito à informação se afigura mais amplo, com natureza social, difusa e coletiva de envergadura maior, envolvendo a comunidade enquanto sujeito de direito (podendo, é claro, ser utilizado em defesa de interesses pessoais também), projetando-se, por exemplo e para o que interessa aqui, para os atos da Administração Pública, exigindo-lhes transparência, publicidade, moralidade etc.

Ou seja, pode-se dizer que o Direito à Informação hoje tem natureza de fundamentalidade constitucional individual e social, além de morfologia bidirecional, ou seja, diz com o direito de dar e receber informação. Em determinadas circunstâncias, tais direitos se constituem em deveres, notadamente quando se relacionam a interesses e pretensões juridicamente protegidos.

Se de um lado há o direito/dever subjetivo individual (constitucional e infraconstitucional) de obter/dar informação por imposição legal, atingindo, por exemplo, relações de mercado e crédito, banco

---

[235] BICKFORD, Luis. *Documenting Truth*. New York: International Center for Transitional Justice 2009, p. 05.

de dados privados e públicos,[236] instituições públicas e privadas etc., há também o direito difuso de estar informado, pertencente a toda a Sociedade, enquanto sujeito de direito, notadamente em face de temas e assuntos que lhe digam respeito como comunidade de cidadãos e, neste sentido, estou falando da *Dimensão Objetiva do Direito Fundamental à Informação*, que perpassa a condição do direito subjetivo dos indivíduos de tê-la.[237] Vai nesta direção Peter Häberle, ao dizer que:

> Se i diritti fondamentalli hanno un'uguale importanza costitutiva sia per individui che per la comunità, se adempiono ad una funzione sociale e se formano il pressuposto funzionale della democrazia, allora consegue da cio che le garanzia dei diritti fondamentali e l'esercizio di questi sono caratterizzati dalla concorrenza tra interessi publici i individuali.[238]

Como diz Luis Gustavo Grandinetti, o direito à informação é um direito difuso porque a informação é destinada a todos os que queiram recebê-la sem que se possa individualizar e dividir qual informação será difundida para este ou aquele indivíduo.[239]

Para Xifras-Heras, por outro lado, o atual Direito à Informação outorga ao homem contemporâneo certo tipo de crédito de informação, o qual, para além de constituir mera restrição ao poder e seu exercício, apresenta-se como conquista social, na medida em que passa a exigir tal informação como condição à participação política.[240] Por tais razões, a informação se afigura essencial às sociedades democráticas, transformando-a em titular de um direito indivisível de ser corretamente informada, sem distorções ou censura prévia.[241]

---

[236] Ver meu texto LEAL, Rogério Gesta. Mercado, fornecedor e consumidor: aspectos econômicos e sociais das decisões judiciais. In: *Balcão do Consumidor*: 20 do Código de Defesa do Consumidor. Passo Fundo: Editora da UPF, 2011, PP. 38/72.

[237] Lembro a advertência de ANDRADE, José Carlos Vieira de. *Os Direitos Fundamentais na Constituição Portuguesa de 1976*. Coimbra: Almedina, 1997, p. 144, ao dizer que "os direitos fundamentais não podem ser pensados apenas do ponto de vista dos indivíduos, enquanto faculdades ou poderes de que estes são titulares, antes valem juridicamente também do ponto de vista da comunidade, como valores ou fins que esta se propõe a prosseguir".

[238] HÄBERLE, Peter. *La Liberta Fondamentali nello Stato Costituzionale.* Roma: Nuova Itália Scientifica, 1993, p. 53.

[239] CARVALHO, Luis Gustavo Grandinetti Castanho de. *Liberdade de informação e o direito difuso à informação verdadeira*. Rio de Janeiro: Renovar, 1994, p. 64. Jorge Miranda distingue em três fatispécies este Direito à Informação, a saber: "o direito de informar corresponde a uma atitude ativa; o de se informar a uma atitude simultaneamente ativa e passiva (obter informação para si próprio); e o de ser informado a uma atitude passiva ou receptiva (obter informação de outrem)". In: MIRANDA, Jorge. *Manual de Direito Constitucional: direitos fundamentais*. Tomo IV. Coimbra: Coimbra Editora, 1993, p. 405.

[240] XIFRA-HERAS, Jorge. *A informação: análise de uma liberdade frustrada*. São Paulo: Edusp, 1974, p. 276.

[241] Como quer LOPES, Vera Maria de Oliveira Nusdco. *O direito à informação e as concessões de rádio e televisão*. São Paulo: Revista dos Tribunais, 1997.

Mas quais os limites deste Direito Fundamental em face de interesses individuais e sociais?

Para responder esta questão, importa enfrentar o tema do Direito Fundamental Individual de proteção do Patrimônio Privado Imaterial (à privacidade, honra, imagem, dentre outros).

4.1. O estado da arte do direito fundamental individual de proteção do patrimônio privado imaterial

Um dos autores mais tradicionais da língua portuguesa que trata deste tema de forma contemporânea é José de Oliveira Ascensão, sustentando que o direito a individualidade é inerente ao direito de personalidade, podendo ser dividido em três esferas: a individual, a privada e a secreta. A esfera individual protege o homem em relação à sociedade, quanto a sua identificação pessoal e sua imagem, e ainda quanto ao valor da honra; a esfera privada concentra-se na privacidade, como uma defesa da autonomia necessária à pessoa para que não seja absorvida pela comunidade; e a esfera secreta corresponde aos aspectos de reserva absoluta, inerente ao conhecimento e consciência de cada indivíduo, sendo por isso mais densa.[242]

Nestes termos, poder-se-ia falar que este Direito à Individualidade corresponde ao direito à vida privada, que diz com a autonomia da pessoa humana em sua liberdade de tomar decisões sobre assuntos íntimos, bem como ver garantida sua independência e inviolabilidade, da sua casa e de suas correspondências.[243]

Como lembra Sampaio Leite, há algumas informações e dados que, por não possuírem interesse público relevante, não podem invadir a privacidade e intimidade alheias, tais como: estado de saúde, defeitos físicos, tratamento médico ou submissão à intervenção cirúrgica, recuperação de um estado mórbido, opiniões políticas, filosóficas e religiosas, incluindo o exercício da religiosidade ou da prática de culto, relações conjugais ou extraconjugais, a natureza da união conjugal, história amorosa e sentimental, relações familiares e afetivas, preferências e gostos sexuais, devem ter justificativa particularmente séria, objetiva e relevante ao interesse público para serem expostas (imagina-se a situação de alguém que está contaminado com um ví-

---

[242] ASCENSÃO, José de Oliveira. *Direito Civil: Teoria Geral*. v. I. Coimbra: Coimbra, 1998, p. 97.

[243] Neste sentido, ver o excelente texto de SAMPAIO, José Adércio Leite. *Direito à intimidade e à vida privada*. Belo Horizonte: Del Rey, 1998, p. 48. Ver igualmente o texto de CAMPOS, Diogo Leite. *Lições de Direitos da Personalidade*. Coimbra: Coimbra, 1995, p. 96.

rus letal que se difunde por contato físico, obrigando a identificação pessoal do transmissor para os cuidados e cautelas próprios em nome da saúde pública).[244]

Ganha fôlego aqui a advertência de que devem ser considerados como pertencentes à vida privada da pessoa, não só os fatos da vida íntima, como todos aqueles em que seja nenhum o interesse da sociedade de que faz parte.[245]

A própria filosofia do direito tem se preocupado com este tema, cujo exemplo pode ser o dado pelo festejado Robert Alexy, ao fazer menção à *Teoria das Esferas* no tocante à privacidade como Direito Fundamental, a saber: a) *a esfera mais interna* (âmbito último intangível da liberdade humana), caracterizando-se por ser o âmbito mais íntimo, a esfera íntima intangível e conforme interpretação do Tribunal Constitucional alemão, o âmbito núcleo absolutamente protegido da organização da vida privada, compreendendo os assuntos mais secretos que não devem chegar ao conhecimento dos outros devido à sua natureza extremamente reservada; b) *a esfera privada ampla*, que abarca o âmbito privado na medida em que não pertença à esfera mais interna, incluindo assuntos que o indivíduo leva ao conhecimento de outra pessoa de sua confiança, ficando excluído o resto da comunidade; e c) *a esfera social*, que engloba tudo o que não for incluído na esfera privada ampla, em outras palavras, todas as matérias relacionadas com as notícias que a pessoa deseja excluir do conhecimento de terceiros.[246]

Mas esta Teoria se aplica indiscriminadamente a qualquer pessoa? Parece-me que não, pois, também em tese, o agente público (em sentido lato), quando pratica atos inerentes ao seu cargo ou função, não teria a seu favor o direito de se manter incólume ou reservado da exposição integral de sua privacidade e intimidade, tendo em vista a relevância e natureza dos atos que pratica perante a sociedade. Por certo que isto não implica dizer que há em relação a estas pessoas a *supressão* de sua intimidade, mas certa *limitação*, como quer Alcalá:

---

[244] SAMPAIO, José Adércio Leite. *Direito à intimidade e à vida privada*. Op. cit., p. 390. Ainda esclarece o autor que: "Assim, a vida opulenta de um Chefe de Estado, patrocinado por dinheiro público, ou de um guia espiritual à custa de doações de fiéis, demonstram-se assuntos privados, com relevante interesse público, ante a influência que estas pessoas exercem na sociedade. Por outro lado, os dramas familiares destas pessoas ou as preferências sexuais de um político fogem do interesse público, por não manifestarem uma influência social".

[245] FARIAS, Edilsom Pereira de. *Colisão de Direitos* – A Honra, A Intimidade, A Vida Privada e a Imagem *versus* A Liberdade de Expressão e Informação. Porto Alegre: Sergio Antonio Fabris Editor, 2000, p. 147.

[246] ALEXY, Robert. *Teoria de Los Derechos Fundamentales*. Madrid: Centro de Estúdios Políticos y Constitucionales, 2005, p. 358.

El alcance del derecho a libertad de información implica que las personas de relevancia pública, especialmente las autoridades públicas (gobierno, administración, legisladores, jueces), que detenten la facultad de decidir los destinos de una sociedad tienen un ámbito de vida privada más reducida que las personas que no son figuras públicas, pudiendo informarse de los actos de la vida personal que dicen relación o que tienen implicancias directas con el cumplimiento de las obligaciones públicas, pero no respecto de los aspectos de la vida privada o intimidad que no son necesarios ni están vinculados con las exigencias de información de carácter relevante o de interés público, que no debe confundirse con el interés ilegítimo del público en la vida privada o intimidad de las personas. Así, en los casos que la información no sea de relevancia pública prevalece el derecho a la privacidad de la persona, si ésta se afecta, ya que la libertad de información prevalece solo cuando su contenido es de relevancia pública.[247]

Na Itália, por exemplo:

Il Diritto all'immagine rientra nella categoria dei diritti della persona, visti come Diritti assoluti e riceventi una tutela giuridica ai sensi dell'art. 2043 C.C. Questa norma prevede una esposizione al risarcimento del danno a carico del soggetto che con un fatto doloso o colposo rechi ad altri un danno ingiusto. Questa disposizione normativa ha posto una tutela generalizzata a una categoria di diritti problematica, a causa della sua inerenza agli aspetti interiori della persona e non patrimoniali.[248]

Il referente costituzionale di questi diritti è costituito dall'art. 2 Cost., in particolare. Il diritto all'immagine è disciplinato dall'art. 10 c.c. il quale dispone: qualora l'immagine della persona o dei genitori,del coniuge o dei figli sia stata esposta o pubblicata fuori dei casi in cui l'esposizione o la pubblicazione è dalla legge consentita, ovvero con pregiudizio al decoro o alla reputazione della persona stessa o dei suoi congiunti, l'Autorità Giudiziaria, su richiesta dell'interessato, può disporre che cessi l'abuso salvo il risarcimento del danno.

Interessante notar que o art. 97 da Lei italiana n° 633/1941 já previa a hipótese de que se poderia prescindir do chamado princípio do consenso à utilização de certas imagens em relação aos seus titulares quando fossem justificados os motivos de "notorietà del personaggio ritratto, o dall' ufficio pubblico ricoperto, o dalla necessità di giustizia, polizia, scopi scientifici, didattici, culturali, o quando la riproduzione

---

[247] ALCALÁ, Humberto Nogueira. Pautas Teóricas y Juriprudenciales para Superar las Tensiones entre los Derechos a la Libertad de Opinión e Información y los Derechos a la Honra y la Vida Privada. In: CARBONELL, Miguel (compilador) *Problemas Contemporâneos de La Libertad de Expresión*. México: Editorial Porrúa, 2004. p. 190.

[248] SCALISI, Antonio. *Il diritto alla riservatezza. Il diritto all'immagine, il diritto al segreto, la tutela dei dati personali, il diritto alle vicende della vita privata, gli strumenti di tutela.* Roma: Giuffrè, 2002, p. 189. Lembra o autor que: "Dalla lettera della norma rileva un primo aspetto, particolarmente significativo; sembrerebbe che la pubblicazione dell'immagine o la sua esposizione sia possibile, liberamente fino a dove la legge lo consenta". Na mesma direção ver o texto de CIONTI, Ferdinando. *La nascita del diritto sull'immagine*. Roma: Giuffrè, 2000.

sia collegata a fatti o avvenimenti, cerimonia di interesse pubblico o svoltosi in pubblico".[249]

As razões de justificação e fundamentação de tal normativa se apresentam coerentes a meu sentir, pois "in questi casi l'eccezione alla regola del consenso è motivata da esigenze superiori rispetto alla tutela del Diritto all'immagine, aventi parimenti fondamento nella Costituzione, ma considerato il principio del 'bilanciamento degli interessi' in queste ipotesi prevalgono".[250] Por certo que a Constituição italiana e a cultura jurisprudencial deste país tem se preocupado com o fato de que "si evidenzia un ulteriore limite alla possibilità di divulgazione di immagine altrui, e cioè il rispetto del decoro e della reputazione del personaggio ritratto; entrambi i valori trovano riconoscimento costituzionale nell'art. 41 Cost., ed attengono alla dignità della persona, anche se la reputazione ha connotati obiettivi, in quanto si sostanzia nell'opinione di cui il soggetto gode nella società".[251]

Já nos Estados Unidos da América, o emblemático debate na clássica decisão da sua Suprema Corte *New York Times Co. v. Sullivan,* 376 U.S. 254, de 1964, deu ensejo ao aprofundamento da discussão envolvendo a possibilidade ou não da informação ser veiculada sem restrições em uma sociedade democrática, pois, no caso, o Tribunal determinou que uma figura pública não pode receber indenização por calúnia a menos que prove não só que o que foi publicado a seu respeito é falso, mas também que o foi com *malícia efetiva (actual malice),* ou seja, com a ciência de que a informação era falsa, ou com *temerária desconsideração(reckless disregard)* pela sua veracidade.[252]

Em outros países, não foi esta a direção de tratamento da matéria, mantendo mais a liberdade de imprensa – como nos casos de

---

[249] Conforme CARUSO, Maria Adalgisa. *Temi di diritto dei beni immateriali e della concorrenza.* Roma: Giuffrè, 2011, p. 59. Ver o texto também de MORANGE, Jean. *Droits de l'homme et libertés publiques.* Paris: PUF, 1982.

[250] Idem. Ressalta a autora que: "La divulgazione di immagini raffiguranti personaggi pubblici, mostrano aspetti problematici soprattutto con riguardo alla tutela della "privacy", quando si trascende in raffigurazioni che poco o nulla hanno a che vedere con la dimensione pubblica del personaggio celebre e che guardano ad aspetti privati e intimi del soggetto ritratto".

[251] Idem.

[252] DWORKIN, Ronald. *Freedom's Law.* Cambridge: Harvard University Press, 1996, p. 264. O juiz Brennan enquanto relator do processo foi claro ao sustentar que: "A State cannot, under the First and Fourteenth Amendments, award damages to a public official for defamatory falsehood relating to his official conduct unless he proves 'actual malice' – that the statement was made with knowledge of its falsity or with reckless disregard of whether it was true or false. E mais: Factual error, content defamatory of official reputation, or both, are insufficient to warrant an award of damages for false statements unless 'actual malice' – knowledge that statements are false or in reckless disregard of the truth – is alleged and proved". In: *New York Times Co. v. Sullivan,* 376 U.S. 254 (1964). Disponível em: <http://www.supremecourt.gov>, acesso em 25/10/2011.

Londres (*Derbyshire County Council v. Times Newspapers Ltda*); Canadá (*Hill v. Church of Scientology of Toronto* e *Grant v. Torstar Corp.*) e Austrália (*Theophanous v. The Herald & Weekly Times Ltda*). Mesmo nos EUA, ainda tem-se: a) *Gertz v. Robert Welch, Inc.*, 418 U.S. 323 (1974), sustentando que a malícia efetiva não é necessária para caracterizar a difamação contra pessoas privadas se é possível detectar a existência de negligência por parte de quem divulga a informação b) *Hustler Magazine v. Falwell*, 485 U.S. 46 (1988), estendendo o controle jurisdicional da imprensa para os casos que envolvam imposição intencional de sofrimento emocional (*intentional infliction of emotional distress*); c) *Milkovich v. Lorain Journal Co.*, 497 U.S. 1 (1990), sustentando que a existência de lei que proteja a liberdade de expressão não implica deixar de reconhecer o direito de proteção contra difamações; d) *Westmoreland v. CBS* (1982), que confirmou os argumentos de *New York Times Co. v. Sullivan*.[253]

Antes disto, vigia na tradição norte-americana a mesma compreensão que a inglesa do século XVIII, em especial a partir dos fundamentos do jurista britânico William Blackstone, sustentando que o Estado não podia impedir os cidadãos de publicar o que bem entendessem, mas era livre para puni-los depois da publicação caso a matéria publicada fosse afrontosa ou perigosa. A partir daqui, os Federalistas norte-americanos pensavam da mesma forma, sendo que "em 1798 adotaram a chamada Lei de Sedição que punha na categoria de crime a publicação intencional de informações falsas, escandalosas e maliciosas sobre o Presidente ou os membros do Congresso".[254] Prossegue Dworkin:

> Se a imprensa, em seu poder, seus recursos e sua influência, já ultrapassou em muito a situação em que estava no século XVIII, a verdade é que o Estado também se desenvolveu sobremaneira, não só no âmbito de suas operações e empreendimentos como também na capacidade de manter na surdina seus crimes e abusos. Com efeito, as duas instituições aumentaram seu poder juntas, numa espécie de simbiose constitucional: a influência da imprensa decorre em grande parte da justificada crença no público de que uma imprensa livre e poderosa serve para impor bem-vindas restrições às atitudes e segredos de informação por parte do Estado.[255]

---

[253] BURNETT, Nicholas F. New York Times v. Sullivan. In: PARKER, Richard A. (ed.). *Free Speech on Trial*: Communication Perspectives on Landmark Supreme Court Decisions. Tuscaloosa, AL: University of Alabama Press, 2003, p. 116–129.

[254] Idem, p. 314.

[255] Idem, p. 301. Neste sentido, ver o texto de LEWIS, Anthony. *Make No Law*: The Sullivan Case and the First Amendment. New York: Random House, 1991. Esta obra de Lewis tornou-se importante também porque, detentor de conhecimentos jurídicos que é, conseguiu demarcar com eficiência como se elabora um voto na Suprema Corte e como ele passa por um processo de aderências convergentes e divergentes, além das cisões opinativas dos juízes que compõem o colegiado.

Pergunta-se o autor norte-americano ainda se a imprensa seria significativamente inibida se estivesse sujeita às regras ordinárias de calúnia e difamação, que valiam antes de New York Times *x* Sullivan? Responde que o juízo positivo da Suprema Corte no particular se afigurou correto, eis que "mesmo os mais ricos jornais e redes de televisão hesitariam antes de publicar alegações injuriosas que pudessem ser consideradas falsas por um júri, ou mesmo alegações verdadeiras, mas que os ditos jornais e redes de televisão não estivessem dispostos a defender em litígios caríssimos e prolongados movidos por figuras públicas financiadas por grupos políticos dotados de objetivos puramente políticos".[256]

Em verdade, com tal decisão, ainda na opinião de Dworkin – e com isto concordo –, houve significativa liberação da imprensa para fazer investigações e publicar reportagens sem o medo paralisante de que um júri pudesse aproveitar um erro factual ou um lapso jornalístico e determinar indenização por calúnia ou difamação que levasse à quebra da empresa jornalística veiculadora.[257]

Em texto mais antigo,[258] Ronald Dworkin vai expressar os fundamentos que entende devam nortear o tratamento da liberdade de imprensa, atribuindo a eles diferentes naturezas e consequências, reconhecendo que alguns exemplos históricos com matizes diversas (políticas, econômicas, comerciais, de saúde etc.) podem levar a repensar-se progressivamente o tema do acesso à informação de forma irrestrita. Neste ponto, destaca duas situações bastante paradigmáticos: a) o fato de que a Lei de Liberdade de Informação nos EUA tenha sido fortalecida pelo Congresso após o escândalo Watergate, determinando que qualquer um pode obter qualquer informação em pode do governo, guardadas certas exceções destinadas a proteger a privacidade pessoal, os segredos comerciais, a segurança nacional, dentre outros temas; b) o fato do Centro Nacional de Controle de Doenças

---

[256] BURNETT, Nicholas F. New York Times v. Sullivan. In: PARKER, Richard A. (ed.). *Free Speech on Trial*, op. cit. p. 301

[257] Idem, p. 312. É importante ter presente que este voto em Sullivan foi por maioria e não unânime dos membros da Corte, haja vista que não acompanharam o Relator, Juiz Brennan, os magistrados Black, Douglas e Goldberg, sustentando a necessidade de tornar absoluta a proteção de imprensa contra os processos de calúnia e difamação, e assim um ocupante de cargo público não poderia entrar com uma ação compensatória mesmo que pudesse provar a malícia efetiva do órgão de imprensa que a divulgou.

[258] Estou me referindo ao texto DWORKIN, Ronald. *A Matter of Principle*. Cambridge: Harvard University Press, 1985, p. 572. Lembrando o texto de HENTOFF, Nat. *The First Freedom*: the tumultuous history of Free Speech in America. New York: Delacorte, 1979, Dworkin assevera que "a idéia de livre expressão assume conteúdo diferente à medida que questões substantivas subjacentes passam da política educacional para a obscenidade e para o relato de julgamentos criminais".

nos EUA acreditar que os hospitais não buscarão sua ajuda – inclusive no âmbito da pesquisa científica – para localizar infecções hospitalares se os jornalistas puderem colocar à disposição de possíveis litigantes os relatórios do Centro para os hospitais.

De qualquer sorte, à maioria dos constitucionalistas norte-americanos – ainda na dicção de Dworkin – o direito constitucional da livre expressão (dentre eles o da liberdade da imprensa, entendida como qualquer expressão tornada pública, e não apenas dos jornalistas), destina-se à proteção do público. "Isto é, protegem não quem fala ou escreve, mas o público que se deseja atingir. Segundo esta visão, jornalistas e outros autores estão protegidos da censura para que o público em geral possa ter acesso à informação de que necessita para votar e conduzir seus negócios de maneira inteligente".[259]

Aqui o autor apresenta uma reflexão também filosófica e política relevante, já evidenciada em texto ainda anterior,[260] no sentido de que:

> Teorias preocupadas em proteger o público geralmente apresentam o que chamei de argumento de política a favor da liberdade de expressão e de imprensa. Isto é, afirmam que um repórter deve ter certos poderes não porque ele ou qualquer outra pessoa tenha direito a alguma proteção especial, mas para assegurar um benefício geral à comunidade como um todo, (...)
>
> Teorias preocupadas em proteger aquele que fala, por outro lado, apresentam argumentos de princípio a favor da livre expressão. Afirmam que a posição especial daquele que fala, como alguém que quer expressar suas convicções em questões de importância política ou social, autoriza-o, com justiça, a uma consideração especial, mesmo que a comunidade como um toda possa sofrer por permitir que ele fale. Assim, o contraste é grande: no primeiro caso, o bem-estar da comunidade constitui o fundamento para a proteção, ao passo que, no segundo, o bem-estar da comunidade é desconsiderado.[261]

As conclusões do autor a partir destas premissas revelam sua clara opção pela proteção substancial dos Direitos Fundamentais Individuais em face dos Direitos Fundamentais Sociais, na medida em que, para ele, o genuíno conflito entre os direitos de um falante específico, como indivíduo, e os interesses conflitantes da comunidade como um todo devem ser sopesados a favor do indivíduo, pois: "a menos que o interesse rival seja muito grande – a menos que a publicação contenha

---

[259] DWORKIN, Ronald. *A Matter of Principle*. Op. cit., p. 574. Para uma discussão mais pontual e sobre caso concreto, ver o texto de SIEGEL, Barry. *Claim of Privilege*: A Mysterious Plane Crash, a Landmark Supreme Court Case, and the Rise of State Secrets. New York: Harper Collins Publishers, 2008, especialmente dos capítulos 25 a 31 (p. 237/314).

[260] DWORKIN, Ronald. *Taking Rights Seriously*. Cambridge: Harvard University Press, 1977.

[261] DWORKIN, Ronald. *A Matter of Principle*. Op. cit., p. 576.

a ameaça de alguma emergência ou de outro risco grave –, o direito do indivíduo deve sobrepor-se ao interesse social, porque é isso que significa supor que ele tem esse tipo de direito".[262]

Vai mais longe Dworkin:

> De qualquer modo, o alegado direito de saber é tido como um direito não de cidadãos individuais, mas do público como um todo. Isso é quase incoerente porque o público, neste contexto, é apenas outro nome para a comunidade como um todo (...)

> A análise de questões relativas à Primeira Emenda progrediria muito se o interesse do público por informação, que poderia muito ser sobrepujado pelo seu interesse pelo sigilo, não fosse erroneamente catalogado como um direito de saber.[263]

Como ficaria, a partir desta abordagem de Dworkin, a questão do acesso à informação envolvendo os documentos, fatos e atos referentes às mortes, sequestros, torturas e desaparecimentos de pessoas provocadas por agentes do Estado brasileiro no regime militar? Estariam em jogo aqui questões de política em face de questões de princípio? Ou esta concepção bipartite está equivocada, haja vista que há questões envolvendo a informação e o conhecimento, como disse alhures, que são inexoravelmente de princípio e de política?

Há em Portugal posição doutrinária que caminha na direção recém-referida, tendo o Direito Fundamental Individual de Personalidade como absoluto em todas as suas variantes, como quer Rabindranath de Souza, ao sustentar que:

> Os direitos de personalidade – entre os quais se insere o direito à intimidade da vida privada – podem ser definidos como direitos subjectivos, privados, absolutos, gerais, extrapatrimoniais, inatos perpétuos, intransmissíveis, relativamente indisponíveis, tendo por objecto os bens e as manifestações interiores da pessoa humana, visando tutelar a integridade e o desenvolvimento físico e moral dos indivíduos e obrigando todos os sujeitos de direito a absterem-se de praticar ou de deixar de praticar actos que ilicitamente ofendam ou ameacem ofender a personalidade alheia sem que incorrerão em responsabilidade civil e/ou na sujeição às providências cíveis adequadas a evitar a consumação da ameaça ou a atenuar os efeitos da ofensa cometida.[264]

É claro que, dando-se importância ao Direito Fundamental a Saber e no mínimo equilíbrio em termos de peso normativo em face de Direitos Fundamentais Individuais, há o risco, como adverte a dou-

---

[262] DWORKIN, Ronald. *A Matter of Principle*. Op. cit., p. 577.

[263] Idem, p. 578. Lembra Dworkin que: "No caso Herbert, por exemplo, o juiz Brenann baseou sua opinião divergente numa teoria da Primeira Emenda notavelmente semelhante à teoria de Mill voltada para a proteção do público. Brennan citou a conhecida observação de Zechariah Chafee: A Primeira Emenda protege ... um interesse social na obtenção da verdade, de modo que o país pode não apenas adotar o curso de ação mais prudente, mas levá-lo a cabo da maneira mais prudente".

[264] SOUZA, Rabindranath Capelo de. A Constituição e os direitos de Personalidade. In: *Estudos sobre a Constituição*. Jorge Miranda (coord.), 2° v. Lisboa: Petrony, 1978, p. 93.

trina italiana, de que as medidas curativas de eventuais violações a estes Direitos no âmbito de indenizações e ressarcimentos dão relevo fundamentalmente aos "interessi di tipo patrimoniale; ma riferita ai Diritti della persona si mostra insufficiente per la sua 'intempestività' essendo successiva rispetto alla lesione di interessi difficilmente o per nulla reintegrabili nella loro originaria condizione".[265]

Mantenho, a despeito disto, a posição adotada no início deste trabalho, no sentido de reconhecer à informação e ao conhecimento naturezas múltiplas e complexas, envolvendo interesses, ideologias, compreensões de vida e de mundo distintas, por vezes tensas, que precisam ser equacionadas não a partir de suas negações ou maniqueístas padronizações para o bem ou para o mal, mas enfrentando com argumentos passíveis de câmbios interlocutivos voltados ao consenso todas as posições sustentadas no diálogo democrático.

Por outro lado, não comparto com Dworkin que o acesso à informação tenha que ter nos Direitos Fundamentais Individuais um parâmetro de restrição/ampliação, mas ao contrário, a parametricidade possível aqui é a relacional em face dos Direitos Fundamentais Sociais, tendo em conta que as demandas são sempre progressivas e infinitas enquanto que os recursos para atendê-las são consumiveis e finitos.

Daí a necessidade permanente de se ter muito claro quais os interesses e bens jurídicos envolvidos em cada caso, tendo-se ciência da impositiva equação isonômica formal existente entre os princípios e regras constitucionais vigentes à espécie.

Enfim, poderá haver situação em que esteja em causa a ponderação entre a intimidade e o interesse público, impositiva para que por essa via este possa prevalecer? A existência de um *interesse público legítimo* pode determinar a limitação do Direito Fundamental à Privacidade e Intimidade?[266] Quero tratar de algumas questões normativas para tentar esboçar uma resposta a esta demanda para o Brasil e, em especial, no âmbito do acesso à informação envolvendo os atos de tortura, sequestro, morte e desaparecimento de pessoas praticados pelo Estado e seus agentes.

---

[265] Maria Adalgisa. *Temi di diritto dei beni immateriali e della concorrenza.* Op. cit., p. 83. Em face destas considerações, chega à conclusão de que: "Le argomentazioni fin qui esposte dovrebbero condurre a ritenere che le forme di tutela più consone ad una protezione reale ed efficace dei Diritti della personalità siano costituiti dalla 'Tutela Preventiva', attribuendo una collocazione secondaria al risarcimento del danno". Com o que não concordo como diretriz específica ao tema.

[266] Há um autor português que faz excelente abordagem destas questões: MACHADO, Jónatas E. M. *Liberdade de Expressão* – Dimensões Constitucionais da Esfera Pública no Sistema Social. Coimbra: Coimbra Editora, 2002, p. 794.

Como já referi, a ordem constitucional brasileira elevou à condição de Direito Fundamental o Direito à Privacidade, nos termos do seu art. 5º, X, assegurando a inviolabilidade da intimidade, da vida privada, da honra e da imagem das pessoas, assegurado o direito à indenização pelo dano material ou moral decorrente de sua violação.

No âmbito da infraconstitucionalidade, o Novo Código Civil brasileiro, em seu Livro I, Título I, Capítulo II, arts. 11 e seguintes, regulamentou ainda mais o tema sob comento, destacando, dentre outras coisas: a) o fato de que toda a pessoa tem direito ao nome, nele compreendidos o prenome e o sobrenome (art. 16); b) ao fato de que, salvo se autorizadas, ou se necessárias à administração da justiça ou manutenção da ordem pública, a divulgação de escritos, a transmissão da palavra, ou a publicação, a exposição ou a utilização de imagem de uma pessoa poderão ser proibidas, a seu requerimento e sem prejuízo da indenização que couber, se lhe atingirem a honra, a boa fama ou a respeitabilidade, ou se destinarem a fins comerciais (art. 20); c) ao fato de que a vida privada da pessoa natural é inviolável, e o juiz, a requerimento do interessado, adotará as providências necessárias para impedir ou fazer cessar ato contrário a esta norma (art. 21).

Vem daqui a ideia de que há determinadas qualidades que caracterizam a dignidade da pessoa, dentre elas, o respeito dos concidadãos (honra subjetiva e objetiva) o bom nome, a imagem e a reputação, e por tal razão devem ser respeitadas.[267] Pérez Luño lembra neste particular que se tratavam destas questões como o direito das pessoas a fama e reputação, bem como direito à tranquilidade do espírito e à solidão.[268]

É interessante como a imagem tem um espectro amplo de potencial proteção, isto porque, como adverte Alvaro Barbosa, ela não pode ser restrita ao âmbito dos caracteres físicos de indivíduos, mas abarca o que se pode chamar de formas estáticas de representação (fotografia, pintura, fotograma, escultura, halografia), como também os dinâmicos (cinema, Vídeo). Para além disto, importa reconhecer que este direito à imagem se expande a determinados atributos construídos nas relações sociais, razão pela qual até uma caricatura – enquanto expressão artística que altera os traços físicos de alguém – pode conter elementos caluniosos, difamatórios ou até injuriosos, os quais, somen-

---

[267] CARVALHO, Márcia Haidée Porto de. *A defesa da honra e o direito à informação*. Florianópolis: Letras Contemporâneas, 2002, p. 94. No caso da intimidade, parte da doutrina refere que ele pode ser subdividido em três outros: o direito a solidão, o direito ao sigilo sobre os dados íntimos, o direito de decidir enquanto centro divulgador de informações sobre se deve ou nao tornar publico aquilo que pertence a sua intimidade.

[268] LUÑO, Antonio Henrique Pérez. *Derechos Humanos, Estado de Derecho y Constitución*. Madrid: Tecnos, 1999, p. 335.

te em tais hipóteses e outras correlatas, e eventualmente, merecerá proteção curativa ou preventiva, sob pena de restar caracterizado o cerceamento do Direito Fundamental à Livre Expressão.[269]

Aplica-se tal raciocínio ao tema da Honra como bem juridicamente tutelado, aqui entendida enquanto conjunto de conceitos e juízos de determinada pessoa forjados no âmbito macrossocial (relações mais gerais mantidas no tecido social) e microssocial (relações parentais, afetivas, de trabalho etc.), evidenciando o quanto as comunidades a que pertence o estimam, inclusive no que tange aos aspectos moral, intelectual, profissional.

Como quer Damásio de Jesus, penalista festejado no país, a honra aqui se afigura como conjunto de atributos morais, físicos, intelectuais e demais dotes do cidadão, que o fazem merecedor de apreço no convívio social.[270] Mas mesmo na esfera penal, entretanto, há divergências – ao menos no plano doutrinário – sobre o fato de que, sendo verdadeira a atribuição a determinado sujeito de um fato ofensivo à sua reputação, afigura-se possível, ou não, a caracterização da ofensa à sua honra, basta ver-se a posição de Tourinho Filho, fundado no que chama de Teoria da Notoriedade, ao referir que se o fato ofensivo à honra é notório, não pode o pretenso ofendido pretender defender o que ele já perdeu, e cuja perda caiu no domínio público, ingressando no rol dos fatos notórios.[271]

O Supremo Tribunal Federal do Brasil, à unanimidade e em decisão de mérito envolvendo a lesão a uma espécie de Direito de Personalidade que é o referente à imagem de atriz conhecida do público, entendeu sobre a matéria que:

> Para a reparação do dano moral não se exige a ocorrência de ofensa à reputação do indivíduo. O que acontece é que, de regra, a publicação da fotografia de alguém, com intuito comercial ou não, causa desconforto, aborrecimento ou constrangimento, não importando o tamanho desse desconforto, desse aborrecimento ou desse constrangimento. Desde que ele exista, há dano moral, que deve ser reparado, manda a Constituição, art. 5º, X.[272]

---

[269] BARBOSA, Álvaro Antônio do Cabo. *Direito à própria imagem. Aspectos fundamentais.* São Paulo: Saraiva, 1989, p. 25.

[270] JESUS, Damásio. E. de. *Direito penal:* parte especial: dos crimes contra a pessoa. Dos crimes contra o patrimônio. São Paulo: Saraiva, 2006. v. 2, p. 189.

[271] TOURINHO FILHO, Fernando da Costa. *Processo Penal.* Vol. 4. São Paulo: Saraiva, 2007, p. 74. Dentre outros, BITENCOURT, Cezar Roberto. *Código penal comentado.* São Paulo: Saraiva, 2002, p. 537, rebate este argumento a partir da tese de ser irrelevante que o fato difamatório imputado seja falso ou verdadeiro, pois ninguém tem o direito de vilipendiar ninguém.

[272] Recurso Extraordinário nº 215.984, da relatoria do Min. Carlos Velloso, julgado em 04/07/2002, tendo como recorrente a atriz Cássia Kis e recorrido a empresa Ediouro S/A. Neste caso, o Tribunal de Justiça do Rio de Janeiro (onde foi processado o feito) indeferiu a pretensão da autora

Em outras palavras, entendeu o STF que a caracterização do dano moral pelo uso indevido da imagem se dá em face do mero constrangimento e sentimento de desconforto e indignação do atingido ao ter sua imagem usada sem a devida concordância prévia, sobrevalorando o Direito Fundamental Individual à proteção da Imagem, eis que o interesse que se encontrava no lado oposto – da editora que veiculou a imagem – era meramente comercial e privado, sem qualquer caráter público ou informativo social. Desta forma, não se pode ainda extrair daqui posição definitiva da mais alta Corte do país envolvendo a questão discutida, apenas orientação hermenêutica geral. Digo mais, talvez dificilmente ter-se-ão posições absolutas no ponto, até em face das múltiplas variáveis que podem surgir no contraste e ponderação entre direitos e interesses potencialmente conflitantes.

Mas afinal, será que a pessoa tem o direito de preservar a própria dignidade [...] mesmo fictícia, até contra ataques da verdade, pois aquilo que é contrário à dignidade da pessoa deve permanecer um segredo dela própria?[273]

Parece-me que não, isto porque há outros Direitos igualmente fundamentais que podem operar modulações neste Direito Individual, fundamentalmente os de natureza social que importam em interesse público indisponível, e isto pelo reconhecimento de que "há uma inevitável tensão na relação entre a liberdade de expressão e de comunicação, de um lado, e os direitos de personalidade constitucionalmente protegidos, de outro, que pode gerar uma situação conflituosa, a chamada colisão de direitos fundamentais (*Grundrechtskollision*)".[274]

O Ministro Gilmar Mendes, no particular, lembra decisão da Corte Constitucional alemã sobre a matéria:

> Considerou, inicialmente, o Tribunal que os valores constitucionais em conflito (liberdade de comunicação e os diritos de personalidade) configuram elementos essenciais da ordem democrático-liberal (freiheitlich demokratische ordnung) etabelecida pela Lei Fundamental, de modo que nenhum deles deve ser considerado, em princípio, superior ao outro. Na impossibilidade de uma compatibilização dos interesses conflitantes, tinha-se de contemplar qual haveria de ceder lugar, no caso concreto, para permitir uma adequada solução de colisão.[275]

---

ora recorrente extraordinária, sob o argumento de que o uso de fotografias de uma pessoa, para publicação, sem a respectiva autorização, geraria apenas o direito à indenização por danos materiais, e não por danos morais.

[273] Como quer SILVA, Paulo Napoleão Nogueira da. *Curso de direito constitucional*. Rio de Janeiro: Forense, 2006, p. 539.

[274] MENDES, Gilmar Ferreira. *Direitos Fundamentais e Controle de Constitucionalidade: estudos de Direito Constitucional*. São Paulo: Celso Bastos Editor, 1998, p. 87.

[275] Idem, p. 91. Ver meu texto LEAL, Rogério Gesta. *O Estado-Juiz na Democracia Contemporânea*: uma perspectiva procedimentalista. Porto Alegre: Livraria do Advogado, 2007.

Um exemplo para o caso brasileiro talvez possa surgir da dicção do § 3º do art. 31 da Lei nº 41/2010, anteriormente mencionada, ou seja, que o consentimento da pessoa sobre quem eventuais informações pretendidas digam respeito não será exigido quando estas forem necessárias, dentre outros, à defesa dos Direitos Humanos (inciso IV), ou a proteção do interesse público e geral preponderante (V). Quanto a este que talvez residam os maiores questionamentos atinentes ao que pode significar neste contexto, matéria que passo a tratar rapidamente.

4.2. A difícil conceituação do Interesse Público

A natureza complexa e multidisciplinar do conceito de interesse público não permite tratá-lo a partir de um único lugar teórico e/ou prático privilegiado, mas demanda compreensão alargada sobre as multifacetadas relações necessárias que ele mantém com a teoria política e jurídica contemporânea, para dizer o mínimo.

Como refere Fallocco, o interesse público remete a uma ideia relacional de trânsito entre os planos dos interesses individuais para os coletivos, demarcando:

> Così una sostanziale differenza ontologica riguardante ciò che coinvolge l'Io o la sua proiezione collettiva e comunitaria di Gruppo e ciò che invece ha la pretesa universalistica della validità giustificabile astrattamente e generalmente verso l'Altro – si chiama in causa anche una questione forse di maggiore spinosità teorica, vale a dire il concetto di Giustizia Politica, che per molti versi, tuttavia, presenta vaste sovrapposizioni pratiche con quello di Interesse Pubblico; riflessioni analoghe potrebbero essere fatte in merito al concetto di Razionalità dell'Azione, o in relazione al concetto di Ragione Pubblica caro al contrattualismo contemporaneo.[276]

Este tema não é novo na doutrina e casuística brasileira, e se de um lado foi trabalhado muito sob a perspectiva de contrafação ao interesse privado, de forma abstrata e geral, hoje não se apresenta mais assim, exatamente sob o argumento de que há poucos interesses públicos abstratos puros prevalecente sobre outros interesses privados igualmente abstratos puros (meio ambiente sustentável x livre concorrência/livre iniciativa). O que pode haver em várias situações, isto sim, são cenários concretos e específicos nos quais se deverá operar o sopesamento de interesses públicos e privados não para excluir um ou outro, mas para equalizá-los à máxima potência, tentando com to-

---

[276] FALLOCCO, Simona. *Azioni individuali e scelte sociali: l'agenda decisionale*. Roma: Soveria Mannelli, 2006, p. 41. Na mesma direção o texto de COHEN, Joshua. Truth and Public Reason. In: *Philosophy & Public Affairs*, v. 37 (1), 2009, p. 2-42.

das as forças hermenêuticas e fáticas integrá-los, e só quando isto não for possível, aí então levar a termo escolhas conjunturais de empoderamento de um ou outro, observados os parâmetros axiológicos e regratórios normativos vinculantes à espécie.

É claro que mesmo em tais circunstâncias não há segurança absoluta no que tange ao acerto e justeza das escolhas/decisões envolvendo aqueles interesses, pois, no caso Korematsu x United States (323 U.S. 214, 1944), a Suprema Corte Americana não reconheceu a inconstitucionalidade de uma lei federal que estabeleceu restrições à liberdade de locomoção de americanos com ascendência japonesa, e mais que isto, criando para estes áreas de ocupação específicas, sob o argumento do Estado de Guerra em que se encontravam com o Japão naquele momento histórico, impondo-se o interesse público da Segurança Nacional contra o interesse privado da liberdade de ir, vir e ficar, conforme se vê do voto do Juiz Black:

> Korematsu was not excluded from the Military Area because of hostility to him or his race. He was excluded because we are at war with the Japanese Empire, because the properly constituted military authorities feared an invasion of our West Coast and felt constrained to take proper security measures, because they decided that the military urgency of the situation demanded that all citizens of Japanese ancestry be segregated from the West Coast temporarily, and finally, because Congress, reposing its confidence in this time of war in our military leaders-as inevitably it must-determined that they should have the power to do just this.[277]

Como bem refere Andrea Torricelli, "quello che in passato fu un concetto riassuntivo dei poteri degli organismi dell'apparato pubblico, prevalentemente accentrato nello stato e nelle sue leggi, oggi è un variabile complesso di diverse esigenze, curate in modi diversi, da una molteplice organizzazione, che anche al suo vertice politico di governo e legislativo non è più unitaria e non è più nazionale".[278] Assim, há certa complexidade na natureza multidisciplinar do conceito de interesse público, envolvendo múltiplos agentes e perspectivas que sequer podem ser reduzidos às condições das partes envolvidas (Estado, Mercado, Indivíduos), mas diz mais com a natureza do objeto que versam.

---

[277] TOYOSABURO KOREMATSU v. UNITED STATES, n° 22. 323 U.S. 214 (1944), Argued Oct. 11, 12, 1944, decided Dec. 18, 1944. Disponível em: <http://caselaw.lp. findlaw.com>, acesso em 21/11/2011.

[278] TORRICELLI, Andrea. Il concetto di interesse pubblico nell'azione amministrativa: avvertenze e cautele per l'uso. Amministrare è un'attività concreta. In: *La convenzione urbanística – Raumordnungsvertrag*, INU Alto Adige – Südtirol n. 35, gennaio 2010, p. 38. Adverte a autora ainda que: "Da qui e dall'ampia intersecazione delle azioni amministrative "pubbliche" con i bisogni individuali e con quelli collettivi privati (ed il mercato), discende la variabilità in termini socio – economici ed anche giuridici di quelli che solo riassuntivamente si chiamano "interessi pubblici".

Por tais razões é que hoje, na Itália, os ordenamentos jurídicos preveem a tutela e promoção de inúmeros interesses individuais vinculados a Direitos Fundamentais que se afiguram como de igual interesse público, seja em face da relação finalística ou conteudística que mantém com os primeiros, tendo presente que "esso nasce dalla combinazione di diversi interessi, collettivi ed individuali, e tale operazione di composizione non è funzione esclusiva di un solo centro di azione e non si realizza solo al momento della decisione finale, ma già dalla ricognizione delle esigenze", o que se pode ver, por exemplo, na Constituição deste país, em seus arts. 14, 17, 19, 28, 32, 41, 42, 43, 97 e 98, a título exemplificativo.[279]

Mesmo na Itália, todavia, o conceito de interesse público também possui, até em face das considerações até aqui trazidas, alto índice de reflexividade e abstração, pois "ciascuno può far l'esercizio di ricercare questo termine di 'interesse pubblico' nelle leggi che pratica più spesso, e troverà con sorpresa che è più un concetto richiamato da chi esercita i diversi poteri, che un riferimento specifico delle leggi".[280]

Em outros temas, no Brasil, estas questões se revelam também, em especial no que diz com área mais sensível sob o ponto de vista regulatório e interventivo dos interesses privados que é a ordem econômica e, neste sentido, dou destaque à questão que envolve a Lei nº 9.294/1996, disciplinando as restrições ao uso e à propaganda de produtos fumígeros, bebidas alcoólicas, medicamentos, terapias e defensivos agrícolas, nos termos do § 4º do art. 220 da Constituição Federal.

A referida lei federal, em seu art. 2º, já provocou sério impacto na indústria do fumo e mesmo dos fumantes, uma vez que vedou o uso de cigarros, cigarrilhas, charutos, cachimbos ou de qualquer outro produto fumígero, derivado ou não do tabaco, em recinto coletivo,

---

[279] "In tale contesto la definizione degli interessi pubblici non è fatta solo attraverso la discrezionalità amministrativa nell'esercizio dei poteri e delle attività legislativamente previsti, ma anche più in concreto attraverso il procedimento per la individuazione degli interessi e per la determinazione dei modi di esercizio delle attività o dei poteri di autorità necessari al risultato. E' in questi procedimenti che avviene in larga misura il contatto tra interessi definiti in via generale dalle norme organizzative sulle funzioni delle organizzazioni pubbliche ed i soggetti portatori in concreto di quegli interessi". Idem, p. 44. Tanto é assim que o art. 118, da Constituição Italiana, prevê para o exercício das funções administrativas o respeito ao princípio da "sussidiarietà anche verso la partecipazione dei cittadini nelle attività 'di interesse generale', non solo nella forma della partecipazione procedimentale, ma direttamente nello svolgimento delle attività dirette a soddisfare tali interessi". Idem.

[280] Idem, p. 58.

privado ou público, salvo em área destinada exclusivamente a esse fim, devidamente isolada e com arejamento conveniente.[281]

Veja-se que, consoante doutrina especializada, o livre arbítrio dos consumidores de tabaco nunca esteve de posse do uso razoável de informações e discernimento suficiente sobre todas as variáveis que envolvem a presença do tabaco no organismo humano, exatamente porque as indústrias do ramo sempre ousaram em apologias cinematográficas sobre seus produtos, vinculando-os a situações alheias às suas verdadeiras características.

Aí está o tema da informação vinculada a interesses privados em detrimento de interesse público indisponível que é a saúde, e isto a tal ponto que a referida Lei n° 9.294/96, em especial no seu art. 3°, e § 1°, ainda determinou que a propaganda comercial dos produtos tabagistas (dentre outros sobre os quais a lei versa) só poderá ser efetuada através de pôsteres, painéis e cartazes, na parte interna dos locais de venda (redação dada pela Lei n° 10.167, de 27.12.2000), observados os seguintes princípios: a) não sugerir o consumo exagerado ou irresponsável, nem a indução ao bem-estar ou saúde, ou fazer associação a celebrações cívicas ou religiosas; b) não induzir as pessoas ao consumo, atribuindo aos produtos propriedades calmantes ou estimulantes, que reduzam a fadiga ou a tensão, ou qualquer efeito similar; c) não associar ideias ou imagens de maior êxito na sexualidade das pessoas, insinuando o aumento de virilidade ou feminilidade de pessoas fumantes; d) não associar o uso do produto à prática de atividades esportivas, olímpicas ou não, nem sugerir ou induzir seu consumo em locais ou situações perigosas, abusivas ou ilegais (redação dada pela Lei n° 10.167, de 27.12.2000); (e) não empregar imperativos que induzam diretamente ao consumo; (f) não incluir a participação de crianças ou adolescentes (redação dada pela Lei n° 10.167, de 27.12.2000).

Discordo, assim, da assertiva de Daniel Sarmento, para quem o princípio da supremacia do interesse público sobre o particular vem afirmado pela doutrina brasileira em termos de esvaziamento por completo dos Direitos Fundamentais,[282] haja vista que estas situações

---

[281] Estendendo tal vedação, a recintos tais como: repartições públicas, os hospitais e postos de saúde, as salas de aula, as bibliotecas, os recintos de trabalho coletivo e as salas de teatro e cinema, aeronaves e veículos de transporte coletivo. A partir do cotejamento desta legislação têm surgido algumas teses no país sobre um possível direito fundamental de (não) fumar, manifestado no âmbito das liberdades reais, autorizando o Estado a intervir no domínio econômico para restringir os efeitos da publicidade de produtos com tais características sobre os potenciais consumidores, conforme OLIVEIRA, Amanda Flávio de. *Direito de (não) fumar*: uma abordagem humanista. Rio de Janeiro: Renovar, 2008, p. 108.

[282] SARMENTO, Daniel. Interesses Públicos vs. Interesses Privados na perspective da teoria e da filosofia constitucional. In: SARMENTO, Daniel (organizador). *Interesses Públicos versus*

têm sido amiúde cotejadas em face de casos concretos, preservando-
-se os valores constitucionais também relacionados às prerrogativas e
interesses privados, e isto em face da obrigatoriedade, no caso brasileiro, da Administração Pública ter de motivar/fundamentar os seus
atos e, ao fazê-lo, resta vinculada aos motivos ali expostos, para todos
os efeitos jurídicos. Tem aí aplicação a denominada teoria dos motivos determinantes, que preconiza a vinculação da Administração aos
motivos ou pressupostos que serviram de fundamento ao ato. A motivação é que legitima e confere validade ao ato administrativo discri-
cionário.[283]

Aliás, com a Lei de Processo Administrativo Federal nº 9.784, em
especial seu art. 50, o dever de motivar os atos da Administração Pública restou ainda mais regrado nos casos de: a) negativa, limitação
ou que atinjam direitos ou interesses; b) imposição ou agravamento
de deveres, encargos ou sanções; c) anulação, revogação, suspensão
ou convalidação de ato administrativo, dentre outros, reduzindo em
muito a chamada discricionariedade administrativa que poderia autorizar, em tese, a adoção de critérios gerais à restrição de Direitos
Fundamentais, em nome, por exemplo, do sigilo imprescindível à segurança da Sociedade e do Estado (art. 5º, XXXIII, CF/88).

Mas qual a motivação/fundamentação que se exige da Administração Pública e mesmo do Poder Judiciário? Aquela que Vieira de
Andrade chama de formal e substancialmente adequada:

> O conteúdo da fundamentação expressa, exigido sob a dimensão formal desse dever,
> não é o de uma qualquer declaração do agente sobre as razões do ato, havendo,
> antes, de consistir-se num "discurso aparentemente capaz de fundar uma decisão
> administrativa". Logo, a diferença entre a dimensão formal e a substancial da funda-
> mentação está, para o autor, em que "o dever formal se cumpre pela apresentação
> de pressupostos possíveis ou de motivos coerentes e credíveis, enquanto a funda-
> mentação substancial exige a existência de pressupostos reais e de motivos corretos
> suscetíveis de suportarem uma decisão legítima quanto ao fundo.[284]

Interesses Privados: desconstruindo a supremacia do interesse público. Rio de Janeiro: Lumen
Juris, 2007, p. 89.

[283] ROMS 10165-DF, Superior Tribunal de Justiça, LexSTJ, v. 152, p. 38. De igual sorte isto ocorre
no âmbito do Poder Judiciário, consoante as disposições do art. 93, inciso IX – Todos os julgamentos dos órgãos do Poder Judiciário serão públicos, e fundamentadas todas as decisões, sob
pena de nulidade, podendo a lei limitar a presença, em determinados atos, às próprias partes e
a seus advogados, ou somente a estes, em casos nos quais a preservação do direito à intimidade
do interessado no sigilo não prejudique o interesse público à informação. X – As decisões administrativas dos tribunais serão motivadas e em sessão pública, sendo as disciplinares tomadas
pelo voto da maioria absoluta de seus membros. Constituição Federal de 1988.

[284] Sob esta perspectiva, a fundamentação obscura, contraditória e insuficiente é equiparada à
falta de fundamentação. VIEIRA DE ANDRADE, José Carlos. *O Dever da Fundamentação Expressa
de Actos Administrativos*. Coimbra: Almedina, 2003, p. 86. Ver também o texto de JUSTEN FI-

Foi nesta mesma direção a Suprema Corte Americana ao constituir o que se chama de Teoria da Nulidade da Decisão Vaga (*Void for Vagueness Doctrine*), no sentido de que se configura inválida qualquer ação pública (normativa ou executiva) de incisiva vagueza que imponha restrição a direitos a ponto de inviabilizar a compreensão mediana dos sujeitos de direito atingidos.[285]

Ou seja, pode até haver situações em que o Poder Público tenha razões de justificação e fundamentação razoáveis para os fins de estabelecer ponderadas e proporcionais restrições aos Direitos Fundamentais em nome da segurança da Sociedade e do Estado, todavia, para tanto, mister é que apresente as motivações de tal demanda, cumprindo assim os deveres que lhe são impostos pela ordem constitucional contemporânea, e garantido o controle comunitário e democrático dos atos que pratica.

De posse destas considerações, tenho que se pode agora tratar da nova regulação à matéria que a Lei Federal nº 12.527, de 18/11/2011, trouxe, envolvendo o acesso a informações previsto no inciso XXXIII, do art. 5º, no inciso II, do § 3º do art. 37, e no § 2º do art. 216 da Constituição Federal; altera a Lei nº 8.112, de 11 de dezembro de 1990; revoga a Lei nº 11.111, de 5 de maio de 2005, e dispositivos da Lei nº 8.159, de 8 de janeiro de 1991, dando ainda outras providências.

5. A nova lei de acesso a informações públicas e o direito fundamental (híbrido) a saber

Pela leitura sistemática do texto da nova Lei, pode-se deduzir a opção do Poder Público no Brasil em reconhecer a natureza híbrida do Direito Fundamental à Informação, isto é, condizente aos interesses privados de obtenção de documentos relacionados às suas vidas; com os interesses sociais da comunidade política nacional, envolvendo o tema da Verdade e da Memória dos regimes de exceção que vio-

---

LHO, Marçal. Conceito de Interesse Público e a "Personalização" do Direito Administrativo. In: *Revista Trimestral de Direito Público – RTDP*, nº 26. São Paulo: Malheiros, 2004.

[285] In: *Papachristou v. City of Jacksonville*, 405 U.S. 156, 92 S. Ct. 839, 31 L. Ed. 2d 110 [1972], Supreme Court. Como diz FALLON, Richard H. Are originalist constitutional theories principled, or are they rationalizations for conservatism? In: *Harvard Journal of Law & Public Policy*, v. 81. New York: Harvard University Press, 2011, p. 32: "If a person of ordinary intelligence cannot determine what persons are regulated, what conduct is prohibited, or what punishment may be imposed under a particular law, then the law will be deemed unconstitutionally vague. The U.S. Supreme Court has said that no one may be required at peril of life, liberty, or property to speculate as to the meaning of a penal law. Everyone is entitled to know what the government commands or forbids".

laram Direitos Humanos e Fundamentais, basta atentar às seguintes dicções:

Art. 3º Os procedimentos previstos nesta Lei destinam-se a assegurar o direito fundamental de acesso à informação e devem ser executados em conformidade com os princípios básicos da administração pública e com as seguintes diretrizes:

I – observância da publicidade como preceito geral e do sigilo como exceção;

II – divulgação de informações de interesse público, independentemente de solicitações;

III – utilização de meios de comunicação viabilizados pela tecnologia da informação;

IV – fomento ao desenvolvimento da cultura de transparência na administração pública;

V – desenvolvimento do controle social da administração pública.

Art. 8º É dever dos órgãos e entidades públicas promover, independentemente de requerimentos, a divulgação em local de fácil acesso, no âmbito de suas competências, de informações de interesse coletivo ou geral por eles produzidas ou custodiadas.

Art. 10. Qualquer interessado poderá apresentar pedido de acesso a informações aos órgãos e entidades referidos no art. 1º desta Lei, por qualquer meio legítimo, devendo o pedido conter a identificação do requerente e a especificação da informação requerida.

(...)

§ 3º São vedadas quaisquer exigências relativas aos motivos determinantes da solicitação de informações de interesse público.

Art. 12. O serviço de busca e fornecimento da informação é gratuito, salvo nas hipóteses de reprodução de documentos pelo órgão ou entidade pública consultada, situação em que poderá ser cobrado exclusivamente o valor necessário ao ressarcimento do custo dos serviços e dos materiais utilizados.

Parágrafo único. Estará isento de ressarcir os custos previstos no caput todo aquele cuja situação econômica não lhe permita fazê-lo sem prejuízo do sustento próprio ou da família, declarada nos termos da Lei nº 7.115, de 29 de agosto de 1983.

Art. 19. Negado o acesso à informação e improvido o recurso a que se refere o art. 15, os órgãos e entidades públicas deverão informar aos Tribunais de Contas a cuja fiscalização estiverem submetidos os pedidos de informação indeferidos, acompanhados das razões da denegação, quando se tratar de matéria sujeita à fiscalização contábil, financeira, orçamentária e patrimonial das referidas Cortes.

§ 1º Quando se tratar de informações essenciais à tutela de direitos fundamentais, os órgãos ou entidades públicas deverão encaminhar ao Ministério Público os pedidos de informação indeferidos acompanhados das razões da denegação.

§ 2º Os órgãos do Poder Judiciário e do Ministério Público informarão ao Conselho Nacional de Justiça e ao Conselho Nacional do Ministério Público, respectivamente, as decisões que, em grau de recurso, negarem acesso a informações de interesse público.

Art. 21. Não poderá ser negado acesso à informação necessária à tutela judicial ou administrativa de direitos fundamentais.

Parágrafo único. As informações ou documentos que versem sobre condutas que impliquem violação dos direitos humanos praticada por agentes públicos ou a mando de autoridades públicas não poderão ser objeto de restrição de acesso.

Este conjunto de normas jurídicas absolutamente cogentes estão a sustentar a natureza híbrida do Direito Fundamental à Informação enquanto Direito Individual e Social, erigindo a sua prestação inclusive como política pública de Estado (independentemente dos governos que se seguem), com garantias de controle e fiscalização institucionais e sociais – a despeito de se poder questionar, no âmbito do art. 21, se a informação de que trata só terá o alcance que indica nas situações vinculadas e condicionadas à tutela judicial ou administrativa de Direitos Fundamentais.[286]

É verdade, de outro lado, que a Lei manteve a blindagem de documentos que versem sobre informações *imprescindíveis à segurança da sociedade e do Estado* (art. 7º, § 1º),[287] todavia, tentou definir melhor em que circunstâncias tais situações podem se configurar, a saber:

Art. 23. São consideradas imprescindíveis à segurança da sociedade ou do Estado e, portanto, passíveis de classificação as informações cuja divulgação ou acesso irrestrito possam:

I – pôr em risco a defesa e a soberania nacionais ou a integridade do território nacional;

II – prejudicar ou pôr em risco a condução de negociações ou as relações internacionais do País, ou as que tenham sido fornecidas em caráter sigiloso por outros Estados e organismos internacionais;

III – pôr em risco a vida, a segurança ou a saúde da população;

IV – oferecer elevado risco à estabilidade financeira, econômica ou monetária do País;

V – prejudicar ou causar risco a planos ou operações estratégicos das Forças Armadas;

VI – prejudicar ou causar risco a projetos de pesquisa e desenvolvimento científico ou tecnológico, assim como a sistemas, bens, instalações ou áreas de interesse estratégico nacional;

VII – pôr em risco a segurança de instituições ou de altas autoridades nacionais ou estrangeiras e seus familiares; ou

VIII – comprometer atividades de inteligência, bem como de investigação ou fiscalização em andamento, relacionadas com a prevenção ou repressão de infrações.

Agora, como a regra do acesso à informação passa a ser irrestrita e o sigilo ou segredo a exceção – princípio diretriz de toda esta matéria

---

[286] Ver a abordagem que faz da relação entre Direitos Individuais e Direitos Sociais envolvendo o Estado Social e o Liberal BONAVIDES, Paulo. *Teoria Constitucional da Democracia Participativa.* São Paulo: Malheiros, 2001, p. 143 e segs.

[287] Art. 7º O acesso à informação de que trata esta Lei compreende, entre outros, os direitos de obter: § 1º O acesso à informação previsto no *caput* não compreende as informações referentes a projetos de pesquisa e desenvolvimento científicos ou tecnológicos cujo sigilo seja imprescindível à segurança da sociedade e do Estado.

–, devendo o Poder Público divulgar todos os seus atos – presentes e pretéritos –, por óbvio que isto implica devam ser as motivações para o enquadramento de algum dos incisos deste art. 23 ampla e aprofundadamente fundamentadas e justificadas, sob pena de violação expressa da própria norma e, salvo melhor juízo, em nada tais óbices protetivos do Estado e da Sociedade dizem respeito aos documentos da e sobre as repressões militares ocorridas no país.

Em termos históricos, importa ter presente que várias outras legislações nacionais existiram blindando o acesso público aos documentos relacionados ao regime militar brasileiro de 1964 a 1985 (classificação documental), todavia, o Decreto Federal nº 4.553, de 27/12/2002, determinou, em seu art. 35, que os órgãos públicos e as instituições de caráter público, custodiadores de documentos sigilosos, deveriam ter instaladas e em funcionamento suas Comissões Permanentes de Acesso, devendo analisar, periodicamente, os documentos sigilosos sob custódia, submetendo-os à autoridade responsável pela classificação, a qual, no prazo regulamentar, efetuaria, se fosse o caso, sua desclassificação:

> Art. 35. As entidades e órgãos públicos constituirão Comissão Permanente de Avaliação de Documentos Sigilosos (CPADS), com as seguintes atribuições:
>
> I – analisar e avaliar periodicamente a documentação sigilosa produzida e acumulada no âmbito de sua atuação;
>
> II – propor, à autoridade responsável pela classificação ou autoridade hierarquicamente superior competente para dispor sobre o assunto, renovação dos prazos a que se refere o art. 7º;
>
> III – propor, à autoridade responsável pela classificação ou autoridade hierarquicamente superior competente para dispor sobre o assunto, alteração ou cancelamento da classificação sigilosa, em conformidade com o disposto no art. 9º deste Decreto;
>
> IV – determinar o destino final da documentação tornada ostensiva, selecionando os documentos para guarda permanente; e
>
> V – autorizar o acesso a documentos sigilosos, em atendimento ao disposto no art. 39.
>
> Parágrafo único. Para o perfeito cumprimento de suas atribuições e responsabilidades, a CPADS poderá ser subdividida em subcomissões.[288]

Ocorre que, até hoje, não se têm notícias seguras de que tais Comissões existam em todos os órgãos públicos detentores de acervos e fundos sob comento, e de que observam procedimentos administrativos de discussão e deliberação sobre matéria tão importante, assim como se fundamentam e justificam suas decisões, com registros formais próprios. E isto é mais paradoxal ainda quando se sabe que a relação dos documentos desclassificados, contendo nome e sigla do

---

[288] Decreto Federal nº 4.553, de 27/12/2002, art. 35.

órgão ou da instituição, tipo, número e data do documento, grau de sigilo original, destinatário e assunto, deveriam ser encaminhados, semestralmente, por estas Comissões, para publicação no Diário Oficial da União, do Distrito Federal, dos Estados ou dos Municípios, conforme o caso – parágrafo único do art. 6° do Decreto referido.

Poder-se-ia agora questionar: Cabe a estas CPADS também a decisão sobre se determinado documento ou informação tem potencial lesivo a Direito Fundamental envolvendo a intimidade, a vida privada, a honra e a imagem das pessoas (inciso X do art. 5° da Constituição de 1988) – ou mesmo à segurança da Sociedade e do Estado? Salvo melhor juízo, a resposta é afirmativa, isto porque o art. 2° do Decreto Federal n° 4.553, de 27/12/2002, dispõe que:

> Art. 2º São considerados originariamente sigilosos, e serão como tal classificados, dados ou informações cujo conhecimento irrestrito ou divulgação possa acarretar qualquer risco à segurança da sociedade e do Estado, bem como aqueles necessários ao resguardo da inviolabilidade da intimidade da vida privada, da honra e da imagem das pessoas.

A Lei n° 12.527/2011 trata destas Comissões nominando-as de *Comissão Mista de Reavaliação de Informações*, outorgando-lhe competência para deliberar sobre a classificação de informações sigilosas e, neste particular:

> I – requisitar da autoridade que classificar informação como ultra-secreta e secreta esclarecimento ou conteúdo, parcial ou integral da informação; II – rever a classificação de informações ultra-secretas ou secretas, de ofício ou mediante provocação de pessoa interessada, observado o disposto no art. 7º e demais dispositivos desta Lei; e III – prorrogar o prazo de sigilo de informação classificada como ultra-secreta, sempre por prazo determinado, enquanto o seu acesso ou divulgação puder ocasionar ameaça externa à soberania nacional ou à integridade do território nacional ou grave risco às relações internacionais do País, observado o prazo previsto no § 1º do art. 24.[289]

Esta Comissão poderá rever a classificação de informações ultrassecretas ou secretas, de ofício ou mediante provocação de pessoa interessada (art. 35, § 1°, II), sendo que a primeira hipótese deverá ocorrer no prazo máximo de 4 (quatro) anos, após a reavaliação que os órgãos e entidades públicas deverão proceder envolvendo as informações classificadas em seu poder, como ultrassecretas e secretas (no prazo máximo de 2 (dois) anos, contado do termo inicial de vigência desta Lei).

---

[289] Art. 35, § 1º, sendo que o seu §§ 4º e 5º, dispõem que: "§ 4º A não deliberação sobre a revisão pela Comissão Mista de Reavaliação de Informações nos prazos previstos no § 3º implicará a desclassificação automática das informações. § 5º Regulamento disporá sobre a composição, organização e funcionamento da Comissão Mista de Reavaliação de Informações, observado o mandato de 2 (dois) anos para seus integrantes e demais disposições desta Lei".

Verdade, Memória e Justiça no Brasil – responsabilidades compartidas

Veja-se que a não deliberação sobre a revisão pela Comissão Mista de Reavaliação de Informações nos prazos previstos acima implicará a desclassificação automática das informações, consoante os termos expressos do § 4º do art. 39.

No texto da Lei nº 12.527/2011, em sua seção V, ainda há o tratamento do tema das informações pessoais, e sobre elas refere o art. 31 que o seu manejo deve ser feito de forma transparente e com respeito à intimidade, vida privada, honra e imagem das pessoas, bem como às liberdades e garantias individuais. De outro lado:

> § 1º As informações pessoais, a que se refere este artigo, relativas à intimidade, vida privada, honra e imagem: I – terão seu acesso restrito, independentemente de classificação de sigilo e pelo prazo máximo de 100 (cem) anos a contar da sua data de produção, a agentes públicos legalmente autorizados e à pessoa a que elas se referirem; e II – poderão ter autorizada sua divulgação ou acesso por terceiros diante de previsão legal ou consentimento expresso da pessoa a que elas se referirem.

Um avanço que ocorreu neste novel diploma é o que vem previsto no § 3º do mesmo artigo, assegurando que o consentimento demandado por parte de pessoa a quem as informações pretendidas digam respeito não será exigido quando tais informações forem necessárias, dentre outras finalidades: à realização de estatísticas e pesquisas científicas de evidente interesse público ou geral, previstos em lei, sendo vedada a identificação da pessoa a que as informações se referirem (inciso II), a defesa dos Direitos Humanos (inciso IV), ou a proteção do interesse público e geral preponderante (V).

Da mesma forma, pode-se fazer referência ao significativo acerto da disposição do § 4º do mesmo artigo, quando determina que a restrição de acesso à informação relativa à vida privada, honra e imagem de pessoa não poderá ser invocada com o intuito de prejudicar processo de apuração de irregularidades em que o titular das informações estiver envolvido, bem como em ações voltadas para a recuperação de fatos históricos de maior relevância, mesmo que tudo isto esteja dependendo de futura regulamentação – como faz crer o § 5º do mesmo artigo.

Como não poderia deixar de ser, restou expresso nesta Lei que os órgãos e entidades públicas respondem diretamente pelos danos causados em decorrência da divulgação não autorizada ou utilização indevida de informações sigilosas ou informações pessoais, cabendo a apuração de responsabilidade funcional nos casos de dolo ou culpa, assegurado o respectivo direito de regresso.[290]

---

[290] Art. 34. Refere o parágrafo único deste artigo que o ali disposto aplica-se à pessoa física ou entidade privada que, em virtude de vínculo de qualquer natureza com órgãos ou entidades,

Talvez o debate que se trava na órbita do Direito à privacidade, intimidade, honra e imagem possa auxiliar em tais demarcações. É o que passo a fazer.

6. Bibliografia

ALCALÁ, Humberto Nogueira. Pautas Teóricas y Juriprudenciales para Superar las Tensiones entre los Derechos a la Libertad de Opinión e Información y los Derechos a la Honra y la Vida Privada. In: CARBONELL, Miguel (compilador) Problemas Contemporâneos de La Libertad de Expresión. México: Editorial Porrúa, 2004.

ALEXY, Robert. *Direitos fundamentais no Estado Constitucional Democrático.* In: Revista da Faculdade de Direito UFRGS. V. 16. POA: Síntese, 1999.

——. *Epílogo a la Teoria de los Derechos Fundamentales.* Madrid: Centro de Estúdios Constitucionales, 2002.

——. Jurgen Habermas's: theory of legal discourse. In: ROSENFELD, Michel & ARATO, Andrew (eds.) *Habermas on law and democracy*: critical exchanges. Berkeley and Los Angeles: University of California Press, 1998.

——. *Teoria de Los Derechos Fundamentales.* Madrid: Centro de Estúdios Políticos y Constitucionales, 2005.

ANDRADE, José Carlos Vieira de. *Os Direitos Fundamentais na Constituição Portuguesa de 1976.* Coimbra: Almedina, 1997.

ARANGO, Rodolfo. *El concepto de Derechos Sociales Fundamentales.* Colombia: Legis, 2008.

ASCENSÃO, José de Oliveira. *Direito Civil: Teoria Geral.* Vol. I. Coimbra: Coimbra, 1998.

BARBOSA, Álvaro Antônio do Cabo. *Direito à própria imagem. Aspectos fundamentais.* São Paulo: Saraiva, 1989.

BICKFORD, Luis. *Documenting Truth.* New York: International Center for Transitional Justice 2009.

——. *Human rights Archives and research on Historical memory*: Argentina, Chile, and Uruguay. In: Latin American Research Review 35, no. 2 (2000).

BITENCOURT, Cezar Roberto. *Código penal comentado.* São Paulo: Saraiva, 2002.

BÖCKENFÖRDE, Ernst.Grundrechtstheorie und Grunrechtesinterpretation. In: *Neue Juristische Wochenschrift*, Baden, Baden, 1976.

BONAVIDES, Paulo. *Teoria Constitucional da Democracia Participativa.* São Paulo: Malheiros, 2001.

BURNETT, Nicholas F. New York Times v. Sullivan. In: PARKER, Richard A. (ed.). *Free Speech on Trial*: Communication Perspectives on Landmark Supreme Court Decisions. Tuscaloosa, AL: University of Alabama Press, 2003.

CARUSO, Maria Adalgisa. *Temi di diritto dei beni immateriali e della concorrenza.* Roma: Giuffrè, 2011.

CARVALHO, Luis Gustavo Grandinetti Castanho de. *Liberdade de informação e o direito difuso à informação verdadeira.* Rio de Janeiro: Renovar, 1994.

---

tenha acesso a informação sigilosa ou pessoal e a submeta a tratamento indevido.

CARVALHO, Márcia Haidée Porto de. *A defesa da honra e o direito à informação*. Florianópolis: Letras Contemporâneas, 2002.

COHEN, Joshua. Truth and Public Reason. In: *Philosophy & Public Affairs*, Vol.37 (1), 2009.

DRYZEK, John. *Deliberative Democracy and Beyond*: Liberals, Critics and Contestations. Oxford: Oxford University Press, 2007.

DWORKIN, Ronald. *A Matter of Principle*. Cambridge: Harvard University Press, 1985.

——. *Freedom's Law*. Cambridge: Harvard University Press, 1996.

——. *Taking Rights Seriously*. Cambridge: Harvard University Press, 1977.

FALLOCCO, Simona. *Azioni individuali e scelte sociali*: l'agenda decisionale. Roma: Soveria Mannelli, 2006.

FALLON, Richard H. Are originalist constitutional theories principled, or are they rationalizations for conservatism? In: *Harvard Journal of Law & Public Policy*, v. 81. New York: Harvard University Press, 2011.

FARIAS, Edilsom Pereira de. *Colisão de Direitos* – A Honra, A Intimidade, A Vida Privada e a Imagem versus A Liberdade de Expressão e Informação. Porto Alegre: Sergio Antonio Fabris Editor, 2000.

HÄBERLE, Peter. *La Liberta Fondamentali nello Stato Costituzionale*. Roma: Nuova Itália Scientifica, 1993.

HABERMAS, Jürgen. *Direito e Democracia: entre faticidade e validade*. Rio de Janeiro: Tempo Brasileiro, 1997.

——. *L'espace public*: archéologie de la publicité comme dimension constitutive de la société bourgeoise. Paris: Payot, 1993.

HESSE, Konrad. *Grundrechte: Bestand und Bedeutung*. In: BENDA; MAIHOFER; VOEGEL (eds). Handbuch des Verfassungsrechts. Berlin, 1983.

JESUS, Damásio. E. de. *Direito penal: parte especial*: dos crimes contra a pessoa. Dos crimes contra o patrimônio. São Paulo: Saraiva, 2006.

JUSTEN FILHO, Marçal. Conceito de Interesse Público e a "Personalização" do Direito Administrativo. In: *Revista Trimestral de Direito Público – RTDP*, nº 26. São Paulo: Malheiros, 2004.

LEAL, Rogério Gesta. Mercado, fornecedor e consumidor: aspectos econômicos e sociais das decisões judiciais. In: *Balcão do Consumidor:* 20 do Código de Defesa do Consumidor. Passo Fundo: Editora da UPF, 2011.

——. *O Estado-Juiz na Democracia Contemporânea*: uma perspectiva procedimentalista. Porto Alegre: Livraria do Advogado, 2007.

——. *Direitos Humanos no Brasil*: desafios à democracia. Porto Alegre: Livraria do Advogado, 1997.

LEWIS, Anthony. *Make No Law*: The Sullivan Case and the First Amendment. New York: Random House, 1991.

LOPES, Vera Maria de Oliveira Nusdco. *O direito à informação e as concessões de rádio e televisão*. São Paulo: Revista dos Tribunais, 1997.

LUÑO, Antonio Henrique Pérez. *Derechos Humanos, Estado de Derecho y Constitución*. Madrid: Tecnos Ltda, 1999.

MACHADO, Jónatas E. M. *Liberdade de Expressão* – Dimensões Constitucionais da Esfera Pública no Sistema Social. Coimbra: Coimbra Editora, 2002.

MENDES, Gilmar Ferreira. *Direitos Fundamentais e Controle de Constitucionalidade*: estudos de Direito Constitucional. São Paulo: Celso Bastos Editor, 1998.

MICHELMAN, Frank I. Welfare Rights in a Constitutional Democracy. In: *Washington University Law Quarterly*, vol, 3. Washington: Washington University Press, 1979.

MIRANDA, Jorge. *Manual de Direito Constitucional: direitos fundamentais*. Tomo IV. Coimbra: Coimbra Editora, 1993.

MORANGE, Jean. Droits de l'homme et libertés publiques. Paris: PUF, 1982.

OLIVEIRA, Amanda Flávio de. *Direito de (não) fumar*: uma abordagem humanista. Rio de Janeiro: Renovar, 2008.

PAYNE, Leigh; BILBIJA, Ksenija; FAIR, Jo Ellen; MILTON, Cynthia E. Eds.. *The Art of Truth-Telling about Authoritarian Rule*. Madison: University of Wisconsin Press, 2005.

QUEIROZ, Cristina M. M. *O Princípio da não reversibilidade dos Direitos Fundamentais Sociais*. Coimbra: Coimbra Editora, 2007.

RAWLS, John. *A Theory of Justice*. Cambridge: Harvard University Press, 1971.

——. *La idea de un consenso entrecruzado*. In: Agora, vol.02. Buenos Aires: Centro de Estudios Políticos Political Liberalism. New York: Mendell, 1995.

SAMPAIO, José Adércio Leite. *Direito à intimidade e à vida privada*. Belo Horizonte: Del Rey, 1998.

SARMENTO, Daniel. *A Ponderação de Interesses na Constituição Federal*. Rio de Janeiro: Lumen Juris, 2000.

——. Interesses Públicos vs. Interesses Privados na perspective da teoria e da filosofia constitucional. In: SARMENTO, Daniel (organizador). *Interesses Públicos versus Interesses Privados*: desconstruindo a supremacia do interesse público. Rio de Janeiro: Lúmen Júris, 2007.

SCALISI, Antonio. *Il diritto alla riservatezza*. Il diritto all'immagine, il diritto al segreto, la tutela dei dati personali, il diritto alle vicende della vita privata, gli strumenti di tutela. Roma: Giuffrè, 2002.

SEGADO, Francisco Fernández. *La dogmática de los derechos humanos*. Lima: Ediciones Jurídicas, 1994.

SIEGEL, Barry. *Claim of Privilege*: A Mysterious Plane Crash, a Landmark Supreme Court Case, and the Rise of State Secrets. New York: Harper Collins Publishers, 2008.

SILVA, Paulo Napoleão Nogueira da. *Curso de direito constitucional*. Rio de Janeiro: Forense, 2006.

SOUZA, Rabindranath Capelo de. A Constituição e os direitos de Personalidade. In: *Estudos sobre a Constituição*, coord. Jorge Miranda, 2° v. Lisboa: Petrony, 1978.

TORRICELLI, Andrea. Il concetto di interesse pubblico nell'azione amministrativa: avvertenze e cautele per l'uso. Amministrare è un'attività concreta. In: *La convenzione urbanistica – Raumordnungsvertrag"*, INU Alto Adige – Südtirol n. 35, gennaio 2010.

TOURINHO FILHO, Fernando da Costa. *Processo Penal*. Vol. 4. São Paulo: Saraiva, 2007.

TOYOSABURO KOREMATSU v. UNITED STATES, n° 22. 323 U.S. 214 (1944), Argued Oct. 11, 12, 1944, decided Dec. 18, 1944. Disponível em: <http://caselaw.lp.findlaw.com>, acesso em 21/11/2011.

VIEIRA DE ANDRADE, José Carlos. *O Dever da Fundamentação Expressa de Actos Administrativos*. Coimbra: Almedina, 2003.

XIFRA-HERAS, Jorge. *A informação*: análise de uma liberdade frustrada. São Paulo: Edusp, 1974.

Capítulo Quinto

Justiça de transição e a responsabilidade do estado por atos de tortura e desaparecimento de pessoas nos regimes de exceção

1. Notas introdutórias

Pretendo neste ensaio tratar do tormentoso tema da responsabilidade do Estado no Brasil em faces de atos de tortura e do desaparecimento de pessoas nos regimes de exceção, e de que forma a chamada justiça transicional pode contribuir para o tratamento mais adequado do tema.

Para tanto, mister é que se tenha claro, primeiro, que esta não é uma problemática exclusivamente nacional, mas internacional, haja vista o compromisso do Estado brasileiro em face dos tratados, convenções e pactos internacionais protetivos dos Direitos Humanos e Fundamentais, impondo-se a aferição de como se encontra esta relação no país hoje, notadamente sob o ponto de vista jurisdicional (aspectos históricos e atuais – até em face do recente julgamento da Corte Interamericana de Direitos Humanos do chamado Caso Araguaia).

2. Qual a posição do Estado brasileiro em face do compromisso de acatamento dos tratados, pactos e convenções internacionais sobre direitos humanos e fundamentais que firma?

É lição comezinha dos manuais de Direito Internacional que um tratado ou convenção internacional se afigura como um acordo formal concluído entre sujeitos de direito internacional público e destinado a produzir efeitos jurídicos.[291] Por certo que para operar no sistema jurídico brasileiro, tal dispositivo demanda aprovação pelo Congresso Nacional, ingressando como norma infraconstitucional.

Em linhas gerais, pode-se dizer que há quatro possíveis níveis hierárquicos de operacionalidade dos tratados e convenções internacionais nos sistemas jurídicos nacionais no Ocidente, a saber: 1) hierarquia supraconstitucional; 2) hierarquia constitucional; 3) hierarquia infraconstitucional, mas supralegal; 4) paridade hierárquica entre tratado e lei federal, o que implica distintos tratamentos por cada qual destas matrizes do conflito entre normativas internacionais e leis internas infraconstitucionais.[292]

Reconhecendo a prevalência aos tratados sobre o direito interno infraconstitucional, têm-se, até em termos históricos, os exemplos das constituições francesa de 1958 (art. 55), grega de 1975 (art. 28, § 1°) e peruana de 1979 (art. 101). Em tais cenários, o tratado vai prevalecer sobre leis infraconstitucionais posteriores. Em outras, adota-se o tratamento paritário com as leis infraconstitucionais. Utiliza-se nessa hipótese o critério cronológico (*lex posterior derogat priori*), ou o critério da especialidade (*lex specialis derogat generalis*) para definir se prevalecerá no caso concreto o tratado ou a lei.

O Brasil, segundo vem entendendo o STF desde 1977,[293] enquadra-se na corrente que atribui paridade hierárquica entre tratados/convenções internacionais e a lei federal, corrente esta conhecida como monismo nacionalista moderado.

Internacionalistas brasileiros mais tradicionais, como Rezek, sustentavam que, surgindo conflito entre tratado e norma de direito interno, "posto o primado da constituição em confronto com a norma pacta sunt servanda, é corrente que se preserve a autoridade da lei

---

[291] Ver o texto de ACCIOLY, Hildebrando. *Tratado de Direito Internacional Público.* Tomo II. São Paulo: Saraiva, 1934, p. 38.

[292] Ver o texto de MAZZUOLI, Valério de Oliveira. A opção do Judiciário brasileiro em face dos conflitos entre Tratados Internacionais e Leis Internas. In: *Revista CEJ*, Brasília-DF, n.14, mai./ago. 2001, p. 113.

[293] No RE 80.004-SE, Rel. Min. Cunha Peixoto, julgado em 1° /06/1977. Tratava-se de conflito envolvendo a Lei Uniforme de Genebra sobre Letras de Câmbio e Notas Promissórias, que entrou em vigor com o Decreto n° 57.663, de 1966, e uma lei interna posterior, o Decreto-lei n° 427/69. O conflito relacionava-se à obrigatoriedade ou não de existência do aval aposto na nota promissória – uma exigência formal para a validade do título que não constava no texto internacional. Prevaleceu, ao final do julgamento, o Decreto-lei n° 427/69, valendo-se o STF da regra lex posterior derogat priori. A partir de então, passou a predominar na Suprema Corte a paridade entre lei interna e tratado internacional, com a utilização do critério cronológico – i.e., da regra lex posterior derogat priori – para a resolução dos conflitos entre leis internas e tratados internacionais.

fundamental do Estado, ainda que isto signifique a prática de um ilícito pelo qual, no plano externo, deve aquele responder".[294] Aduzia o autor ainda que, de setembro de 1975 a junho de 1977, estendeu-se, no plenário do Supremo Tribunal Federal, o julgamento do RE 80.004, em que assentada, por maioria, a tese de que, ante a realidade do conflito entre tratado e lei posterior, esta, porque expressão última da vontade do legislador republicano, deveria ter sua prevalência garantida pela Justiça.[295]

Por outra via, entretanto, Ruy Rebello Pinho e Amauri Mascaro Nascimento, citando Haroldo Valladão, possuem entendimento distinto, admitindo que:

> Se é verdade que uma lei interna revoga outra, ou outras anteriores, contrária à primeira, o mesmo não se poderá dizer quando a lei anterior representa o direito convencional transformado em Direito Interno, porque o Estado tem o dever de respeitar suas obrigações contratuais e não as pode revogar unilateralmente. Daí poder-se dizer que, na legislação interna, os tratados e convenções a ela incorporados formam um direito especial que a lei interna não pode revogar.[296]

De forma mais contemporânea, Flávia Piovezan assevera que:

> Acredita-se que o entendimento firmado a partir do julgamento do Recurso Extraordinário 80.004 enseja, de fato, um aspecto crítico, que é a sua indiferença às conseqüências do descumprimento do tratado no plano internacional, na medida em que autoriza o Estado-parte a violar dispositivos da ordem internacional – os quais se comprometeu a cumprir de boa-fé. Esta posição afronta, ademais, o disposto pelo art. 27, da Convenção de Viena sobre o Direito dos Tratados, que determina não poder o Estado-parte invocar posteriormente disposições de direito interno como justificativa para o não-cumprimento de tratado. Tal dispositivo reitera a importância, na esfera internacional, do princípio da boa-fé, pelo qual cabe ao Estado conferir cumprimento às disposições de tratado, com o qual livremente consentiu. Ora, se o Estado no livre e pleno exercício de sua soberania ratifica um tratado, não pode posteriormente obstar seu cumprimento. Além disso, o término de um tratado está submetido à disciplina da denúncia, ato unilateral do Estado pelo qual manifesta seu desejo de deixar de fazer

---

[294] REZEK, José Francisco. *Direito Internacional Público*: Curso elementar. São Paulo: Saraiva, 2001, p. 103/104. Acrescia o jurista que: "admitiam as vozes majoritárias que, faltante na Constituição do Brasil garantia de privilégio hierárquico do tratado internacional sobre as leis do Congresso, era inevitável que a Justiça devesse garantir a autoridade da mais recente das normas, porque paritária sua estatura no ordenamento jurídico".

[295] É de se fazer referência, por uma questão de justiça, que mais recentemente Francisco Rezek tem sustentado que, ao legislador promulgar na Emenda Constitucional n° 45/2004, o § 3° do art. 5°, "sem nenhuma ressalva abjuratória dos tratados sobre direitos humanos outrora concluídos mediante processo simples, o Congresso constituinte os elevou à categoria dos tratados de nível constitucional". In: REZEK, Francisco. *Direito Internacional Público*: Curso elementar. São Paulo: Saraiva, 2005, p. 103.

[296] PINHO, Ruy Rebello & NASCIMENTO, Amauri Mascaro. *Instituições de Direito Público e Privado*. São Paulo: Atlas, 1990, p. 78. Há um estudo muito interessante sobre estes temas no texto de FRAGA, Mirtô. *O conflito entre tratado internacional e norma de direito interno*: estudo analítico da situação do tratado na ordem jurídica brasileira. Rio de Janeiro: Forense, 1998.

parte de um tratado. Vale dizer, em face do regime de Direito Internacional, apenas o ato da denúncia implica a retirada do Estado de determinado tratado internacional. Assim, na hipótese de inexistência do ato da denúncia, persiste a responsabilidade do Estado na ordem internacional.[297]

No conhecido e paradigmático julgamento de Medida Cautelar em Ação Direta de Inconstitucionalidade, o STF confirmou sua tradicional compreensão de eficácia dos tratados e convenções internacionais firmados pelo Brasil, no sentido de que todos eles (de direitos humanos ou não) seriam recebidos como lei ordinária (posição, aliás, seguida pelo STJ)[298] ao sustentar que:

É na Constituição da República – e não na controvérsia doutrinária que antagoniza monistas e dualistas – que se deve buscar a solução normativa para a questão da incorporação dos atos internacionais ao sistema de direito positivo interno brasileiro. O exame da vigente Constituição Federal permite constatar que a execução dos tratados internacionais e a sua incorporação à ordem jurídica interna decorrem, no sistema adotado pelo Brasil, de um ato subjetivamente complexo, resultante da conjugação de duas vontades homogêneas: a do Congresso Nacional, que resolve, definitivamente, mediante decreto legislativo, sobre tratados, acordos ou atos internacionais (CF, art. 49, I), e a do Presidente da República, que, além de poder celebrar esses atos de direito internacional (CF, art. 84, VIII), também dispõe – enquanto Chefe de Estado que é – da competência para promulgá-los mediante decreto. O iter procedimental de incorporação dos tratados internacionais – superadas as fases prévias da celebração da convenção internacional, de sua aprovação congressional e da ratificação pelo Chefe de Estado – conclui-se com a expedição, pelo Presidente da República, de decreto, de cuja edição derivam três efeitos básicos que lhe são inerentes: (a) a promulgação do tratado internacional; (b) a publicação oficial de seu texto; e (c) a executoriedade do ato internacional que passa, então, e somente então, a vincular e obrigar no plano do direito positivo interno. Precedentes. SUBORDINAÇÃO NORMATIVA DOS TRATADOS INTERNACIONAIS À CONSTITUIÇÃO DA REPÚBLICA. – No sistema jurídico brasileiro, os tratados ou convenções internacionais estão hierarquicamente subordinados à autoridade normativa da Constituição da República. Em conseqüência, nenhum valor jurídico terão os tratados internacionais, que, incorporados ao sistema de direito positivo interno, transgredirem, formal ou materialmente, o texto da Carta Política. O exercício do treaty-making power, pelo Estado brasileiro – não obstante o polêmico art. 46 da Convenção de Viena sobre o Direito dos Tratados (ainda em curso de tramitação perante o Congresso Nacional) –, está sujeito à necessária observância das limitações jurídicas impostas pelo texto constitucional. CONTROLE DE CONSTITUCIONALIDADE DE TRATADOS INTERNACIONAIS NO SISTEMA JURÍDICO BRA-

---

[297] PIOVESAN, Flávia. *Temas de Direitos Humanos*. São Paulo: Max Limonad, 2003, p. 49. Em texto interessante, MAZZUOLI, Valério de Oliveira. *Direito Internacional*: Tratados e Direitos Humanos Fundamentais na Ordem Jurídica Brasileira. Rio de Janeiro: América Jurídica, 2001, p. 45, diz que: "Seria fácil burlar todo o pactuado internacionalmente se por disposições legislativas internas fosse possível modificar tais normas. Se um Estado se obriga livremente a cumprir um acordo internacional, como explicar possa ele editar leis contrárias a todo o pactuado? Qual o valor de um tratado se por meio de lei interna se pudesse deixar de aplicá-lo?".

[298] Conforme os julgamentos dos REsp 74.376-RJ e REsp 58.736-MG, da Terceira Turma do STJ.

SILEIRO. – O Poder Judiciário – fundado na supremacia da Constituição da República – dispõe de competência, para, quer em sede de fiscalização absoluta, quer no âmbito do controle difuso, efetuar o exame de constitucionalidade dos tratados ou convenções internacionais já incorporados ao sistema de direito positivo interno. Doutrina e jurisprudência. PARIDADE NORMATIVA ENTRE ATOS INTERNACIONAIS E NORMAS INFRACONSTITUCIONAIS DE DIREITO INTERNO. – Os tratados ou convenções internacionais, uma vez regularmente incorporados ao direito interno, situam-se, no sistema jurídico brasileiro, nos mesmos planos de validade, de eficácia e de autoridade em que se posicionam as leis ordinárias, havendo, em conseqüência, entre estas e os atos de direito internacional público, mera relação de paridade normativa. Precedentes. No sistema jurídico brasileiro, os atos internacionais não dispõem de primazia hierárquica sobre as normas de direito interno. A eventual precedência dos tratados ou convenções internacionais sobre as regras infraconstitucionais de direito interno somente se justificará quando a situação de antinomia com o ordenamento doméstico impuser, para a solução do conflito, a aplicação alternativa do critério cronológico ("lex posterior derogat priori") ou, quando cabível, do critério da especialidade. Precedentes. TRATADO INTERNACIONAL E RESERVA CONSTITUCIONAL DE LEI COMPLEMENTAR. – O primado da Constituição, no sistema jurídico brasileiro, é oponível ao princípio pacta sunt servanda, inexistindo, por isso mesmo, no direito positivo nacional, o problema de concorrência entre tratados internacionais e a Lei Fundamental da República, cuja suprema autoridade normativa deverá sempre prevalecer sobre os atos de direito internacional público. Os tratados internacionais celebrados pelo Brasil – ou aos quais o Brasil venha a aderir – não podem, em conseqüência, versar sobre matéria posta sob reserva constitucional de lei complementar. É que, em tal situação, a própria Carta Política subordina o tratamento legislativo de determinado tema ao exclusivo domínio normativo de lei complementar, que não pode ser substituída por qualquer outra espécie normativa infraconstitucional, inclusive pelos atos internacionais já incorporados ao direito positivo interno (...).[299]

Nesta mesma linha de raciocínio, o STF julgou o Habeas Corpus nº 72.131-RJ e o HC nº 75.306-RJ, sustentando que a prisão civil do depositário infiel em alienação fiduciária é constitucional, contrariando, pois, decisões da Corte Interamericana na espécie, sob o argumento de que o Pacto de San José de Costa Rica teria natureza geral em face das normas especiais previstas em lei ordinária sobre matéria. Com tal decisão também se inclinava a suprema corte a adotar o critério da especialidade (*lex specialis derogat generalis*) à resolução dos conflitos entre leis internas e tratados internacionais (ou seja, a norma de caráter especial, mesmo que mais antiga, prevalece sobre a norma de caráter geral), eis que antes desses julgados adotava o critério cronológico (*lex posterior derogat priori*).

---

[299] Ação Direta de Inconstitucionalidade – Medida Cautelar, nº 1480/DF, julgado em 04.09.1997, pelo Tribunal Pleno, relatoria Min. Celso de Mello. Na mesma direção os precedentes: Ext. 662-2/Peru, julgada em 28/11/1996; e a ADIn 1.347-DF, julgada em 05/09/1995, ambas relatadas pelo Min. Celso de Mello.

Mesmo neste período, como voz dissonante, o Ministro Carlos Veloso teve oportunidade de referir que: No caso de tratar-se de direito e garantia decorrente de Tratado firmado pelo Brasil, a incorporação desse direito e garantia, ao direito interno, dá-se com *status* constitucional, assim, com primazia sobre o direito comum. É o que deflui, claramente, do disposto no mencionado § 2º do art. 5º da Constituição da República. O Supremo Tribunal Federal, todavia, não acolheu essa tese.[300]

Por outro lado, em data de 10/04/2000, o então Ministro Sepúlveda Pertence, ao julgar o Habeas Corpus nº 79.785/RJ, inovou na discussão, trazendo a tese de que os tratados de direitos humanos teriam *nível supralegal* mas infraconstitucional, ou seja, estariam acima das leis federais mas abaixo da Constituição Federal.

Com o advento da Emenda Constitucional nº 45/2004, o § 3º do art. 5º da Constituição Federal trouxe profunda inovação no tema da proteção dos Direitos Humanos e Fundamentais, exatamente em face da previsão de que os tratados e convenções internacionais consectários que forem aprovados em cada Casa do Congresso Nacional, em dois turnos, por três quintos dos votos dos respectivos membros, serão equivalente às emendas constitucionais.

Sem pretender ingressar na discussão sobre as possibilidades de interpretação deste texto – por não ser o objeto da presente reflexão –, pode-se dizer, com Ingo Sarlet,[301] que ele não suprimiu a fase prevista no art. 49, inc, I, da Constituição, de tal sorte que a aprovação da emenda de incorporação deverá sempre ser posterior à ratificação (portanto, pressuposta também a celebração pelo Presidente da República, a teor do art. 84, inc. VIII, da Carta Política), o que evidencia a importância dos Poderes Legislativo e Executivo estarem comprometidos com tal matéria relevante.[302]

Por outro lado, este argumento autorizaria o argumento de que os tratados de direitos humanos poderiam ser recebidos como atos normativos infraconstitucionais, salvo na hipótese de aprovação com

---

[300] VELLOSO, Carlos Mário da Silva. O direito internacional e o Supremo Tribunal Federal. In: *Revista de Direito Administrativo*, nº 229, julho/setembro. Rio de Janeiro: Renovar, 2002, p. 21.

[301] SARLET, Ingo Wolfgang. Direitos Fundamentais, Reforma do Judiciário e Tratados Internacionais de Direitos Humanos. In: *Direitos Humanos e Democracia*. Rio de Janeiro: Forense, 2007, p. 331/360.

[302] Aliás, se o Congresso Nacional confere sua aquiescência ao conteúdo do compromisso firmado, é porque implicitamente reconhece que, se ratificado o acordo, está impedido de editar normas posteriores que o contradigam (teoria do venire contra factum proprium non valet, segundo a qual não se pode ir contra um fato praticado por si próprio, sob pena de prática de má-fé internacional).

o quórum qualificado do art. 5º, § 3º, o que se afiguraria como uma opção discricionária do Congresso Nacional?[303] Penso que não, eis que, ainda com Ingo, "à luz dos argumentos esgrimidos, verifica-se que a tese da equiparação (por força no disposto no art. 5º, § 2º, da CF) entre os direitos fundamentais localizados em tratados internacionais e os com sede na Constituição formal é a que mais se harmoniza com a especial dignidade jurídica e axiológica dos direitos fundamentais na ordem jurídica interna e internacional",[304] não se podendo deixar ao alvedrio do legislador e mesmo do chefe do Executivo tal decisão, impondo-se observar o conteúdo material do tratado que, condizendo com a proteção dos Direitos Humanos, deve merecer apreciação qualificada.[305]

Por fim, em 03 de dezembro de 2008, o Pleno do STF, em votação histórica sobre o assunto, decidiu andar na direção do Ministro Velloso, no sentido de que:

> PRISÃO CIVIL. Depósito. Depositário infiel. Alienação fiduciária. Decretação da medida coercitiva. Inadmissibilidade absoluta. Insubsistência da previsão constitucional e das normas subalternas. Interpretação do art. 5º, inc. LXVII e §§ 1º, 2º e 3º, da CF, à luz do art. 7º, § 7, da Convenção Americana de Direitos Humanos (Pacto de San José da Costa Rica). Recurso improvido. Julgamento conjunto do RE nº 349.703 e dos HCs nº 87.585 e nº 92.566. É ilícita a prisão civil de depositário infiel, qualquer que seja a modalidade do depósito.[306]

Neste julgamento, o Min. Gilmar Mendes, acompanhando o voto do relator, asseverou que os tratados internacionais de direitos humanos subscritos pelo Brasil possuem *status* normativo supralegal – com alcance distinto da tese sustentada pelo Min. Sepúlveda Pertence, referida acima –, tornando inaplicável a legislação infraconstitucional com eles conflitantes, anterior ou posterior ao ato de ratificação. Ademais, para o Ministro, desde a ratificação, pelo Brasil, sem qualquer reserva, do Pacto Internacional dos Direitos Civis e Políticos (art. 11), e da Convenção Americana sobre Direitos Humanos – Pacto de San

---

[303] Como quer MORAES, Alexandre de. *Constituição do Brasil Interpretada e Legislação Constitucional*. São Paulo: Atlas, 2006, p. 460.

[304] SARLET, Ingo Wolfgang. Direitos Fundamentais, Reforma do Judiciário e Tratados Internacionais de Direitos Humanos. Op. cit., p. 345.

[305] Ademais, inexiste óbice de que um tratado, já recepcionado quando da Emenda nº 45 (a ela preexistente), seja novamente deliberado na forma do § 3º, do artigo 5º, combinado com o artigo 60, ambos da Constituição de 1988, passando, então, a ter status constitucional, conforme AMARAL JÚNIOR, José Levi Mello do. Tratados Internacionais sobre Direitos Humanos: como ficam após a Reforma do Poder Judiciário. In: *Revista Jurídica Consulex*, Brasília-DF, ano IX, n. 197, p. 39, mar. 2005.

[306] Recurso Extraordinário nº 466343, relator Min. Cezar Peluso, Tribunal Pleno, julgado em 03/12/2008, DJe-104, publicado em 05-06-2009, EMENT. V. 2363-06, p. 1106.

José da Costa Rica (art. 7º, 7), não há mais base legal para a prisão civil do depositário infiel.

Diga-se, por oportuno, que esta matéria já se encontra sumulada pelo STJ (Súmula 419), e pelo próprio STF, este indo mais longe ainda para afirmar que: *é ilícita a prisão civil de depositário infiel, qualquer que seja a modalidade do depósito.* (Súmula Vinculante 25/STF). A despeito disto, ainda há ministros do STJ com convicção contrária sobre o tema,[307] enquanto que outros, já no ano de 2006, tiverem a coragem de sustentar a posição hoje dominante:

> No atual estágio do nosso ordenamento jurídico, há de se considerar que: a) a prisão civil de depositário infiel está regulamentada pelo Pacto de São José da Costa Rica, do qual o Brasil faz parte; b) a Constituição da República, no Título II (Dos Direitos e Garantias Fundamentais), Capítulo I (Dos Direitos e Deveres Individuais e Coletivos), registra no § 2º do art. 5º que "os direitos e garantias expressos nesta Constituição não excluem outros decorrentes do regime e dos princípios por ela adotados, ou dos tratados internacionais em que a República Federativa do Brasil seja parte". No caso específico, inclui-se no rol dos direitos e garantias constitucionais o texto aprovado pelo Congresso Nacional inserido no Pacto de São José da Costa Rica; c) o § 3º do art. 5º da CF/88, acrescido pela EC nº 45, é taxativo ao enunciar que "os tratados e convenções internacionais sobre direitos humanos que forem aprovados, em cada Casa do Congresso Nacional, em dois turnos, por três quintos dos votos dos respectivos membros, serão equivalentes às emendas constitucionais". Ora, apesar de à época o referido Pacto ter sido aprovado com quorum de lei ordinária, é de se ressaltar que ele nunca foi revogado ou retirado do mundo jurídico, não obstante a sua rejeição decantada por decisões judiciais. De acordo com o citado § 3º, a Convenção continua em vigor, desta feita com força de emenda constitucional. A regra emanada pelo dispositivo em apreço é clara no sentido de que os tratados internacionais concernentes a direitos humanos nos quais o Brasil seja parte devem ser assimilados pela ordem jurídica do país como normas de hierarquia constitucional; d) não se pode escantear que o § 1º supra determina, peremptoriamente, que "as normas definidoras dos direitos e garantias fundamentais têm aplicação imediata". Na espécie, devem ser aplicados, imediatamente, os tratados internacionais em que o Brasil seja parte; e) o Pacto de São José da Costa Rica foi resgatado pela nova disposição constitucional (art. 5º, § 3º), a qual possui eficácia retroativa; f) a tramitação de lei ordinária conferida à aprovação da mencionada Convenção, por meio do Decreto nº 678/92 não constituirá óbice formal de relevância superior ao conteúdo material do novo direito aclamado, não impedindo a sua retroatividade, por se tratar de acordo internacional pertinente a direitos humanos. Afasta-se, portanto, a obrigatoriedade de quatro votações, duas na

---

[307] Conforme decisão que segue: *HABEAS CORPUS.* PRISÃO CIVIL. DEPOSITÁRIO JUDICIAL INFIEL. INVIABILIDADE. PRECEDENTES DO STF. RESSALVA DO PONTO DE VISTA PESSOAL DO RELATOR, EM SENTIDO CONTRÁRIO. ORDEM CONCEDIDA. *HABEAS CORPUS* 2009/0217032-0. Relator Min. Teori Albino Zavascki, Julgado pela Primeira Turma em 01/12/2009, e publicado no DJe, edição de 15/12/2009.

Câmara dos Deputados, duas no Senado Federal, com exigência da maioria de dois terços para a sua aprovação (art. 60, § 2º).[308]

É óbvio que estas decisões, notadamente as mais recentes do STJ e do STF, abrem uma nova perspectiva na discussão acima retratada, embora tímida, mas suficiente para se repensar os paradigmas a partir dos quais a jurisdição brasileira vinha se comportando sobre temas tão importantes, e mesmo dando ouvidos à doutrina mais especializada, tal qual a de Antônio Augusto Cançado Trindade, em prefácio escrito à obra de George Galindo, que:

A disposição do artigo 5º, § 2º, da Constituição Brasileira vigente, de 1988, segundo a qual os direitos e garantias nesta expressos não excluem outros decorrentes dos tratados internacionais em que o Brasil é Parte, representa, a meu ver, um grande avanço para a proteção dos direitos humanos em nosso país. Por meio deste dispositivo constitucional, os direitos consagrados em tratados de direitos humanos em que o Brasil seja Parte incorporam-se ipso jure ao elenco dos direitos constitucionalmente consagrados.

(...).

O referido artigo 5º, § 2º, de nossa Constituição Federal, resultou de proposta que apresentei, na época como Consultor Jurídico do Itamaraty, à Assembléia Nacional Constituinte, em audiência pública no dia 29 de abril de 1987, tal como consta das Atas das Comissões da Assembléia Nacional Constituinte.

(...).

O propósito do disposto nos §§ 2º e 1º do artigo 5º da Constituição Federal não é outro que o de assegurar a aplicabilidade direta pelo Poder Judiciário nacional da normativa internacional de proteção, alçada a nível constitucional.

(...).

A tese da equiparação dos tratados de direitos humanos à legislação infraconstitucional – tal como ainda seguida por alguns setores em nossa prática judiciária, – não só representa um apego sem reflexão a uma postura anacrônica, já abandonada em vários países, mas também contraria o disposto no artigo 5º, § 2º, da Constituição Federal brasileira.

(...).

O problema – permito-me insistir – não reside na referida disposição constitucional, a meu ver claríssima em seu texto e propósito, mas sim na falta de vontade de setores do Poder Judiciário de dar aplicação direta, no plano de nosso direito interno, às normas internacionais de proteção dos direitos humanos que vinculam o Brasil. Não se trata de problema de direito, senão de vontade (animus).[309]

---

[308] RHC nº 18.799/RS, Relator Min. José Delgado, Primeira Turma, julgado em 09/05/2006, publicado no DJ de 08/06/2006.

[309] GALINDO, George Rodrigo Bandeira. *Tratados Internacionais de Direitos Humanos e Constituição Brasileira*. Belo Horizonte: Del Rey, 2002, prefácio de Antônio Augusto Cançado Trindade, p. XX-XXIII. Em outro trabalho importante (TRINDADE, Antônio Augusto Cançado. *Tratado de Direito Internacional dos Direitos Humanos*. v. 3. Porto Alegre: Fabris, 2003, p. 547), o autor refere que: "Que segurança jurídica ofereceria este Estado no cumprimento de seus compromissos

Todavia, faz uma advertência sobre o tema Flávia Piovesan, ao insistir com a tese de que o Direito brasileiro faz opção por um sistema misto, que combina regimes jurídicos diferenciados: um regime aplicável aos tratados de direitos humanos e outro aplicável aos tratados tradicionais. "Enquanto os tratados internacionais de proteção dos direitos humanos – por força do art. 5º, §§ 1º e 2º – apresentam hierarquia de norma constitucional e aplicação imediata, os demais tratados internacionais apresentam hierarquia infraconstitucional e se submetem à sistemática da incorporação legislativa".[310]

E há outra justificação teórica importante no particular, dada por Celso Lafer, no sentido de que se está operando em todo o mundo ocidental uma revisão do paradigma da soberania dos Estados-Nações, pois admitidas intervenções na sua circunscrição territorial exatamente à proteção dos Direitos Humanos e Fundamentais, dando-se verdadeira transposição da concepção de soberania centrada no Estado (de matriz hobbesiana), para outra, centrada na cidadania (de matiz kantiana). Na perspectiva de Lafer, passa-se da concepção *ex parte principis*, ancorada nos deveres dos súditos com relação ao Estado, à concepção *ex parte populi*, assentada na promoção dos direitos do cidadão – que tem também sua ótica ampliada, uma vez reconhecida a condição de humanidade como requisito fulcral à configuração do sujeito de direitos, assim como a indivisibilidade e inter-relacionamento dos direitos civis, políticos, sociais, culturais e ambientais.[311]

A partir desta lógica, a advertência de André Ramos ganha força, no sentido de que um Estado, frente a tratado multilateral de direitos humanos, assume obrigações com indivíduos sob sua jurisdição, independentemente da nacionalidade deles, e não para com outro Estado contratante, criando assim o que chama de regime objetivo de normas de direitos humanos. Daqui decorre que a interpretação e aplicação das normas deste regime devem se dar em prol dos indivíduos/cidadãos e não em relação aos outros Estados,[312] o que demanda nova

---

internacionais? Tal entendimento avançado numa época em que o Estado territorial se julgava autosuficiente e árbitro final do alcance de suas obrigações internacionais, leva em última análise à própria negação do direito, além de colocar sob suspeita a boa-fé do Estado ao contrair aquelas obrigações".

[310] PIOVESAN, Flávia. *Temas de Direitos Humanos*. Op. cit., p. 44. Ver o texto de MENDES, Gilmar. A Justiça Constitucional nos Contextos Supranacionais. In: *Revista Direito Público*, n. 8, abr./mai./jun. 2005, p. 80.

[311] LAFER, Celso. *Comércio, Desarmamento, Direitos Humanos*: reflexões sobre uma experiência diplomática. São Paulo: Paz e Terra, 1999, p. 145.

[312] RAMOS, André de Carvalho. *Processo Internacional de Direitos Humanos*: análise dos sistemas de apuração de violações dos direitos humanos e a implementação das decisões no Brasil. Rio de Janeiro: Renovar, 2002.

racionalidade para além da perspectiva do universalismo ou relativismo de tais direitos, a saber:

> Nossa visão complexa de direitos baseia-se em uma racionalidade de resistência. Uma racionalidade que não nega que é possível chegar a uma síntese universal das diferentes opções relativas a direitos... O que negamos é considerar o universal como um ponto de partida ou um campo de desencontros. Ao universal há que se chegar – universalismo de chegada ou de confluência – depois (não antes de) um processo conflitivo, discursivo de diálogo (...). Falamos de entrecruzamento e não de uma mera superposição de propostas.[313]

Muitos países importantes da Europa Central e da América Latina têm incorporado em suas constituições este nível mais eficiente (e internacionalizado) de proteção dos Direitos Humanos e Fundamentais, dando relevo a eles em face de suas legislações internas, tais como: Alemanha (art. 5), Espanha (art. 10, § 2º), Holanda (art. 94), Itália (art. 10), Portugal (art. 8, nº 1 e 2; 16, nº 1 e 2), Argentina (art. 75, 22), Costa Rica (art. 43), Equador (art. 43), El Salvador (art. 28), Honduras (art. 119, 2), Guatemala (art. 46), Chile (art. 5º, II), Colômbia (art. 93), Nicarágua (art. 46), Peru (art. 4º) e Venezuela (art. 23).

Veja-se que, por outro lado, no âmbito da jurisdição internacional, o Brasil reconheceu a competência contenciosa da Corte Interamericana de Direitos Humanos em 10 de dezembro de 1998 e, em sua declaração, indicou que o Tribunal teria competência para os *fatos posteriores* a esse reconhecimento, dando vezo ao entendimento de que, com base no princípio de irretroatividade, a Corte não poderia exercer sua competência contenciosa para aplicar a Convenção e declarar a violação de suas normas quando os fatos alegados ou a conduta do Estado, que pudesse implicar sua responsabilidade internacional, fossem anteriores aquele reconhecimento.[314]

É interessante notar o atual quadro de ratificações da Convenção contra a tortura e outros tratamentos ou penas cruéis, inumanos e degradantes:

Esta mesma Corte tem estabelecido, ao longo do tempo, que os atos de caráter contínuo ou permanente perduram durante todo o tempo em que o fato continua, mantendo-se sua falta de conformidade com a obrigação internacional, isto porque o ato de desaparecimento e sua execução se iniciam com a privação da liberdade da pessoa e a subsequente falta de informação sobre seu destino, e permanecem

---

[313] FLORES, Joaquin Herrera. Direitos Humanos, Interculturalidade e Racionalidade de Resistência. In: *apud* de PIOVESAN, Flávia. *Temas de Direitos Humanos*. op. cit., p. 23.

[314] Conforme declarado no Caso Gomes Lund e outros ("Guerrilha do Araguaia"), julgado pela Corte Interamericana de Direitos Humanos, de San José da Costa Rica, em 24/11/2010.

até quando não se conheça o paradeiro da pessoa desaparecida e os fatos não tenham sido esclarecidos. Em face disto, a Corte tem se dado por competente para analisar os alegados desaparecimentos forçados das supostas vítimas a partir do reconhecimento de sua competência contenciosa efetuado pelos países firmatários da Convenção e da sua jurisdição.[315]

Em nível de Brasil, este reconhecimento da competência jurisdicional da Corte fez-se sentir, recentemente, na atribuição de responsabilidade do país no chamado Caso Araguaia, condizente com os fatos ocorridos entre os anos de 1972 e 1975, sob o comando do governo do regime militar brasileiro, quando as Forças Armadas realizaram uma série de operações militares da região sul do estado do Pará, na divisa com os estados do Maranhão e Tocantins, com o objetivo de erradicar a denominada Guerrilha do Araguaia. Durante as operações, os agentes públicos e privados foram autores de graves violações de direitos humanos – como detenções ilegais e arbitrárias, torturas, execuções sumárias e desaparecimentos forçados –, as quais estavam inseridas em um padrão sistemático e generalizado de repressão política contra opositores políticos, membros do Partido Comunista do Brasil, e a população local de camponeses.[316]

Diante da inércia estatal para tratar do assunto, fundado na lógica do segredo e sonegação de informações, vinte e dois familiares representando vinte e cinco desaparecidos políticos na Guerrilha do Araguaia interpuseram, em 1982, uma ação ordinária perante a Justiça Federal brasileira, exigindo: a) a localização e o traslado dos restos mortais de seus entes queridos; b) bem como a entrega de informação oficial sobre as circunstâncias de seus desaparecimentos.[317]

---

[315] Conforme os trabalhos de: a) ANISTIA INTERNACIONAL. *Les assassinats politiques: Rapport sur la responsabilité des Etats*. Paris: Seuil, 1983, p.34; ROBERTSON, Geoffrey. *Crimes Against Humanity*. Londres: The Pinguin Press, 1999, p. 227 e segs.

[316] Conforme relato extraído so sítio <http://www.torturanuncamais-rj.org.br/noticias. asp?CodNoticia=261>, acesso em 09/01/2011.

[317] Isto não é só privilégio do Brasil. Recentemente, na Itália, o tema dos chamados segredos de Estado voltaram à tona, conforme reportagem do jornal Corriere della Sera: "Togliete il segreto di stato sulle stragi. Strage di PIazza della loggia a brescia. Togliete il segreto di stato sulle stragi. L'appello e le ragioni dei firmatari la sentenza (con l'assoluzione di tutti gli imputati) del 16 novembre 2010 sulla strage di Piazza della Loggia a Brescia non convince. E fa rabbia. Sul Corsera, in prima pagina, Umberto Ambrosoli – figlio dell'avvocato ucciso dalla mafia – ha parlato di «senso di sconfitta». E ora altri 60 rappresentanti della società civile lanciano un appello per aprire gli archivi e togliere il segreto di Stato sulla stagione del terrorismo in Italia. E qui, Manlio Milani, presidente dell'Associazione delle vittime di Piazza della Loggia, ce ne spiega le ragioni. Ecco il testo e i firmatari (chi volesse aderire all'appello può mandare una mail a: casadellamemoria@28maggio74.brescia.it). Repubblica, al Presidente del consiglio e ministri interessati, ai Presidenti di Copasir e delle Commissioni parlamentari d'inchiesta. Un'intera stagione, quella dello stragismo che ha macchiato di sangue l'Italia, rischia di essere archiviata a seguito della

Passados 13 anos após o início da ação no Judiciário brasileiro, em 1995, diante da demora injustificada no andamento do processo e pela falta de diligência, os familiares dos desaparecidos políticos da Guerrilha do Araguaia – representados pelo Centro pela Justiça e o Direito Internacional, pelo Grupo Tortura Nunca Mais do Rio de Janeiro, e pela Comissão de Familiares de Mortos e Desaparecidos de São Paulo –, enviaram denúncia internacional contra o Estado brasileiro perante a Comissão Interamericana de Direitos Humanos (CIDH) da Organização dos Estados Americanos (OEA).[318] Refere o sítio especializado que:

> Em 1996 a Comissão sugeriu a realização de solução amistosa entre as partes. A solução amistosa pressupõe um acordo que contemplasse as necessidades dos familiares e da sociedade como um todo pela verdade histórica. O Estado brasileiro se recusou a negociar.
>
> Em 1997 e 2001 foram realizadas audiências em Washington, onde representantes e familiares das vítimas subsidiaram a Comissão com informações e documentos, até que o caso foi admitido em 2001. Cinco anos depois o CEJIL, O GTNM-RJ e a Comissão de Familiares de Mortos e Desaparecidos Políticos de SP encaminharam as Alegações Finais solicitando que a CIDH analisasse o mérito do caso e emitisse seu Relatório Final.
>
> Após a realização de audiência em 2007, a CIDH aprovou, em 31 de outubro de 2008, esse relatório, no qual determinou a responsabilidade internacional do Estado brasileiro pela detenção arbitrária, tortura e desaparecimento forçado de membros do PCdoB e camponeses na Guerrilha do Araguaia. Neste relatório a CIDH afirmou que a

---

recente sentenza sulla strage di Piazza della Loggia, Brescia, che ha assolto per insufficienza di prove tutti gli imputati. Un'assoluzione sulla quale ha pesato non il ricorso a segreti di Stato, bensì silenzi e reticenze di comodo, anche da parte di uomini appartenenti alle istituzioni. Per garantire un cammino trasparente alla giustizia, anche in relazione al resto delle inchieste tuttora in corso per altri fatti di criminalità organizzata, e rendere possibile la ricerca storica su quegli anni, avvertiamo sempre di più una triplice esigenza: chiediamo che siano aperti tutti gli archivi con una gestione che ne faciliti l'accesso a tutti i soggetti interessati, senza preclusione alcuna; chiediamo che vengano fatte decadere tutte le classificazioni di segretezza su tutti i documenti relativi all'evento – compreso i nominativi ivi contenuti – in possesso in particolare dei servizi segreti, della polizia, dei carabinieri e della guardia di finanza, che i documenti vengano catalogati e resi pubblici senza distinguere tra documenti d'archivio e d'archivio corrente; chiediamo che in tal senso sia data piena attuazione alla legge del 3 agosto 2007, n.124 che regola il segreto di Stato la quale prescrive che, passati al massimo trent'anni dalla data in cui è stato apposto il segreto sull'evento e sui relativi documenti o dalla data in cui sia stato opposto al magistrato che indagava, tutti i documenti che si riferiscono all'evento siano resi pubblici e consultabili. Non è più accettabile che a tutt'oggi manchino gli specifici decreti attuativi. In tal senso il Freedom of Information Act statunitense ci pare un modello a cui è possibile ispirarsi L'ipotesi, avanzata dalla commissione Granata nel Copasir, di reiterare il segreto di stato dopo trent'anni è inaccettabile. Chiediamo alle nostre istituzioni di attivarsi il più decisamente possibile affinché gli Stati che sono oggetto di richieste di rogatorie internazionali collaborino fattivamente e rapidamente. Occorre garantire alla verità e alla giustizia il giusto corso, non dobbiamo consegnare le generazioni che si sono succedute da allora ad oggi alla rassegnazione e all'avvilimento. Auspichiamo una volontà politica reale volta all'accertamento di tutti i fatti criminali che hanno sconvolto la storia d'Italia". Disponível em: <http://www.corriere.it/politica/10_novembre_25/appello-piazza%20loggia_152f260e-f87b-11df-a985-00144f02aabc.shtml>, acesso em 10/02/2011.

[318] Idem.

Verdade, Memória e Justiça no Brasil – responsabilidades compartilhadas

interpretação prevalecente da Lei 6.683/79 (Lei de Anistia), segundo a qual os agentes públicos que cometeram crimes comuns durante o regime militar seriam beneficiados pela extinção da punibilidade, viola a Convenção Americana sobre Direitos Humanos (Pacto de San José da Costa Rica) porque tem impedido a investigação dos fatos e eventual julgamento dos responsáveis pelos desaparecimentos forçados.

A CIDH concluiu que os recursos de natureza civil que visavam obter informações sobre os fatos não foram efetivos para garantir aos familiares dos desaparecidos o acesso à informação sobre a Guerrilha do Araguaia. Também considerou que as medidas administrativas e legislativas adotadas pelo Brasil restringiram de forma indevida o direito ao acesso à informação de tais familiares. Finalmente, a CIDH determinou que o Estado brasileiro violou a integridade física e psicológica dos familiares das vítimas pelos desaparecimentos forçados, a impunidade dos agentes responsáveis, e pela falta de justiça, informação e verdade. Ao final do documento a CIDH teceu recomendações ao Estado, o qual dispunha de dois meses para cumpri-las.[319]

Não tendo o Estado brasileiro atendido às recomendações feitas pela CIDH, esta, em 25/03/2009, decidiu enviar o caso para ser processado na Corte Interamericana de Direitos Humanos, o que ocorreu efetivamete, com participação plena dos representantes dos parentes das vítimas e do Estado brasileiro.

Para a tomada de tal decisão, é importante ter claro que a Corte o fez com base em algumas premissas já consolidadas em sua praxe jurisdicional e pelo Direito Internacional, a saber: a) que a partir e além da Carta de Direitos Humanos das Nações Unidas, há quatro pilares do ordenamento jurídico internacional moderno, o Direito Internacional dos Direitos Humanos, o Direito Internacional Humanitário, o Direito Penal Internacional, e Direito Internacional dos Refugiados; b) destes pilares se extraem normas e princípios vinculantes a todos os Estados-Membros que ratificaram/incorporaram em seus sistemas jurídicos tais dispositivos; c) tais normas e princípios também definem as fronteiras normativas de participação das Nações Unidas, como por exemplo, "os tribunais das Nações Unidas jamais podem permitir a pena de morte; os acordos de paz endossados pelas Nações Unidas jamais podem permitir a anistia para crimes de genocídio, crimes de guerra, crimes de lesa humanidade ou graves violações dos direitos humanos".[320]

---

[319] Idem. Estas recomendações consistiam em que: 1) O Estado Brasileiro deveria providenciar a abertura de todos os arquivos das Forças Armadas; 2) O estabelecimento do Dia do Desaparecido Político; 3) Realizar um ato formal de reconhecimento da responsabilidade pelos fatos, a entrega dos restos mortais aos familiares para a realização de um enterro digno; 4) a construção da memória política (obra ou monumento em homenagem aos mortos e desaparecidos do Araguaia); 5) o pagamento de reparação econômica pelos lucros cessantes, danos morais e gastos nestes 30 anos de buscas; 6) e a punição dos responsáveis pelos assassinatos.

[320] NAÇÕES UNIDAS, Conselho de Segurança. *O Estado de Direito e a justiça de transição em sociedades em conflito ou pós-conflito.* In: Relatório do Secretário Geral, Revista Anistia, v. I. Brasília: Ministério da Justiça, 2009, p. 328.

Foi com base em tais elementos que a Corte, em breve síntese e na data de 24/11/2010, decidiu o feito no sentido de que:

1) As disposições da Lei de Anistia brasileira que impedem a investigação e sanção de graves violações de direitos humanos são incompatíveis com a Convenção Americana, carecem de efeitos jurídicos e não podem seguir representando um obstáculo para a investigação dos fatos do presente caso, nem para a identificação e punição dos responsáveis, e tampouco podem ter igual ou semelhante impacto a respeito de outros casos de graves violações de direitos humanos consagrados na Convenção Americana ocorridos no Brasil;

2) O Estado é responsável pelo desaparecimento forçado e, portanto, pela violação dos direitos ao reconhecimento da personalidade jurídica, à vida, à integridade pessoal e à liberdade pessoal, estabelecidos nos artigos 3, 4, 5 e 7, todos da Convenção Americana sobre Direitos Humanos, em relação com o artigo 1.1 desse instrumento, em prejuízo das pessoas indicadas no § 125 da Sentença, em conformidade com o exposto nos §§ 101 a 125 de seu comando;

3) O Estado descumpriu a obrigação de adequar seu direito interno à Convenção Americana sobre Direitos Humanos, contida em seu artigo 2, em relação aos artigos 8.1, 25 e 1.1 do mesmo instrumento, como consequência da interpretação e aplicação que foi dada à Lei de Anistia a respeito de graves violações de direitos humanos. Da mesma maneira, o Estado é responsável pela violação dos direitos as garantias judiciais e à proteção judicial previstos nos artigos 8.1 e 25.1 da Convenção Americana sobre Direitos Humanos, em relação aos artigos 1.1 e 2 desse instrumento, pela falta de investigação dos fatos do presente caso, bem como pela falta de julgamento e sanção dos responsáveis, em prejuízo dos familiares das pessoas desaparecidas executadas, indicados nos §§ 180 e 181, da Sentença, nos termos dos §§ 137 a 182 da mesma;

4) O Estado é responsável pela violação do direito à liberdade de pensamento e de expressão consagrado no artigo 13 da Convenção Americana sobre Direitos Humanos, em relação com os artigos 1.1, 8.1 e 25 desse instrumento, pela afetação do direito a buscar e a receber informação, bem como do direito de conhecer a verdade sobre o ocorrido. Da mesma maneira, o Estado é responsável pela violação dos direitos às garantias judiciais estabelecidos no artigo 8.1 da Convenção Americana, em relação com os artigos 1.1 e 13.1 do mesmo instrumento, por exceder o prazo razoável da Ação Ordinária, todo o anterior em prejuízo dos familiares indicados nos §§ 212, 213 e 225,

da Sentença, em conformidade com o exposto nos §§ 196 a 225 desta mesma decisão;

5) O Estado é responsável pela violação do direito à integridade pessoal, consagrado no artigo 5.1 da Convenção Americana sobre Direitos Humanos, em relação com o artigo 1.1 desse mesmo instrumento, em prejuízo dos familiares indicados nos §§ 243 e 244 da Sentença, em conformidade com o exposto nos §§ 235 a 244 desta mesma decisão.[321]

Em face de todos estes reconhecimentos, a Corte passou então a estabelecer os termos dispositivos e pontuais da decisão, atribuindo obrigações concretas ao Estado brasileiro, uma vez reconhecida a natureza reparatória do comando sentencial, nos seguintes termos:

a) O Estado deve conduzir eficazmente, perante a jurisdição ordinária, a investigação penal dos fatos do presente caso a fim de esclarecê-los, determinar as correspondentes responsabilidades penais e aplicar efetivamente as sanções e consequências que a lei preveja, em conformidade com o estabelecido nos §§ 256 e 257 da Sentença;

b) O Estado deve realizar todos os esforços para determinar o paradeiro das vítimas desaparecidas e, se for o caso, identificar e entregar os restos mortais a seus familiares, em conformidade com o estabelecido nos §§ 261 a 263, da Sentença;

c) O Estado deve oferecer o tratamento médico e psicológico ou psiquiátrico que as vítimas requeiram e, se for o caso, pagar o montante estabelecido, em conformidade com o estabelecido nos parágrafos 267 a 269, da Sentença;

d) O Estado deve realizar as publicações ordenadas, em conformidade com o estabelecido no § 273 da Sentença;

e) O Estado deve realizar um ato público de reconhecimento de responsabilidade internacional a respeito dos fatos do presente caso, em conformidade com o estabelecido no § 277 da Sentença;

f) O Estado deve continuar com as ações desenvolvidas em matéria de capacitação e implementar, em um prazo razoável, um programa ou curso permanente e obrigatório sobre direitos humanos, dirigido a todos os níveis hierárquicos das Forças Armadas, em conformidade com o estabelecido no § 283 da Sentença;

g) O Estado deve adotar, em um prazo razoável, as medidas que sejam necessárias para tipificar o delito de desaparecimento forçado de pessoas em conformidade com os parâmetros interamericanos,

---

[321] Conforme sentença da Corte Interamericana de Direitos Humanos de São José da Costa Rica.

nos termos do estabelecido no § 287 da Sentença. Enquanto cumpre com esta medida, o Estado deve adotar todas aquelas ações que garantam o efetivo julgamento, e se for o caso, a punição em relação aos fatos constitutivos de desaparecimento forçado através dos mecanismos existentes no direito interno;

h) O Estado deve continuar desenvolvendo as iniciativas de busca, sistematização e publicação de toda a informação sobre a Guerrilha do Araguaia, assim como da informação relativa a violações de direitos humanos ocorridas durante o regime militar, garantindo o acesso a mesma nos termos do § 292 da Sentença;

i) O Estado deve pagar as quantias fixadas nos §§ 304, 311 e 318 da Sentença, a título de indenização por dano material, por dano imaterial e por restituição de custas e gastos, nos termos dos §§ 302 a 305, 309 a 312 e 316 a 324 da Sentença;

j) A Corte supervisará o cumprimento integral desta Sentença, no exercício de suas atribuições e em cumprimento de seus deveres, em conformidade ao estabelecido na Convenção Americana sobre Direitos Humanos, e dará por concluído o presente caso uma vez que o Estado tenha dado cabal cumprimento ao disposto na mesma.

k) Dentro do prazo de um ano, a partir de sua notificação, o Estado deverá apresentar ao Tribunal um informe sobre as medidas adotadas para o seu cumprimento.

Em face destes dispositivos sentenciais, é de se perguntar quais os fundamentos para o reconhecimento das responsabilidades especificadas, tendo-se presente que para a Corte Interamericana de Direitos Humanos, os crimes praticados pelas ditaduras da América do Sul são tidos como contra a humanidade, não estando sujeitos à prescrição e leis de anistia,[322] a despeito de que no Brasil pelo menos dois casos de responsabilização criminal – pela morte de José Luiz da Cunha e do jornalista Vladimir Herzog – foram arquivados sob o argumento de que o país não ratificou a convenção da ONU sobre a imprescritibilidade de crimes contra a humanidade.[323]

---

[322] É de se ter presente, no particular, que a Corte Interamericana de Direitos Humanos, no caso conhecido como Barrios Altos, no Peru, bem mais tarde, responsabilizou o Estado pelo massacre de dissidentes políticos do regime autoritário de Alberto Fujimori, e por ter anistiado de modo unilateral tais delitos (caso Chumbipuma Aguirre y otros x Peru, com sentença proferida em 14 de março de 2001). Na mesma direção foi a decisão da Suprema Corte de Justiça da Argentina, proferida no ano de 2005, sobre a inconstitucionalidade das Leis do Ponto Final e da Obediência Devida (CSJN, Simón, Julio Héctor y otros, feito de nº 17.768); e a repercussão do caso Pinochet.

[323] Conforme texto FÓRUM MUNDIAL DE JUÍZES: Não responsabilização por crimes da ditadura pode condenar Brasil na OEA. Disponível em: <http://www.direitos.org.br/index.php?option=com_content&task=view&id=4920&Itemid=2>, acesso em 10/03/2011.

É importante ter em conta que, para a ONU, países que passaram por regimes de exceção, para evitar que a quebra do Estado Democrático de Direito se repita no futuro, devem implementar medidas e políticas públicas que se fundam na ideia de *justiça transicional*, tema que passo a abordar.

3. A justiça transicional e seus efeitos consectários no âmbito da responsabilidade estatal

Em linhas gerais, a ideia de justiça transicional é nova em termos históricos, e consiste: a) na revelação da verdade, mediante a abertura de arquivos do período e a criação de comissões da verdade imparciais; b) na responsabilização pessoal dos perpetradores de graves violações de direitos humanos, entendendo que a situação de impunidade é fator de inspiração e dá confiança a quem adota práticas violadoras de direitos; c) na reparação patrimonial dos danos às vítimas, através de indenizações financeiras; d) na reforma institucional dos serviços de segurança, expurgando de seus quadros quem propagava a teoria do período; e) na instituição de espaços de memória, para que as gerações futuras saibam que, no país, se praticou o terror em nome do Estado.[324]

Para se ter uma ideia desta jovialidade conceitual, veja-se o registro do sítio eletrônico do Parlamento Europeu no ano de 2006:

> Per l'Unione europea, la giustizia di transizione è un concetto relativamente nuovo, menzionato per la prima volta nella relazione sulla politica estera di sicurezza e difesa presentato al Consiglio europeo il giugno scorso. Michael Matthiessen, rappresentante personale per i diritti dell'uomo di Javier Solana (l'Alto rappresentante dell'UE in politica estera e di sicurezza comune), ha sottolineato gli sforzi del Consiglio per integrare il concetto di giustizia di transizione nelle attività dell'Unione in materia di prevenzione dei conflitti, di gestione delle crisi e di stabilizzazione post-bellica.[325]

---

[324] Inclusive no plano internacional é esta a dimensão que se tem de justiça de transição, ex vi matéria jornalística italiana publicada no editorial do sítio do jornal <www.laRepubblica.it>, acesso em 26/07/2011: "La giustizia di transizione interviene sul modo in cui le società, e i popoli, si confrontano ai torti subiti in un recente passato. Violazione dei diritti dell'uomo ad opera di un regime dittatoriale, atrocità di massa, genocidi, guerra civile ed altri pesanti traumi devono essere superati collettivamente perché una società possa diventare democratica e pacifica. Varie strategie permettono di raggiungere quest'obiettivo: l'arresto ed il giudizio dei criminali, la creazione di commissioni ad hoc per scoprire la verità, l'incoraggiamento degli sforzi per la riconciliazione nazionale, la distribuzione di indennità, la costruzione di monumenti commemorativi dedicati alle vittime o anche la riforma delle istituzion".

[325] Disponívelem:<http://www.europarl.europa.eu/sides/getDoc.do?pubRef=-//EP//TEXT+ IM-PRESS+20060830STO10183+0+DOC+XML+V0//IT>, acesso em 31-08-2006 – 15:45.

A advertência do Secretário-Geral do Conselho de Segurança das Nações Unidas, todavia, é válida no particular, no sentido de que:

Conceitos como "justiça", "Estado de Direito" e "justiça de transição" são essenciais para entender os esforços da comunidade internacional para otimizar os direitos humanos, proteger as pessoas do medo e da carência, resolver disputas por território, incentivar o desenvolvimento econômico, promover governança responsável e resolver conflitos pacificamente. Nesse sentido, contribuem tanto a definir nossos objetivos como a determinar os métodos que devemos utilizar. De qualquer forma, as definições e interpretações desses conceitos são variadas, inclusive entre nossos parceiros mais próximos sobre o assunto.[326]

Por outro lado, esta justiça de transição geralmente tem se estruturado em cinco grandes estratégias de ação: a) justiça reparatória cível (envolvendo danos materiais e imateriais), b) justiça criminal; c) formatação de Comissões da Verdade e Memória; d) justiça administrativa (com a revisão formativa dos quadros e setores públicos envolvidos com os temas da segurança e dos Direitos Fundamentais), e e) justiça constitucional de transição (integrada e compromissada nacional e internacionalmente com as diretrizes jurisdicionais protetivas de Direitos Humanos e Fundamentais).[327]

Tal conceito está associado a um conjunto de situações de exceção que violam a condição humana, anunciado por Thierry como: "Transitional justice is a response to systematic or widespread violations of human rights. It seeks recognition for victims and to promote possibilities for peace, reconciliation and democracy. Transitional justice is not a special form of justice but justice adapted to societies transforming themselves after a period of pervasive human rights abuse".[328]

Em verdade, foi a partir da metade dos anos 1980 e durante os anos 1990 que este conceito foi se moldando, notadamente fomentado pelos resultados dos regimes militares e de força instalados e que agonizavam no período, na América Latina e na Europa Oriental, ou seja, a partir da persecução por parte de movimentos sociais, instituições

---

[326] NAÇÕES UNIDAS, Conselho de Segurança. *O Estado de Direito e a justiça de transição em sociedades em conflito ou pós-conflito.* Op. cit., p. 326. Diz ainda o autor que: "A noção de "justiça de transição" discutida no presente relatório compreende o conjunto de processos e mecanismos associados às tentativas da sociedade em chegar a um acordo quanto ao grande legado abusos cometidos no passado, a fim de assegurar que os responsáveis prestem contas de seus atos, que seja feita a justiça e se conquiste a reconciliação. Tais mecanismos podem ser judiciais e extrajudiciais, com diferentes níveis de envolvimento internacional (ou nenhum), bem como abarcar o juízo de processos individuais, reparações, busca da verdade, reforma institucional, investigação de antecedentes, a destituição de um cargo ou a combinação de todos esses procedimentos".

[327] TEITEL, Ruti G. *Genealogía de la Justicia Transicional.* Disponível em: <http://www.iidh.ed.cr/bibliotecadigital>, acesso em 29/01/2011, p. 21.

[328] CRUVELLIER, Thierry. *From Taylor Trial to Lasting Legacy*: Putting the Special Court Model to the Test. New York: ICTJ, 2009, p. 35.

privadas e públicas que buscavam, de um lado, apurar os abusos cometidos e responsabilizar quem de direito; porém, de outro lado, não pretendiam colocar em risco as transformações políticas democráticas em andamento, daí porque atribuir à ideia de justiça transicional a perspectiva de um novo campo multidisciplinar (*new multidisciplinary field*).[329]

Este movimento teve alguns pontos constitutivos e operacionais comuns, no sentido de elaborar ações muito bem estruturadas à persecução dos objetivos referidos, a saber:

a) Ações de responsabilização criminal, gerando uma série de investigações judiciais que buscavam apurar os responsáveis e os níveis de responsabilidade dos que cometeram violações aos direitos humanos, pela via dos sequestros, mortes, tortura e desaparecimento;

b) Ações de constituição das chamadas Comissões da Verdade, que tinham por meta investigar e demarcar os períodos e particularidades das ocorrências daqueles abusos, figurando como verdadeiras instituições oficiais com competência legal para fazer recomendações e remediar tais abusos, até mesmo prevenir suas recorrências;

c) Ações constitutivas de programas de reparação dos abusos cometidos, patrocinadas pelo Estado com o intuito de reparar os damos materiais e morais decorrentes. Tais comissões distribuíam um mix de benefícios materiais e simbólicos às vítimas dos abusos, que incluíam desde compensações financeiras até desculpas oficiais;

d) Ações de justiça de gênero, consistente em tratar da impunidade das violações sexuais praticadas às mulheres com mecanismos e instrumentos hábeis a ponto de não causar ainda maior dor ou exposição às violadas, criando, pois, acessos à justiça administrativa ou judicial diferenciados;[330]

e) Ações de reforma do sistema de segurança, procurando transformar democraticamente os micros-sistemas de polícia militar e da polícia civil relacionados com a repressão e corrupção, a partir de políticas de melhorias destes serviços públicos;

---

[329] BARBOUR, Stephanie. *Making an Impact*: Guidance on Designing Effective Outreach Programs for Transitional Justice. New York: ICTJ, 2010, p. 26 e segs.

[330] Registra no ponto Joanne Belknap que: "A gender justice approach should be a central element, exploring how women and men experience conflict and human rights violations differently. The pursuit of gender justice includes prosecutions for gender-based violence; reparations delivery to diverse groups of women and their families; memorials recognizing women's experiences; and institutional reform that serves human security needs and promotes women's access to justice". In: BELKNAP, Joanne. *The Invisible Woman*: Gender, Crime, and Justice (Wadsworth Contemporary Issues in Crime and Justice. Princeton: Princeton University Press, 2009, p. 30.

f) Ações de memorialização, incluindo museus e memoriais que preservem a memória pública das vítimas, fomentando assim a conscientização também moral sobre os abusos e violações cometidas no passado, visando fundamentalmente à construção de baluartes as suas recorrências.[331]

É certo que tratar destes assuntos geralmente implica dificuldades práticas e de múltiplas naturezas, a começar pela política, eis que os interesses envolvidos não raro estão conectados com segmentos de importante hegemonia econômica e social – militares, empresários, instituições nacionais e internacionais, imprensa etc. –, fazendo com que os próprios governantes não sejam muito simpáticos a eles, sob o medo – e argumento – de desestabilização social.

Por outro lado, a simples explosão de conflituosidade administrativa ou judicial sobre estes temas não garante a equalização dos problemas, pois na abertura de chagas como estas podem se fundamentalizar ideológica e raivosamente culpas e responsabilidades que, ao revés de fomentar a paz, criam novos nichos de guerra. Daí a importância da advertência de: "After two decades of practice, experience suggests that to be effective transitional justice should include several measures that complement one another. For no single measure is as effective on its own as when combined with the others".[332]

Em outras palavras, sem a apuração da verdade e a reparação (material, moral, informativa, simbólica etc.), eventuais punições de um pequeno número de perpetradores dos direitos violados podem figurar como meras formas de vingança política e pessoal, descurando-se os aspectos institucionais, históricos e políticos dos regimes de exceção que não podem mais voltar. Da mesma forma, "reparations that are not linked to prosecutions or truth-telling may be perceived as 'blood money' – an attempt to buy the silence or acquiescence of victims".[333]

Diante da amplitude deste contexto, resta claro que a justiça transicional não se resume a medidas jurisdicionais, notadamente de persecuções penais e indenizatórias, mas diz fundamentalmente com programas de ações convergentes à recuperação daquilo que posso

---

[331] HAYNER, Priscilla. *Unspeakable Truths*. London: Routledge, 2010, p. 48 e seguintes. É importante esclarecer com a autora que: "While these initiatives are widely understood to form a basis for transitional justice efforts, they do not represent an exclusive list. Many societies have developed other, creative approaches to past abuse-one reason why the field has gained both strength and diversity over the years". (p. 55).

[332] ENDHELL, Ruth. Peacebuilding and the Arts. In: *International Center for Ethics, Justice, and Public Life*. Disponível em: <www.brandeis.edu/slifka/vrc>, acesso em 10/12/10, p. 11.

[333] Idem.

Verdade, Memória e Justiça no Brasil – responsabilidades compartidas

chamar de *memória redentiva*, comprometida com a paz democrática tão necessária aos Direitos Humanos e Fundamentais e ao desenvolvimento identitário da comunidade.[334] Esta memória é necessariamente pública, razão pela qual reclama a sua constituição espaços e sujeitos históricos coletivos, interlocuções marcadas por valores constitucionalmente estabelecidos e por comportamentos subjetivos e institucionais fundados naquilo que Habermas chama de (ideia regulativa) racionalidade ideal, compromissada com o consenso e ancorada em verdades proposicionais, correções normativas, autenticidade e veracidade das iniciativas comunicacionais dos interlocutors que se orientam pelo entendimento (*verständigung*).[335]

Daí a formatação dos chamados Princípios de Chicago sobre a Justiça Transicional, representando diretrizes básicas para o desenho e aplicação de políticas em face das atrocidades cometidas por regimes de força pública, resultado de uma série de reuniões e consultas que tiveram lugar durante o período de sete anos, com a participação de importantes acadêmicos, juristas, periodistas, lideres religiosos e outros.

A primeira reunião para o tratamento do tema foi organizada no Museu Comemorativo do Holocausto, em Washington, pelo IHRLI (*International Human Rights Law Institute*), no ano de 1997. Já em 1998, no ISISC (Itália), foi elaborado o projeto-matriz destes princípios, e a partir de 2003, o IHRLI e o Conselho de Relações Exteriores de Chicago, celebraram três reuniões para debater a justiça transicional e examinar o projeto de princípios. Na formulação das versões destes *princípios*, foram consultados 180 especialistas de 30 países. Como decorrência de tais movimentos é que surgem os seguintes marcos diretivos de Chicago: Investigação e procura de justiça; Busca da verdade e investigação pelos delitos do passado; Direitos das vítimas, recursos e reparações; *Vetting*, inabilitações, sanções e medidas administrativas; Comemoração, educação e preservação da memória histórica; Enfoques de acesso à justiça e reparações a grupos indígenas e religiosos; Reforma institucional e eficácia governamental.[336]

---

[334] Ou como diz Luciano Bonanate: "la giustiza di transizione ha come scopo più che la ricerca di giustizia il raggiungimento di una società più giusta. Infatti, purtroppo, ci sono limiti all'applicazione della "giustizia giudiziaria" non essendo possibile perseguire legalmente tutti i responsabili dei crimini ed essendo spesso indispensabile arrivare a compromessi politici". BONANATE, Luciano. *Transizioni democratiche 1989 - 1999*. Milano: Franco Angeli, 2000, p. 29.

[335] HABERMAS, Jürgen. *Dialética e Hermenêutica*. Porto Alegre: L&PM, 1987, p. 92.

[336] Conforme excelente texto de INSTITUTE. International Human Rights Law. *Los Principios de Chicago sobre Justicia transicional*. Disponível em: <http://www.iidh.ed.cr/bibliotecadigital>, acesso em 29/01/2011.

No âmbito da *investigação e procura de justiça*, chegou-se ao consenso de que os Estados deverão julgar os indiciados autores das violações graves dos Direitos Humanos e do direito humanitário, reconhecendo-lhes a jurisdição primária para investigar as violações graves a tais direitos, devendo criar mecanismos jurídicos específicos para fazer frente às violações ocorridas no passado, tendo por base normas nacionais e internacionais. Decorrência de tal princípio é a de que os tribunais penais internacionais e os tribunais penais de outros países só podem exercer sua jurisdição quando os tribunais nacionais não oferecerem garantias suficientes de independência e imparcialidade, ou não se comprometerem com ações judiciais efetivas.

Por outro lado, os Estados devem cooperar entre si e com as organizações internacionais na conservação, arquivamento/cadastro (coleção) e divulgação de informação relativa a graves violações de tais direitos e outras questões pertinentes com a justiça transicional; devem promover a investigação internacional e cooperar com os processos de extradição; devem executar as sentenças estrangeiras de justiça transicional, sendo que as investigações devem ocorrer com imparcialidade e independência, procurando justiça, com respeito ao devido processo legal; não devem existir exceções ou limitações que protejam os responsáveis acusados de tais atos criminosos, respeitando, todavia, os direitos dos acusados, com estratégia de investigação estatal adequada e sem o uso de tribunais militares. Finalmente, com base neste princípio, os Estados não poderão conceder ANISTIA para absolver os responsáveis por genocídios, graves crimes de guerra ou contra a humanidade.

Já no que tange à *busca da verdade e investigação pelos delitos do passado*, os Estados devem respeitar o direito à verdade e fomentar as investigações de comissões da verdade e outras iniciativas similares, pelas denúncias de graves violações aos direitos humanos; as vítimas, suas famílias e a sociedade em geral têm direito à verdade sobre as violações dos direitos humanos e direito humanitário do passado; têm direito à informação geral sobre as pautas de violações sistemáticas, à história do conflito e à identificação dos responsáveis por tais violações; as comissões da verdade proporcionam mecanismo importante para tanto, podendo ser criadas pela legislação, tratados de paz, decretos e outros atos jurídicos que firmem um mandato oficial; estas comissões devem incorporar: imparcialidade, independência, constituídas mediante consulta pública e formadas por pessoas com credibilidade para tanto, além disso, devem incorporar funcionamento e metodologia próprios, com enfoque variado, autoridade para entre-

Verdade, Memória e Justiça no Brasil – responsabilidades compartidas

vistas, respeito e proteção, direito de resposta aos acusados, determinando a responsabilidade pela violência do passado.

No plano dos *direitos das vítimas, recursos e reparações*, os Estados devem reconhecer a especial situação das vítimas, garantindo o acesso à justiça e o desenvolvimento de recursos e reparações, consideradas em tais condições aquelas pessoas que tenham sofrido danos, individualmente ou de forma coletiva, incluídas lesões físicas, mentais, sofrimento emocional, perda financeira ou diminuição de importantes diretos básicos; da mesma forma, as vítimas têm direito à igualdade e ao acesso efetivo à justiça, à informação relativa a violações e possibilidade de obter adequada, efetiva e rápida reparação, com direito de participar dos processos civis e criminais, bem como às formas de reparação por atos e omissões derivadas das violações, inclusive por atos praticados por particulares; as hipóteses aqui preveem, ainda: proporcionalidade, alcance e impacto, reparação moral e pedido de desculpas por parte dos Estados.[337]

O chamado *vetting (inabilitações), sanções e medidas administrativas*, por sua vez, englobam o impedimento para que os perpetradores de violações no passado venham a participar dos governos ou em cargos (postos) oficiais, podendo ser por período determinado ou por toda a vida; tais dispositivos alcançam igualmente líderes políticos, atores não estatais e, até mesmo, juízes ligados àquelas violações. Importa destacar que as políticas de investigação, as sanções administrativas e as medidas destinadas a punir os culpados e prevenir futuras violações permitem distinguir um novo governo dos regimes opressivos anteriores, como claro apoio à prestação de contas aos Direitos Fundamentais.

O Princípio da *comemoração, educação e preservação da memória histórica*, estabelece que os Estados devem apoiar programas oficiais e iniciativas populares em memória das vítimas, para educar a sociedade com referência à violência política passada e preservar a memória histórica; a comemoração, no sentido de lembrança, se refere ao horror, dignidade, sofrimento e humanidade das vítimas, vivas e mortas, assim como o combate ao sofrimento das pessoas, comunidades e sociedade em geral, podendo incluir atos oficiais, não oficiais, construção de monumentos, estátuas e museus, lugares que mante-

---

[337] É interessante notar a divergência sobre o tema na literatura internacional, em especial com ELSTER, Jon. *On Doing What One Can: an argument against post communist restitution and retribution*. In: KRITZ, Neil J. (ed.). *Transitional Justice. How Emerging Democracies Reckon with Former Regimes*, v. I. Washington DC: United States Institute of Peace Press, 1992, p. 566, ao sustentar que, se é impossível julgar todos que estiveram envolvidos em atividades repressivas em todos os níveis, é mais justo não julgar ninguém para evitar a justiça seletiva.

nham a memória histórica, como prisões antigas, locais de conflito etc., com participação ativa das vítimas, pois a lembrança comemorativa é um processo social e político que se fixa através dos tempos; sobre a educação, os Estados têm a responsabilidade de garantir que a informação sobre tais violações do passado sejam suficientes e adequadamente comunicadas aos mais amplos setores da sociedade; os Estados têm a responsabilidade de preservar a memória histórica, garantindo que a informação sobre as violações do passado será preservada com precisão.

O Princípio do *acesso a justiça e reparações a grupos indígenas e religiosos*, diz que os Estados devem apoiar e respeitar as tradições dos grupos indígenas e de outros grupos religiosos; o valor das tradições indígenas e dos enfoques religiosos reside nos altos níveis de legitimidade local integrados à vida cotidiana das vítimas, suas famílias, às comunidades e a sociedade em geral, todavia, tais enfoques variam amplamente conforme a cultura e o contexto, devendo-se respeitar elementos da sociedade local, família, identidade de grupo, relações patronais, solidariedade social etc.

Por fim, a *reforma institucional e eficácia governamental*, diz com o fato dos Estados terem de render apoio institucional à reforma de seus órgãos, restaurando a confiança pública e promovendo os Direitos Fundamentais, incluindo aqui os setores de segurança, justiça e atividades de reconstrução e apoio à democratização e defesa dos Direitos Humanos Fundamentais. Estas reformas destinam-se a apoiar a governabilidade responsável e a prevenção contra a repetição de violações, o que deve desenvolver-se juntamente com amplas consultas populares que incluam a participação das vítimas, seus familiares, as comunidades afetadas e a sociedade civil, tudo isto envolvendo a adequada representação de todos os grupos atingidos e considerados como mais vulneráveis. Para além disto, também tais políticas públicas se destinam a prever o controle da inteligência e das forças de segurança nacional, para que operem sob transparência civil, promovendo-se serviços de educação a tais agentes, bem como fomentando definições legislativas regulamentadoras de sua autoridade e funções.

Outro aspecto importante deste Princípio diz com a *luta contra a corrupção* mediante um governo responsável e transparente como medida de prestação de contas, além de esforços concentrados para integrar os conceitos de Direitos Humanos em todos os aspectos da governabilidade, garantindo a execução de tais políticas que lhes apoiem.

É preciso ter em conta, todavia, que: "these goals are more likely to be reached with active consultation of, and participation by, victims groups and the public".[338] E não poderia ser diferente, tanto pelo fato de que este doloroso tema diz com a vida de toda uma Nação e Povo – em determinado momento de sua história –, como pelo fato de que é o patrimônio identitário indisponível de gerações que está em jogo, independentemente de quem sejam – algozes ou vítimas –, até porque a falta de informação, conhecimento e verdade não distingue uns dos outros, criando mais injustiças e vícios de aprendizagem à cidadania.

Um dos casos paradigmáticos decididos pela Corte Interamericana de Direitos Humanos em 1988 tratou especialmente deste tema – Caso Velásquez Rodríguez x Honduras –, ampliando ainda mais, pode-se dizer, as suas bases normativas fundantes, assim como demarcou para os Estados quatro fundamentais obrigações na área dos Direitos Humanos, a saber: a) tomar medidas razoáveis à prevenção das violações dos Direitos Humanos; b) providenciar investigações sérias sobre estas violações quando elas ocorrerem; c) impor sanções adequadas para os responsáveis por estas violações; (d) garantir reparações às vítimas de violações.[339]

Por certo que com a criação do Tribunal Penal Internacional, em 1998, houve um processo progressivo de consagração destas obrigações estatais, dando força às vítimas de violações de direitos, e relevo ao fato de que a justiça transicional não se afigura como uma substituta dos sistemas de justiça tradicionais, mas sim como complemento especial de determinados tipos de conflitos e violações de direitos, para os quais a justiça mais dogmática não tem gerado efeitos positivos.

É esta compreensão de justiça transicional que dá destaque também aos projetos de Memoriais Históricos – que incluem museus, monumentos, registros dos movimentos que lutaram contra os abusos cometidos etc. –, que registram e descortinam os acontecimentos envolvendo as violações cometidas para que as pessoas atingidas – di-

---

[338] YOUNG, Laura A. and PARK, Rosalyn. Engaging Diasporas in Truth Commissions: Lessons from the Liberia Truth and Reconciliation Commission Diaspora Project. In: *International Journal for Transitional Justice*, v. 3. New York: Macmillan, 2009, p. 359. Ver também o interessante trabalho de QUINN, Joanna R. Reconciliation(s): Transitional Justice in Postconflict Societies. *New York:* McGill-Queen's University Press, 2009, p. 37, que lembra: "how best to address conflict and postconflict situations, there are no available templates or one-size-fits-all approaches. There may be some general principles derived from international experiences, but locality and nuance are everything".

[339] SÁNCHES, Miguel Revenga. *Tendencias jurisprudenciales de la Corte Interamericana y el Tribunal Europeu de Derechos Humanos.* Valencia: Tirant lo Blanch, 2008, p. 39 e segs.

reta e indiretamente – consigam construir um futuro mais pacífico e democrático.[340]

Todas estas medidas não têm – ao menos na experiência internacional contemporânea –, repito, o objeto de buscar vingança em face dos detratores dos direitos violados, mas trabalha com a lógica da superação consciente e do perdão que redime, como lembra Quinn: "forgiveness cannot simply mean cheap absolution or an obligation on the part of victims and survivors, but rather is a magnanimous act that at once acknowledges the wrongs committed, demands accountability and allows for the transformation of the relationships in question".[341]

O ex-Ministro da Justiça do Brasil, Tarso Genro, lembra que questões envolvendo a justiça transicional tratam menos de punir e mais de sinalizar a ideia de não repetição; "e também de criar mecanismos, na democratização política, para o fortalecimento do um ethos renovador e de um sentido libertário para o Estado de Direito".[342] Para tanto, como adverte o autor, a justiça transicional lembra que é o Estado que deve desculpas não só aos torturados, sequestrados e desaparecidos, mas a toda a Sociedade Civil, invertendo a lógica da chamada ideologia da anistia invertida (aquela que opera com o fundamento de que a anistia se afigura como perdão aos vencidos), que serviu fundamentalmente como *instrumento de amnésia histórica*.

Vale a advertência de Teitel, no sentido de que:

---

[340] Como diz YOUNG, Laura A.; PARK, Rosalyn. *Engaging Diasporas in Truth Commissions*: Lessons from the Liberia Truth and Reconciliation Commission Diaspora Project. Op. cit., p. 370, estes lugares: "They consist of physical spaces that are places of mourning, and in some cases healing, for victims and survivors. Public memorials are an important component of a holistic transitional justice approach. They confront the legacies of atrocity by drawing on representations of the past to teach lessons about democratic citizenship and human rights. Memorialization and memorials have become tools of human rights education in the broadest sense of the word-combining public art, civic space, and the power of memory to help build better societies in the future. In these civic spaces an ongoing dialogue and discussion on past trauma can be achieved, and diverse opinions, interests, and perspectives can be discussed. The obligation to memorialize past atrocity is also an emerging norm under international law".

[341] QUINN, Joanna R. Reconciliation(s): Transitional Justice in Postconflict Societies, op. cit., p. 46. Complementa ainda: "You cannot have true reconciliation – be it personal or institutional – without sorrow and penitence, or apology and symbolic restitution". E mais adiante: "The opening of mass graves, the identification of bodies, establishment of the circumstances that led to their deaths and clarification of the facts are all necessary steps for families to complete their mourning process, for victims to obtain reparation and, in the long term, for peoples and communities to come to terms with their past and move forward in peace".

[342] GENRO, Tarso. *Direito Constituição e Transição Democrática no Brasil*. Brasília: Francis, 2010, p. 26. Insiste o autor que o processo de transição do regime militar para o civil: "impôs burocraticamente um conceito de perdão, que é o perdão através do qual os ofensores 'perdoam' os ofendidos, o que limita a adesão subjetiva à reconciliação e a transforma principalmente num jogo de reparações materiais". (p. 35).

Verdade, Memória e Justiça no Brasil – responsabilidades compartidas

La guierra en tiempos de paz, la fragmentación política, Estados débiles, guerras pequeñas y el conflicto permanente, todas son características condiciones políticas contemporâneas. Estos acontecemientos contemporâneos han estimulado el intento de lograr una normalización de la justicia transicional, conduciendo en última instancia a consecuencias ambivalentes. En su condición de una teoría asociada al cambio político permanente, la justicia transicional se relaciona con una politización más alta del derecho y también con un cierto grado de concesiones en los estándares del estado de derecho.[343]

Alguns exemplos históricos mostram como encaminhar estas matérias, haja vista a experiência da África do Sul, que, para superar o horror do apartheid, sua Comissão Verdade e Reconciliação selou compromisso entre o "poder branco" e a "rebelião negra", em que cada qual assumia o que fizera. O antigo algoz não foi punido com cárcere, mas reabilitado pela confissão pública de culpa. Neste caso, a verdade se antepôs à justiça, culminando com a libertação de Nelson Mandela e sua eleição à presidência.[344]

Na Argentina, em 1995, o comandante do exército, general Martín Balza, de público, pediu "perdão" pelos crimes cometidos, referindo expressamente que: "Com o golpe de Estado, usurpamos o poder. Depois, o Exército prendeu, torturou e matou, equiparando-se ao terror que dizia combater". Dias após, foi a vez dos chefes da marinha e da aeronáutica fazerem o mesmo, contribuindo definitivamente para o processo de pacificação pela verdade.[345]

Em estudo específico que fez da experiência africana, Andrea Lollini dá conta de que "de 1996 al 2003 la commissione ha ascoltato 22mila casi di vittime del regime di segregazione, ha ricevuto 7200 richieste di amnistia, di cui ne sono state accolte 1100", o que mostra muito bem a seriedade do trabalho lá desenvolvido.[346]

Mesmo no período militar mais duro do Brasil, não se pode esquecer que, de generais a tenentes, centenas de oficiais e milhares de subalternos foram excluídos das fileiras por não aderirem ao golpe, e tantos outros jamais cometeram atos de tortura, sequestro e desaparecimento de pessoas, o que reforça a ideia de focar o tema da justiça

---

[343] TEITEL, Ruti G. *Genealogía de la Justicia Transicional*. Disponível em: <http://www.iidh.ed.cr/bibliotecadigital>, acesso em 29/01/2011, p. 22.

[344] DUGGAL, Lorenzo. *Estado de excepción y control político social*. México: Paidós, 2001, p. 44 e segs.

[345] Idem. Interessante o texto de KRITZ, Neil (Ed.). *Transitional Justice*. (3 vol.) Washington DC: United States Institute of Peace Press, 2005.

[346] LOLLINI, Andrea. *Costituzionalismo e giustizia di transizione*: Il ruolo costituente della Commissione sudafricana verità e riconciliazione. Bologna: Il Mulino, 2005, p. 38.

transicional na perspectiva da memória da paz.[347] Vai nesta direção o depoimento de Paulo Sérgio Pinheiro:

O que a Comissão da Verdade vai poder ou não?

A Comissão da Verdade não poderá responsabilizar criminalmente nenhum torturador. A rigor, o Brasil não seguirá o caminho da Argentina, do Chile ou do Peru, países onde vários generais e agentes do Estado, que torturaram e mataram, estão em cana. A Lei de Anistia impede.

Quais seriam, então, os limites dessa revisão?

Reconstituir efetivamente o que ocorreu. É preciso saber a verdade sobre os crimes cometidos pelos agentes do Estado. O que aconteceu com os dissidentes estamos cansados de saber.

Quais garantias a sociedade tem de que um ciclo de vinganças não se iniciará?

Isso é paranóia imobilizadora. Ódio você não enterra com desconhecimento. A verdade é que esses torturadores são poucas centenas, um bandinho de criminosos nas Forças Armadas, na Polícia Militar e na Civil. A maioria esmagadora não está manchada de sangue. Não é possível que eles permaneçam com as suas promoções e pensões e tudo continue escondido. O cientista político italiano Norberto Bobbio diz que a luz do sol contribui para a melhoria das relações da sociedade.[348]

Neste ponto é acertada a lembrança de Alexandra Brito, ao dizer que algumas transições negociadas sob alta pressão produziram efetivamente comissões da verdade e julgamentos mais incisivos (Chile); outras, por fragilidade da conjuntura de transição que se estabeleceu, não o fizeram, como em Portugal, todavia, mais tarde, os efeitos dos saneamentos foram revertidos. Isto porque:

Devemos nos lembrar que o equilíbrio de poder não permanece inalterado, mesmo dentro do que é definido como o "período de transição". O poder pode se deslocar, por vezes dramaticamente, ou a favor daqueles que procuram justiça ou a favor daqueles que procuram proteger-se de qualquer ação punitiva; igualmente, as políticas de justiça transicional podem ser postas de lado em determinado momento, para mais

---

[347] Não desconheço as teses que sustentam que a Lei de Anistia no Brasil anistiou os autores de crimes políticos e conexos, quando praticados com motivação política e, neste sentido, só teriam praticado crimes políticos ou com motivação política os que desejavam ir contra o Estado. Os atos dos órgãos de repressão visavam ao contrário: defender o governo. Logo, não seria preciso revogar ou alterar a Lei de Anistia, pois a punição desses crimes só dependeria de uma interpretação técnica do seu conteúdo. Lembram ainda os que sustentam tal tese que o Chile teve sua lei de autoanistia e relutou em punir os crimes do governo Pinochet. Acabou condenado pela Corte Interamericana de Direitos Humanos (2006). Neste sentido ver o texto de FÁVERO, Eugênia Augusta Gonzaga; WIECHERT, Marlon Alberto. Crimes contra a humanidade. In: *Folha de São Paulo*, Caderno Tendências e Debates, edição de 16/08/2008. Os dois são autores de ação cível que pede à Justiça a declaração de que Carlos Alberto Brilhante Ustra e Audir Santos Maciel – ex-comandantes do DOI-Codi (Destacamento de Informações do Centro de Operação de Defesa Interna) em São Paulo.

[348] Disponível em: <www.desaparecidospoliticos.org.br/pagina.phpñd=350>, extraído da entrevista dada ao Jornal Estado de São Paulo em 06/02/2011, acesso em 22/02/2011.

Verdade, Memória e Justiça no Brasil – responsabilidades compartidas

tarde serem retomadas, ou devido a um deslocamento no equilíbrio de poder, ou como resultado de fatores internacionais.[349]

Um dos problemas que se enfrenta na instituição destes espaços de memória emancipatória e identitária é o que diz com a advertência de Joanna Quinn: "Moreover, after the close of hostilities, the very leaders who played a major part in perpetuating the conflict often remain prominent figures in the subsequent peace process, a situation that does not facilitate the resolution of missing persons cases",[350] pois estes senhores do poder instituído não têm interesse na divulgação de informações e dados que talvez venham a comprometer suas imagens contemporâneas fundadas na lógica do esquecimento, muito menos em apurar responsabilidades e punições.

Este tipo de comportamento reforça uma das orientações para o enfrentamento desta questão pós-Nuremberg, a saber, de que autores de violações de direitos humanos e fundamentais em situações de exceção fossem enviados para julgamento em Cortes internacionais, uma vez que estes tipos de crime estão em pé de igualdade e significado com aqueles condizentes ao terrorismo, ao narcotráfico e a desestabilização de governos democráticos, excedendo a capacidade e isenção dos Tribunais nacionais para enfrentá-los.[351] Por certo que tal alternativa não seria interessante em face até da uniformização não contextual de cada realidade e experiência histórica.

De qualquer sorte, vale a advertência de Niño, no sentido de que a formação da consciência social contra os abusos de direitos humanos depende mais da exposição que se pode fazer de ditas atrocidades e de sua clara condenação que do número de pessoas que são de fato castigadas por ela.

---

[349] BRITO, Alexandra Barahona de. Justiça Transicional e a política da memória: Uma visão global. In: *Revista Anistia*, vol.1. Brasília: Ministério da Justiça, 2009, p. 65.

[350] QUINN, Joanna R. Reconciliation(s): Transitional Justice in Postconflict Societies, op. cit., p. 119. Lembra a autora que a busca de informações sobre as vítimas de estados de exceção "can reveal what happened to victims of such killings and give families information about the fate of loved ones. They can also enable the next of kin to honour the dead in conformity with the precepts of their culture and religion". Há uma séria de informações no sítio <http://www.undp.org/governance>.

[351] BALDO, Suliman and MAGARRELL, Lisa. *Reparation and the darfur peace process*: ensuring victims' rights. Disponível em: <http://www.iidh.ed.cr/bibliotecadigital>, acesso em 29/01/2011, p. 71. Importa referir a advertência de Teitel neste sentido ao lembrar que: "El uso del Derecho de los Derechos Humanos y el Derecho de la Guerra há cambiado después del abandono de la teoría del Estado moderno a favor de la idea de un período de la globalización. La combinación contemporánea del Derecho de los Derechos Humanos, el Derecho Penal y, el Derecho Internacional de Guerra, implica una pronunciada perdida para aquellos que buscaban desafiar la acción del Estado". In: TEITEL, Ruti G. *Genealogía de la Justicia Transicional*. Op. cit., p. 24.

Da mesma forma as políticas públicas voltadas à constituição da memória, verdade e reparações, uma vez que, mesmo os êxitos parciais que venham a desenvolver – com os cuidados necessários ao desiderato –, contribuem para "crear una conciencia pública sobre los horrores que pueden tener lugar cuando la democracia y el Estado de derecho son pasados por alto".[352] Veja-se que a omissão estatal neste sentido sem sombra de dúvidas caracteriza infração a tais direitos, uma vez que, "la incapacidad del gobierno de investigar y hacer juicios por las violaciones a los derechos humanos cometidos durante un gobierno anterior puede, con justa razón, ser categorizada como un abuso pasivo a los derechos humanos si pone dichos derechos en peligro en el futuro".[353]

Por isto a assertiva do Conselho de Segurança da ONU ao sustentar que:

> As experiências de justiça de transição mais bem sucedidas devem seu sucesso, em grande parte, à quantidade e a qualidade de consultas públicas realizadas juntamente com as vítimas. A consulta local permite um melhor entendimento das dinâmicas do conflito anterior, padrões de discriminação e tipos de vítimas. Embora a comunidade internacional tenha por vezes imposto soluções externas de justiça de transição, uma tendência mais aberta e consultiva está surgindo e é visível em lugares como Serra Leoa e Afeganistão.[354]

São inúmeras as instituições e centros de pesquisas que se ocupam deste tema no Ocidente hoje, podendo-se citar aqui: a) *Centre for the Study of Violence and Reconciliation* (CSVR), instituído na África do Sul em 1989, <http://www.csvr.org.za/>; b) o *African Transitional Justice Research Network* (ATJRN), criado em 2006 <http://www.transitionaljustice.org.za/>; c) o *Transitional Justice Institute* (TJI), criado na Irlanda do Norte, <http://www.transitionaljustice.ulster.ac.uk/>; d) a base de dados da Universidade de Wisconsin-Madison <http://www.polisci.wisc.edu/tjdb/bib.htm>; e) a base de dados sobre co-

---

[352] NIÑO, Carlos Santiago. *El Deber de Castigar los Abusos Cometidos en el Pasado Contra los Derechos Humanos Puesto en Contexto: El Caso de Argentina*. Disponível em: <http://www.iidh.ed.cr/bibliotecadigital>, acesso em 29/01/2011, p. 19.

[353] Idem. É interessante o registro de BRETT, Sebastian; BICKFORD, Louis; SEVCENKO, Liz; RIOS, Marcela. In: *Memorialization and Democracy: State Policy and Civic Action*. June 20-22. Santiago: Gobierno de Chile, 2007, p. 31: "Civil society has played the most dynamic and creative role in memorialization, just as advances in the courts have resulted mainly from its tenacious campaign against impunity".

[354] NAÇÕES UNIDAS, Conselho de Segurança. *O Estado de Direito e a justiça de transição em sociedades em conflito ou pós-conflito*. Op. cit., p. 331. Ainda diz mais este documento: "Sem campanhas de educação e consciência, e sem iniciativas de consulta pública para a reforma, não se poderia assegurar o apoio e a compreensão da opinião pública sobre a reforma. As organizações da sociedade civil, as associações nacionais de juristas, os grupos de direitos humanos e defensores das vítimas e os grupos vulneráveis devem ser ouvidos nesses processos".

missões de verdade *United States Institute of Peace* (USIP) <www.usip. org/library/truth.html>; f) Alexandra Barahona de Brito, no artigo *Justiça Transicional e a política da memória: Uma visão global*,[355] dentre os exemplos que acabo de referir, também faz menção importante a dois estudos pioneiros sobre a matéria, a saber: i) de John H. Herz (ed). *From Dictatorship to Democracy: Coping With the Legacies of Authoritarianism and Totalitarianism.* Westport: Greenwood Press, 1982; e ii) de Alice Henkin (ed). *State Crimes: Punishment or Pardon.* Wye Centre, Colorado: Aspen Institute for Peace, 1989.

No Brasil, por sua vez, somente da metade em diante da primeira década do século XXI é que começam a surgir publicações mais específicas sobre estas questões, razão pela qual há muito que discutir ainda.

4. Bibliografia

ACCIOLY, Hildebrando. *Tratado de Direito Internacional Público.* Tomo II. São Paulo: Saraiva, 1934.

AMARAL JÚNIOR, José Levi Mello do. *Tratados Internacionais sobre Direitos Humanos: como ficam após a Reforma do Poder Judiciário.* In: *Revista Jurídica Consulex*, Brasília-DF, ano IX, n. 197, p. 39, mar. 2005.

ANISTIA INTERNACIONAL. Les assassinats politiques: *Rapport sur la responsabilité des Etats.* Paris: Seuil, 1983.

BALDO, Suliman and MAGARRELL, Lisa. *Reparation and the darfur peace process: ensuring victims' rights.* Disponível em: <http://www.iidh.ed.cr/bibliotecadigital>, acesso em 29/01/2011.

BARBOUR, Stephanie. *Making an Impact: Guidance on Designing Effective Outreach Programs for Transitional Justice.* New York: ICTJ, 2010.

BELKNAP, Joanne. *The Invisible Woman*: Gender, Crime, and Justice (Wadsworth Contemporary Issues in Crime and Justice). Princeton: Princeton University Press, 2009.

BONANATE, Luciano. *Transizioni democratiche 1989 - 1999.* Milano: Franco Angeli, 2000.

BOTTINI, Pierpaolo Cruz; TAMASAUSKAS, Igor. Lei de Anistia: um debate imprescindível. In: *Revista Brasileira de Ciências Criminais* n. 77. São Paulo: Revista dos Tribunais, 2009.

BRETT, Sebastian; BICKFORD, Louis; SEVCENKO, Liz; RIOS, Marcela. In: *Memorialization and Democracy*: State Policy and Civic Action. June 20-22. Santiago: Gobierno de Chile, 2007.

---

[355] BRITO, Alexandra Barahona de. *Justiça Transicional e a política da memória*: Uma visão global. Op. cit.. Da mesma autora ver os textos: a) *The Politics of Memory: Transitional Justice in Democratizing Societies.* Oxford: Oxford University Press 2001; e b) *Human Rights and Democratization in Latin America: Uruguay and Chile.* Oxford: Oxford University Press 1997.

BRITO, Alexandra Barahona de. Justiça Transicional e a política da memória: uma visão global. In: *Revista Anistia*, vol.1. Brasília: Ministério da Justiça, 2009.

——. *The Politics of Memory*: Transitional Justice in Democratizing Societies. Oxford: Oxford University Press 2001.

——. *Human Rights and Democratization in Latin America*: Uruguay and Chile. Oxford: Oxford University Press 1997.

CRUVELLIER, Thierry. *From Taylor Trial to Lasting Legacy*: Putting the Special Court Model to the Test. New York: ICTJ, 2009.

DUGGAL, Lorenzo. *Estado de excepción y control político social*. México: Paidós, 2001.

ENDHELL, Ruth. *Peacebuilding and the Arts*. In: International Center for Ethics, Justice, and Public Life. Disponível em: <www.brandeis.edu/slifka/vrc>, acesso em 10 de dezembro de 2010.

FÁVERO, Eugênia Augusta Gonzaga; WIECHERT, Marlon Alberto. Crimes contra a humanidade. In: *Folha de São Paulo*, Caderno Tendências e Debates, edição de 16/08/2008.

FLORES, Joaquin Herrera. Direitos Humanos, Interculturalidade e Racionalidade de Resistência. In: *apud* de PIOVESAN, Flávia. *Temas de Direitos Humanos*. São Paulo: Max Limonad, 2003.

FÓRUM MUNDIAL DE JUÍZES: Não responsabilização por crimes da ditadura pode condenar Brasil na OEA. Disponível em: <http://www.direitos.org.br/index.php?option=com_content&task=view&id=4920&Itemid=2>, acesso em 10/03/2011.

FRAGA, Mirtô. *O conflito entre tratado internacional e norma de direito interno*: estudo analítico da situação do tratado na ordem jurídica brasileira. Rio de Janeiro: Forense, 1998.

GALINDO, George Rodrigo Bandeira. *Tratados Internacionais de Direitos Humanos e Constituição Brasileira*. Belo Horizonte: Del Rey, 2002.

GENRO, Tarso. *Direito Constituição e Transição Democrática no Brasil*. Brasília: Francis, 2010.

HABERMAS, Jürgen. *Dialética e Hermenêutica*. Porto Alegre: L&PM, 1987.

HAYNER, Priscilla. *Unspeakable Truths*. London: Routledge, 2010.

INSTITUTE. International Human Rights Law. Los Principios de Chicago sobre Justicia transicional. Disponível em: <http://www.iidh.ed.cr/bibliotecadigital>, acesso em 29/01/2011.

KRITZ, Neil (Ed.). *Transitional Justice*. (03 vol.) Washington DC: United States Institute of Peace Press, 2005.

LAFER, Celso. *Comércio, Desarmamento, Direitos Humanos*: reflexões sobre uma experiência diplomática. São Paulo: Paz e Terra, 1999.

LEAL, Rogério Gesta. *Direitos Humanos no Brasil: desafios à democracia*. Porto Alegre: Livraria do Advogado, 1998.

——. *Perspectivas Hermenêuticas dos Direitos Humanos e Fundamentais no Brasil*. Porto Alegre: Livraria do Advogado, 2001.

LOLLINI, Andrea. *Costituzionalismo e giustizia di transizione*: Il ruolo costituente della Commissione sudafricana verità e riconciliazione. Bologna: Il Mulino, 2005.

MAZZUOLI, Valério de Oliveira. A opção do Judiciário brasileiro em face dos conflitos entre Tratados Internacionais e Leis Internas. In: *Revista CEJ*, Brasília-DF, n.14, mai./ago. 2001.

——. *Direito Internacional*: Tratados e Direitos Humanos Fundamentais na Ordem Jurídica Brasileira. Rio de Janeiro: América Jurídica, 2001.

MENDES, Gilmar. A Justiça Constitucional nos Contextos Supranacionais. In: *Revista Direito Público*, n. 8, abr./mai./jun. 2005.

MORAES, Alexandre de. *Constituição do Brasil Interpretada e Legislação Constitucional*. São Paulo: Atlas, 2006.

NAÇÕES UNIDAS, Conselho de Segurança. O Estado de Direito e a justiça de transição em sociedades em conflito ou pós-conflito. In: Relatório do Secretário Geral, *Revista Anistia*, vol.I. Brasília: Ministério da Justiça, 2009.

NIÑO, Carlos Santiago. El Deber de Castigar los Abusos Cometidos en el Pasado Contra los Derechos Humanos Puesto en Contexto: El Caso de Argentina. Disponível em: <http://www.iidh.ed.cr/bibliotecadigital>, acesso em 29/01/2011.

PINHO, Ruy Rebello & NASCIMENTO, Amauri Mascaro. *Instituições de Direito Público e Privado*. São Paulo: Atlas, 1990.

PIOVESAN, Flávia. *Temas de Direitos Humanos*. São Paulo: Max Limonad, 2003.

QUINN, Joanna R. *Reconciliation(s): Transitional Justice in Postconflict Societies*. New York: McGill-Queen's University Press, 2009.

RAMOS, André de Carvalho. *Processo Internacional de Direitos Humanos*: análise dos sistemas de apuração de violações dos direitos humanos e a implementação das decisões no Brasil. Rio de Janeiro: Renovar, 2002.

REZEK, Francisco. *Direito Internacional Público*: *Curso elementar*. São Paulo: Saraiva, 2005.

——. *Direito Internacional Público*: Curso elementar. São Paulo: Saraiva, 2001.

ROBERTSON, Geoffrey. *Crimes Against Humanity*. Londres: The Pinguin Press, 1999.

SÁNCHES, Miguel Revenga. *Tendencias jurisprudenciales de la Corte Interamericana y el Tribunal Europeu de Derechos Humanos*. Valencia: Tirant lo Blanch, 2008.

SARLET, Ingo Wolfgang. Direitos Fundamentais, Reforma do Judiciário e Tratados Internacionais de Direitos Humanos. In: *Direitos Humanos e Democracia*. Rio de Janeiro: Forense, 2007.

TEITEL, Ruti G. Genealogía de la Justicia Transicional. Disponível em: <http://www.iidh.ed.cr/bibliotecadigital>, acesso em 29/01/2011.

TRINDADE, Antônio Augusto Cançado. *Tratado de Direito Internacional dos Direitos Humanos*. Vol. 3. Porto Alegre: Fabris, 2003.

VELLOSO, Carlos Mário da Silva. O direito internacional e o Supremo Tribunal Federal. In: *Revista de Direito Administrativo*, n° 229, julho/setembro. Rio de Janeiro: Renovar, 2002.

YOUNG, Laura A. and PARK, Rosalyn. Engaging Diasporas in Truth Commissions: Lessons from the Liberia Truth and Reconciliation Commission Diaspora Project. *In International Journal for Transitional Justice*. Vol.3. New York: Macmillan, 2009.

Capítulo Sexto

A responsabilidade do Estado por atos de tortura, sequestro, desaparecimento e morte de pessoas em regimes de exceção: aspectos introdutórios

1. Notas introdutórias

Pretendo neste ensaio tratar do tema da responsabilidade do Estado brasileiro por atos de tortura, sequestro, desaparecimento e morte de pessoas no período do regime militar. Para tanto, quero contextualizar o debate a partir da perspectiva do direito internacional e nacional.

2. O regime de exceção militar e a violação dos direitos fundamentais

É notório na história recente do Brasil que, desde a edição do AI-5, em 13/12/1968, e do Decreto-Lei nº 477/1969, e sob as suas sombras, se praticaram as maiores arbitrariedades a repercutir intensamente nos direitos dos cidadãos, que se viram inteiramente desprotegidos e submetidos a uma onda de repressão até então nunca vista. O governo militar conseguiu exilar milhares de pessoas e cassações políticas.

Os esquadrões da morte, desde 1968, eliminaram um número até hoje desconhecido de pessoas. A esse número somam-se os extermínios efetuados pelo aparelhamento policial em nome da segurança e do restabelecimento da ordem. Neste cenário de horror, é preciso lem-

Verdade, Memória e Justiça no Brasil – responsabilidades compartidas

brar que: "Not only missing persons should be considered as victims but also all the members of their families understood in their broadest possible sense".[356]

Registram-se, ainda, as alterações levadas a efeito no texto constitucional e na edição de determinadas leis, como, dentre outras, as já citadas Lei de Imprensa, a Lei Antigreve, a Lei de Segurança Nacional, o Estatuto do Estrangeiro, para que o sistema encontrasse sua sustentação. Francisco C. Weffort dá uma ideia clara do panorama geral brasileiro deste período:

> Nos dez anos que vão de 1964 a 1974, o sistema político formado durante o período democrático foi inteiramente destroçado. Não apenas foi destruído o sistema partidário, abolido em 1965, para dar lugar ao simulacro de bipartidarismo ARENA-MDB, o qual não passou durante os anos Medici de um exercício de ficção política. Nos anos de terror, após 1968, a própria imprensa tornou-se, através da censura, em um simulacro de si própria. Na ausência do *habeas corpus*, para mencionar logo o caso extremo, o sistema judiciário se anulou como poder independente. E o Congresso, destituído dos seus poderes e ameaçado pelo fantasma das cassações, converteu-se em cenário sem vida.[357]

O Estado brasileiro se afigurou, em muitos de seus quadros, como que gerenciando o terror institucional, reivindicando para si o monopólio do exercício ilegítimo da violência; foi manejado como um objeto particular, alheio a qualquer finalidade pública e perdido por uma crise de identidade sem precedentes. Na concepção política de Claude Lefort, este tipo de governo conseguiu, com tais comportamentos, criar um antiestado, gerido por um conjunto desordenado de iniciativas políticas, todas tendentes ao arbítrio cada vez mais intenso de alguns comandantes das Forças Armadas.[358] Forja-se, aqui, o que Coetzee chama de um verdadeiro Estado Bandido, blindando ações de tamanha violência física e simbólica referidos com vestes de legalidade formal autoritária, e operando com a lógica da disseminação do medo para desmobilizar a sociedade.[359]

---

[356] ICRC Report. *The missing and their families: Summary of the conclusions arising from the events held prior to the International Conference of Governmental and Non-Governmental Experts* (19 – 21 February 2003), p. 11. Disponível em: <http://www.icrc.org>, acesso em 22/02/2011. Diz o relatório ainda que: "Such a situation is bound to have a direct impact on others as well. It will affect the entire community and its capacity to cope with its past, to end the war or violence in which it stagnates and ensure sustainable peace. As outlined in the South African Truth and Reconciliation Commission's objectives, 'establishing and making known the fate and where-abouts of victims' is one of the means of achieving national unity and reconciliation".

[357] WEFORT, Francisco. *Por que democracia?* São Paulo: Brasiliense,1984, p. 65.

[358] LEFORT, Claude. *L'Invention Démocratique – Les limites de la domination totalitaire.* Paris: Librairie Arthème Fayard, 1981; ——. *Essais sur le politique – XIX-XX siècles.* Paris: Librairie Arthème Fayard, 1984; ——. *Pensando o Político.* São Paulo: Paz e Terra, 1991.

[359] COETZEE, J. M. *Diary of a bad year.* New York: Penguin, 2007.

Com a formação do Destacamento de Operações de Informações e o Centro de Operações de Defesa Interna (DOI-CODI), em janeiro de 1970, formalizou-se no Exército um comando que centralizou as ações das demais Armas e da polícia federal e estadual no âmbito da repressão. Da mesma forma, em nível estadual, os militares ainda contaram com o Departamento de Ordem Política e Social (DOPS) para lhes auxiliar nestas tarefas.[360] Não se pode esquecer também a experiência dantesca da chamada Operação Bandeirantes (OBAN), configurando-se como verdadeiro e estruturado regime de exceção paralelo ao Estado, eis que, conforme Paulo Sérgio Pinheiro, composto por circuitos fora da hierarquia militar, financiada por empresários paulistas em 1969.[361]

Em nível das Forças Armadas, há registros históricos de que se formaram também macro-estruturas de inteligência e repressão militar, a saber: 1) o Centro de Informações da Marinha – CENIMAR; 2) o Centro de Informações do Exército – CIE; 3) o Centro de Informação e Segurança da Aeronáutica – CISA. A estes se vinculavam os órgãos estaduais e mesmo municipais envolvidos na segurança pública da polícia civil e da brigada militar. Estes órgãos tinham, por sua vez, uma bem montada organização interna e de procedimentos, envolvendo: a) Setor de Infiltração, responsável pela investigação, infiltração e espionagem nos movimentos de oposição; b) Setor de Busca, responsável pela apreensão de documentos e materiais tidos como subversivos e prisões de pessoas; c) Setor de Triagem, que fazia a separação dos materiais apreendidos para lhes dar prioridade e importância; d) Setor de Análise, que operava o rastreamento de comunicações entre os opositores, avaliação dos documentos selecionados, buscando desmobilizar os movimentos de oposição.[362]

A história desta repressão registra o desrespeito absoluto das garantias individuais dos cidadãos, previstas na Constituição que os generais diziam respeitar, desencadeando uma prática sistemática de detenções na forma de sequestro, sem qualquer mandado judicial nem observância de lei.

A suspeita de subversão estendia-se a familiares e amigos das pessoas procuradas pelas forças policiais-militares. À luz da ideologia da Segurança Nacional, o inimigo

---

[360] VÁRIOS AUTORES. *Brasil: Nunca Mais*. Publicado pela Arquidiocese de São Paulo. Rio de Janeiro: Vozes, 1985.

[361] PINHEIRO, Paulo Sérgio. Esquecer é começar a morrer. In: SOARES, Inês V. P.; KISHI, Sandra A. S. *Memória e Verdade*: a justiça de transição no Estado Democrático Brasileiro. Belo Horizonte: Fórum, 2009, p. 15.

[362] ETCHICHURY, Carlos; WAGNER, Carlos; TREZZI, Humberto; MARIANO, Nilson. *Os Infiltrados*: eles eram os olhos e os ouvidos da ditadura. Porto Alegre: AGE, 2010, p. 48.

não era apenas uma pessoa física, era um eixo de relações visto potencialmente como núcleo de organização ou partido revolucionário. Assim, os que se encontrassem ao lado da pessoa visada, ainda que por vinculações profissionais, efetivas ou consangüíneas, eram indistintamente atingidos pela ação implacável dos agentes que encarnavam o poder do Estado.[363]

O número de pessoas envolvidas nestes expedientes do Estado de Segurança Nacional ainda hoje não é totalmente conhecido, porém, pode-se dizer que no auge da repressão um universo de quase 8.000 (oito mil) pessoas foram diretamente atingidas e violentadas em seus direito mínimos de cidadania, via inquéritos policiais militares. Em razão de tais registros também se pode perceber quais as camadas sociais mais envolvidas: a) a classe média urbana; b) a faixa etária dos indiciados era majoritariamente inferior 30 anos, grande parte com formação universitária; c) as acusações mais frequentes diziam respeito à militância em organização partidária proibida e à participação em ação violenta ou armada.[364]

Em texto recente, Linhares e Teixeira registraram que o número expressivo de cerca de 50 mil pessoas detidas somente nos primeiros meses da ditadura, 10 mil cidadãos exilados em algum momento do período ditatorial, mais de 450 pessoas mortas e desaparecidas além de inúmeras vítimas de tortura, estupro e tratamento desumano, mostra que estes atos criminosos constituíam verdadeira política de estado dirigida contra a população civil.[365] Não se pode deixar de reconhecer, por outro lado, a resposta armada e por vezes violenta que a oposição ao regime militar deu na época, haja vista os vários movimentos organizados para tanto, dentre outros: a) Vanguarda Popular Revolucionária – VPR; b) Partido Comunista Brasileiro – PCB; c) Partido Comunista do Brasil – PcdoB; d) Partido Comunista Brasileiro Revolucionário – PCBR; e) Vanguarda Armada Revolucionária Palmares – VAL-PALMARES; f) Ação Libertadora Nacional – ALN; g) Movimento de Libertação Popular – MOLIPO; (h) Movimento Revolucionário 8 de Outubro – MR-8; h) Marx, Mao e Guevara – M3G.[366]

No que tange ao controle jurisdicional sobre os abusos cometidos pelas forças do sistema, sabe-se das limitações impostas pelo próprio

---

[363] ETCHICHURY, Carlos; WAGNER, Carlos; TREZZI, Humberto; MARIANO, Nilson. *Os Infiltrados*, op. cit., p. 79.

[364] Idem.

[365] In: ZANEIR, Alebe Linhares; TEIXEIRA, Gonçalves. As medidas de responsabilização do estado e de seus agentes por crimes cometidos durante a ditadura militar brasileira (1964-1985). In: *Anais do XIX Encontro Nacional do CONPEDI realizado em Fortaleza – CE* nos dias 09, 10, 11 e 12 de junho de 2010.

[366] ETCHICHURY, Carlos; WAGNER, Carlos; TREZZI, Humberto; MARIANO, Nilson. *Os Infiltrados:* eles eram os olhos e os ouvidos da ditadura. Op. cit., p. 50.

texto constitucional e pela ideologia conservadora de grande parte dos juristas brasileiros. Tanto é verdade que o estudo levado a cabo pelo movimento do Brasil: Nunca Mais registra que dos 6.385 indiciados em processos militares consultados, presos e torturados, apenas 1,4% dos casos foram comunicados regularmente à autoridade judicial.[367]

É sintomático que somente na chamada abertura democrática da década de 1980 é que se começou a presenciar provocações investigativas oficiais envolvendo as violações de que estou tratando, por razões e justificativas óbvias e próprias ao período, a maior parte delas encerradas sem sucesso, tanto pela aplicação da Lei de Anistia, como por simples resguardo dos interesses hegemônicos vigentes então. Citam-se dois casos paradigmáticos daquela época, a saber: a) o pedido de punição de três torturadores que cegaram, em fevereiro de 1976, num presídio de Aracaju, o preso político Milton Coelho de Carvalho, julgado improcedente pelo então Superior Tribunal Militar, que aplicou a Lei de Anistia para afastar a responsabilidade do Estado e dos torturadores – funcionários públicos que eram; b) o famoso caso Vladimir Herzog, encaminhado à justiça por representação do então Deputado Federal Hélio Bicudo (PT-SP), envolvendo o policial Pedro Antônio Mira Grancieri, de alcunha *Capitão Ramiro*, em face da morte de Herzog nas dependências do DOI-CODI, em 1975.[368]

É claro que não estou esquecendo o trabalho incansável de organizações sociais, instituições como a Associação Brasileira de Imprensa e a Ordem dos Advogados do Brasil, setores da Igreja, e vários outros segmentos importantes do país que bravamente mantiveram-se mobilizados durante todo o regime militar, o que inclusive já registrei em trabalho anterior, destacando aqui, somente a título de exemplificação, o episódio em que Tristão de Ataíde (Alceu Amoroso Lima) denunciou o desaparecimento do deputado federal Rubens Paiva, em 1971.[369]

Um exemplo efetivo disto é o caso da abertura da chamada vala clandestina de Perus, localizada no cemitério Dom Bosco, na cidade de São Paulo, no dia 4 de setembro de 1990. Lá foram encontradas 1.049 ossadas de presos políticos, indigentes e vítimas dos esquadrões da

---

[367] Op. cit., p. 88. É interessante lembrar que desde o Ato Institucional nº 2, de 27 de outubro de 1965, passou à Justiça Militar a competência para processar e julgar os crimes contra a Segurança Nacional. Vigia nesta época a Lei nº 1802, de 05 de janeiro de 1953, que tipificava os crimes contra o Estado e contra a ordem política e social.

[368] Veio à tona aqui novamente o fato do Brasil não ter ratificado a convenção da ONU sobre a imprescritibilidade de crimes contra a humanidade.

[369] Estou falando de meu livro LEAL, Rogério Gesta. *Direitos Humanos no Brasil:* desafios à democracia. Porto Alegre: Livraria do Advogado, 2000.

morte. Em seguida, os familiares dos mortos e desaparecidos políticos obtiveram o apoio da prefeita Luiza Erundina, que criou a Comissão Especial de Investigação das Ossadas de Perus. Entre 17 de setembro de 1990 e maio de 1991, instalou-se na Câmara Municipal de São Paulo uma Comissão Parlamentar de Inquérito para investigar irregularidades da vala clandestina. Em dezembro de 1990, as ossadas foram transferidas para o Departamento de Medicina Legal da Universidade Estadual de Campinas (UNICAMP), no Estado de São Paulo. O trabalho da Comissão Especial de Investigação das Ossadas de Perus e da CPI estendeu-se a todos os cemitérios da capital e demais cidades, assim, outras ossadas foram encaminhadas ao DML/UNICAMP para que se procedesse as pesquisas com fins de identificação. Com o término do mandato da prefeita de São Paulo, em dezembro de 1992, os familiares continuaram suas pesquisas sem respaldo institucional.[370]

Quero ver a partir de agora como se amoldam os marcos normativos que trataram e tratam da matéria sob comento.

3. Marcos normativos internacionais e nacionais sobre o tema

Naquela quadra histórica é óbvio que, em termos de marcos normativos protetores dos Direitos Humanos e Fundamentais, a situação do país era lamentável, eis que somente com a abertura democrática – meados da década de 1980 – é que se começa a buscar inserção internacional e nacional destes elementos.

Veja-se que a Declaração Universal dos Direitos Humanos fora adotada e proclamada na terceira sessão da Assembleia Geral das Nações Unidas, em Paris, nos termos da Resolução n° 217 A (III), de 10 de dezembro de 1948. Nesta mesma data, fora assinada pelo Brasil. Quase quarenta anos depois, em 28 de novembro de 1985, o então Presidente da República, José Sarney, submeteu ao Congresso Nacional proposta de adesão do país ao Pacto Internacional Sobre os Direitos Civis e Políticos, assim como ao Pacto Internacional Sobre os Direitos Econômicos, Sociais e Culturais. O Congresso Nacional aprovou a proposta de

---

[370] Disponível em: <http://www.desaparecidospoliticos.org.br>, acesso em 12/04/2011. Registra o documento ainda que a Comissão de Familiares de Mortos e Desaparecidos do Comitê Brasileiro pela Anistia/RS, em 1984, pela Assembleia Legislativa do Rio Grande do Sul, editou um livro onde constam 339 nomes de pessoas vítimas do regime militar, dos quais 144 são de desaparecidos, e orientou a pesquisa para a elaboração do Dossiê dos Mortos e Desaparecidos Políticos a partir de 1964, publicado em Recife, em 1995, e em São Paulo, em 1996.

adesão aos dois textos pelo Decreto Legislativo n° 226, de 12/12/1991, sendo que o ato de adesão só veio a ocorrer em 24/02/1992.[371]

De outro lado: a) a Convenção contra a Tortura e outros Tratamentos ou Penas Cruéis, Desumanas ou Degradantes,[372] adotada pela Resolução n° 39/46, da Assembleia Geral das Nações Unidas, em 10/12/1984, somente foi ratificada pelo Brasil em 28/09/1989; b) a Convenção sobre a Eliminação de todas as formas de Discriminação contra a Mulher, adotada pela Resolução n° 34/180, da Assembleia Geral das Nações Unidas, em 18/12/1979, foi ratificada pelo Brasil em 01/02/1984; c) a Convenção sobre a Eliminação de todas as formas de Discriminação Racial, adotada pela Resolução n° 2.106-A (XX), da Assembleia Geral das Nações Unidas, em 21/12/1965, foi ratificada pelo Brasil em 27/03/1968; d) a Convenção sobre os Direitos da Criança, adotada pela Resolução n° L.44 (XLIV), da Assembleia Geral das Nações Unidas, em 20/11/1989, foi ratificada pelo Brasil somente em 24/09/1990.

É importante que se tenha claro que o Brasil não aderiu, desde logo, a dois Protocolos facultativos importantes que tratavam da matéria atinente à competência do Comitê dos Direitos Humanos de ação na ordem interna do país, e referente à pena de morte, matéria depois vencida com sua adesão à Convenção Interamericana de Direitos Humanos, ainda em 1992.

Ao lado da estrutura internacional de normas reguladoras dos Direitos Humanos no Ocidente, têm-se ainda instrumentos regionais de regulamentação desta matéria e, no caso da América, o Sistema Regional Interamericano.[373]

Tendo seu desenvolvimento alavancado já pela Declaração Americana de Direitos e Deveres do Homem, de 1948, que remonta às re-

---

[371] Importa referir que, no âmbito interno brasileiro, os dois Pactos foram promulgados em 6 de julho de 1992, através do Decreto n° 592.

[372] Nela os Estados-partes se obrigam: a assegurar a proibição total da tortura e a punição de tal ofensa; proibir a extradição de pessoas para Estados onde corram risco substancial de serem torturadas; cooperar com outros Estados para a prisão, detenção e extradição de possíveis torturadores; educar os encarregados da manutenção da ordem a propósito da proibição da tortura; rever, sistematicamente, os procedimentos e métodos de interrogatório de pessoas detidas; investigar, prontamente, alegações de tortura; compensar as vítimas de tortura. A Constituição Brasileira de 1988 prevê como crime inafiançável e insuscetível de graça ou anistia, além de instituir a Lei n° 9.455, de 07/04/1995, que define os crimes de tortura no país.

[373] Refoge ao tema deste trabalho, ao menos neste momento, apreciar a importância de outros eventos internacionais que contribuíram de forma indubitável à formação do Sistema Regional Interamericano de proteção dos Direitos Humanos, como o da Conferência Interamericana Sobre os Problemas da Guerra e da Paz, na cidade do México, em 1945; a Nona Conferência Internacional Americana, em Bogotá, em abril de 1948, criadora da Organização dos Estados Americanos(OEA).

soluções da Oitava Conferência Internacional Americana, realizada em Lima, no ano de 1938, o Sistema Regional foi ganhando espaço e corpo, até a Terceira Conferência Interamericana Extraordinária, em Buenos Aires, no ano de 1967, que deliberou sobre a necessidade de se estabelecer uma Convenção Americana Sobre Direitos Humanos. Esta Comissão tem prestado valorosos serviços para os Direitos Humanos e, em suas inspeções e manifestações, não tem poupado críticas à forma com que muitos países, principalmente da América Latina, vêm tratando de suas obrigações assumidas nos Tratados e Pactos.[374]

No relatório de 1980, sobre a situação dos Direitos Humanos na Argentina, a Comissão Interamericana de Direitos Humanos entendeu que se tornava necessária a atuação de órgãos de supervisão internacional. Esta mesma Comissão, em relatórios mais recentes, relacionou a proteção dos Direitos Humanos com a própria organização política interna do Estado e o exercício efetivo da democracia em várias ocasiões, tendo instado os Estados-membros da OEA a incorporar, aos textos de suas Constituições, certos direitos, e a harmonizar suas legislações respectivas com os preceitos contidos nos tratados dos Direitos Humanos.[375]

Para o que interessa ao tema central deste ensaio, importa ter presente que a Convenção contra a Tortura e outros Tratamentos ou Penas Cruéis, Desumanas ou Degradantes,[376] prevê de forma expressa, dentre outras coisas que os Estados signatários se obrigam a: a) assegurar a proibição total da tortura e a punição de tal ofensa; b) proibir a extradição de pessoas para Estados onde corram risco substancial de serem torturadas; c) cooperar com outros Estados para a prisão, detenção e extradição de possíveis torturadores; d) educar os encarregados da manutenção da ordem a propósito da proibição da tortura; e) rever, sistematicamente, os procedimentos e métodos de interrogatório de pessoas detidas; f) investigar, prontamente, alega-

---

[374] No continente americano, a Comissão Interamericana de Direitos Humanos, em seu relatório anual de 1977, constatou deficiências no direito interno de muitos países (inoperância de garantias e meios de defesa, falta de independência do Poder Judiciário), que deixavam de oferecer proteção adequada às vítimas de violações de direitos humanos. Ver o texto de ALVES, José Augusto Lindgren. *A Arquitetura Internacional dos Direitos Humanos*. São Paulo: FTD, 1997.

[375] Conforme relato de TRINDADE, Antônio Augusto Cançado. *Tratado de Direito Internacional dos Direitos Humanos*. Porto Alegre: Fabris, 2000, p. 412.

[376] Adotada pela Resolução 39/46, da Assembleia Geral das Nações Unidas, em 10/12/1984, e ratificada pelo Brasil em 28/09/1989, promulgada pelo Decreto n° 40, de 15/02/1991. Cumpre o registro ainda de que o Brasil, através do Decreto n° 6.085, de 19/04/2007, promulgou o Protocolo Facultativo à Convenção contra a Tortura, adotado em New York em 18/12/2002, e cujo objetivo é estabelecer um sistema de visitas regulares efetuadas por órgãos nacionais e internacionais independentes a lugares onde pessoas são privadas de sua liberdade.

ções de tortura; g) compensar as vítimas de tortura. Nesta mesma direção, a Constituição Brasileira de 1988 prevê como crime inafiançável e insuscetível de graça ou anistia, a tortura e o tratamento cruel e degradante, tendo o pais instituído somente em 1995, a Lei nº 9.455, de 07/04/1995, que define os crimes de tortura no país.

A Convenção referida se ocupou desde logo em definir quais os elementos fundacionais do crime de tortura, a saber: a) a inflição intencional de dor ou sofrimento agudos, físicos ou mentais; b) a finalidade do ato, que pode ser a obtenção de informações ou confissões, a aplicação de castigo, a intimidação ou a coação, e qualquer outro motivo baseado em discriminação de qualquer natureza; c) a vinculação do agente ou responsável, direta ou indiretamente, com o Estado.[377] Ademais, ainda nos termos do mesmo dispositivo da Convenção, estes tipos de condutas para serem criminosas devem ter sido praticadas por funcionário público ou outra pessoa no exercício de funções públicas, ou por sua instigação, ou com o seu consentimento ou aquiescência.

Por sua vez, o art. 2º da Convenção, refere de maneira expressa que, sejam quais forem as circunstâncias (ameaça ou estado de guerra, instabilidade política interna ou qualquer outra emergência), a tortura é prática inaceitável pelos Estados-Partes, e quando ocorrida: os Estados devem adotar medidas para garantir que as investigações sobre o sucedido sejam totalmente imparciais (art. 12); que o Estado assegure às vítimas de tortura o direito à indenização (art. 14); que as provas ilícitas advindas de práticas de tortura sejam expressamente proibidas em qualquer processo – salvo contra uma pessoa acusada de tortura como prova de que a declaração foi prestada (art. 15).

Já a Lei brasileira nº 9.455/95, exige para configurar o crime de tortura o emprego de violência e grave ameaça, enquanto que a Convenção se refere a qualquer ato que possa infligir dores ou sofrimentos agudos, físicos ou mentais, além do dispositivo nacional configurar este crime como delito comum, enquanto a Convenção o enquadra como delito próprio – envolvendo vínculo com o Estado.

Para além disto, o Brasil também firmou e ratificou, na data de 20/07/1989, aprovada pelo Decreto Legislativo nº 05/89, e promulgada pelo Decreto nº 98.386/89, a Convenção Interamericana para Prevenir e Punir a Tortura, instituída pela OEA, em seu XV Período Ordinário de Sessões da Assembleia Geral, em Cartagena das Índias, Colômbia, em 09/12/1985.

---

[377] Art. 1º, da Convenção contra a Tortura e outros Tratamentos ou Penas Cruéis, Desumanas ou Degradantes.

Verdade, Memória e Justiça no Brasil – responsabilidades compartidas

Todo este esforço de normatização e mesmo enquadramento internacional do país no âmbito a proteção dos Direitos Fundamentais não surtiu efeitos naquilo que é central em processos como este: na mudança cultural de tratamento do tema e de comportamentos a ele vinculados, haja vista o relatório da Anistia Internacional no Brasil em 2001, dando conta que:

> Há um uso sistemático de tortura e maus-tratos no momento em que é efetuada a prisão e durante o interrogatório de suspeitos para obtenção de confissões, informação ou para extorquir dinheiro (...) a grande maioria das vítimas é composta de suspeitos criminais de baixa renda, com grau de instrução insuficiente, freqüentemente de origem afro-brasileira ou indígena, que compõem um setor da sociedade cujos direitos sempre foram ignorados no Brasil.[378]

O mesmo ocorre com a Declaração sobre a Proteção de todas as Pessoas Contra os Desaparecimentos Forçados, adotada pela Assembleia Geral das Nações Unidas através da Resolução 47/133, de 18 de dezembro de 1992, associada à proteção que os Convênios de Genebra, de 12 de agosto de 1949, e seus Protocolos Adicionais de 1977, observados os termos da resolução 43/173, de 9 de dezembro de 1988, assim como os princípios relativos a uma eficaz prevenção e investigação das execuções extralegais, arbitrárias ou sumárias, formulados pelo Conselho Econômico e Social, em sua Resolução 1989/65, de 24 de maio de 1989, e aprovados pela Assembleia Geral em sua resolução 44/162, de 15 de dezembro de 1989.

É de se ver que na declaração sobre a proteção de todas as pessoas contra os desaparecimentos forçados, tem-se a assertiva de que nenhum Estado cometerá, autorizará ou tolerará desaparecimentos forçados (art. 2.1.), bem como que, *além das sanções penais aplicáveis, os desaparecimentos forçados deverão gerar responsabilidade civil dos seus autores e do Estado ou das autoridades do Estado que tenham organizado, consentido ou tolerado tais desaparecimentos*, sem prejuízo da responsabilidade internacional desse Estado, de acordo com os princípios do direito internacional (art. 2.5.).

É interessante como dispõe o documento referido sobre o fato de que nenhuma circunstância, qualquer que seja, mesmo em se tratando de ameaça de guerra, estado de guerra, instabilidade política interna ou qualquer outro estado de exceção, pode ser invocada para justificar os desaparecimentos forçados (art. 7), além do que os Estados velarão para que a autoridade competente disponha das faculdades e

---

[378] ANISTIA INTERNACIONAL. *Tortura e Mas-Tratos no Brasil: desumanização e impunidade no sistema de justiça criminal*. Brasil: Anistia Internacional, 2001, p. 5. Registra o relatório ainda que a maior parte dos atos de tortura e tratamentos degradantes e cruéis ocorre nas delegacias de política e estabelecimentos penais.

dos recursos necessários para levar a cabo a investigação, incluídas as faculdades necessárias para exigir o comparecimento de testemunhas e a apresentação de provas pertinentes, assim como para proceder sem demora visitas a locais (art. 13.2.).

E de se lembrar que em 1968, a Assembleia Geral das Nações Unidas criou a Convenção sobre a imprescritibilidade dos crimes de Guerra e dos crimes contra a humanidade, podendo ser responsabilizado o Estado no particular. Dispõem seus artigos primeiro e segundo que:

a) São imprescritíveis, independentemente da data em que tenham sido cometidos, os seguintes crimes: Os crimes de guerra, como tal definidos no Estatuto do Tribunal Militar Internacional de Nuremberg de 8 de agosto de 1945 e confirmados pelas resoluções nº 3 (I) e 95 (i) da Assembléia Geral das Nações Unidas, de 13 de fevereiro de 1946 e 11 de dezembro de 1946, nomeadamente as "infrações graves" enumeradas na Convenção de Genebra de 12 de agosto de 1949 para a proteção às vítimas da guerra; Os crimes contra a humanidade, sejam cometidos em tempo de guerra ou em tempo de paz, como tal definidos no Estatuto do Tribunal Militar Internacional de Nuremberg de 8 de agosto de 1945 e confirmados pelas resoluções nº 3 (I) e 95 (i) da Assembléia Geral das Nações Unidas, de 13 de fevereiro de 1946 e 11 de dezembro de 1946; a evicção por um ataque armado; a ocupação; os atos desumanos resultantes da política de "apartheid"; e ainda o crime de genocídio, como tal definido na Convenção de 1948 para a prevenção e repressão do crime de genocídio, ainda que estes atos não constituam violação do direito interno do país onde foram cometidos.

b) Sendo cometido qualquer crime mencionado no Artigo 1º . as disposições da presente Convenção aplicar-se-ão aos representantes da autoridade do Estado e aos particulares que nele tenham participado como autores ou como cúmplices, ou que sejam culpados de incitamento direto à sua perpetração, ou que tenham participado de um acordo tendo em vista cometê-lo, seja qual for o seu grau de execução, assim como aos representantes do Estado que tenham tolerado a sua perpetração.

Assim é que, a despeito do Brasil não ter ratificado esta Convenção, ela tem operado efeitos em vários países exatamente em nome da proteção de Direitos Fundamentais envolvidos na espécie. E isto por quê? Pelo fato de que uma das formas de se reconhecer alguém como indivíduo é reconhecer que esse alguém não é somente sujeito de suas próprias ações, mas também objeto das ações dos outros, e sendo assim, precisam conhecer e reconhecer seus direitos não apenas para agir tendo por base estes direitos, mas fundamentalmente para respeitar os direitos dos outros.[379]

---

[379] MEZAROBBA, Glenda. O que é a justiça de transição? Uma análise do conceito a partir do caso brasileiro. In: SOARES, Inês V. P.; KISHI, Sandra A. S. *Memória e Verdade:* a justiça de transição no Estado Democrático Brasileiro. Belo Horizonte: Fórum, 2009, p. 44. Lembra o autor que "o reconhecimento é importante, precisamente porque constitui uma forma de identificação do significado e do valor das pessoas – novamente como indivíduos, como cidadãos e como vítimas".

A jurisprudência da Corte Interamericana de Direitos Humanos tem contribuído em muito na geração de diretrizes à atribuição de sentido das normas veiculadas por estes Tratados e Pactos internacionais, extraindo inclusive deles verdadeiros princípios emergentes de proteção aos Direitos de que tratam, um dos quais diz com a tese de que a responsabilidade do Estado e de seus agentes que praticaram violações à vida humana digna não se aplica somente nas chamadas situações de transição democrática, mas transcendem a elas, pois dizem respeito à impunidade, sendo que aquelas transições terminam e muitas questões relacionadas com o passado persistem, restando o questionamento sobre o que fazer com as degradações humanas ocorridas jamais cicatrizadas.

Por outro lado, políticas públicas que visam recuperar o tipo de memória e verdade de que estou tratando geram outros efeitos importantes em nível de conscientização política e formação da opinião pública, no sentido de constituir/restaurar a confiança entre os cidadãos e entre estes e as instituições públicas, imprimindo às reparações – não só pecuniárias – outra função substancial, a saber, atestar que é possível e necessário restabelecer relações de igualdade e respeito entre os poderes públicos e a comunidade que eles representam.[380]

E não se diga que tais políticas só podem nascer de governos de esquerda e que têm em seus quadros pessoas que sofreram na carne com isto, eis que a experiência internacional já demonstrou que estes temas envolvem verdadeiros patrimônios comuns universais – vida humana, liberdade, igualdade, regimes democráticos etc. Assim é que a França contou com o governo conservador de Chirac para reconhecer os atos de tortura, morte e desaparecimento de pessoas no fatídico episódio ocorrido em 17/07/1942, quando a gestão de Philippe Pétain/Vichy prendeu em massa mais de 1.300 judeus no velódromo de inverno em Paris, para em seguida enviá-los para campos de concentração alemães.[381]

No Chile, com o fim da ditadura militar em 1989, e com o governo da *Conciliación*, em 1990, foi criada a Comissão da Verdade e Reconciliação, que apurou várias situações de tortura, morte, desaparecimento e sequestros de pessoas por este regime, a despeito dos inúmeros indultos que igualmente promoveu em face de muitos agentes

---

[380] Neste sentido ver o trabalho de GREFF Pablo de. *The Handbook of reparations.* New York: Oxford University Press, 2006.

[381] WILLIAMS Charles. *Pétain*: How the Hero of France Became a Convicted Traitor and Changed the Course of History. Disponível em: <http://www.ralphmag.org/DP/petain.html>, acesso em 30/03/2011.

da força pública que foram enquadrados na Lei de Anistia de 1978 (criada pelos próprios militares).[382]

Na Argentina, a despeito das confusas e ineficientes estratégias do governo Alfonsín, e do comportamento liberalizante dos governos Menen (Leis *Punto Final* (Lei n° 23.492, de 29/12/1986) e *Obediencia Debida* (Lei n° 23.521. de 09/06/1987)), desde 2006, com a invalidação ao menos parcial destas normas, o país já apurou a responsabilidade de mais de 30 pessoas por atos de tortura, morte, sequestro e desaparecimento de pessoas, sendo que mais de 500 estão ainda sendo processadas.[383]

O caso África do Sul, por outro lado, além de inovador também foi muito eficiente, eis que tratou destes temas pós-ditaduras com sensibilidade e espírito reconciliador, alterando a lógica à apuração da verdade e memória, valorizando sobremaneira as narrativas pessoais dos envolvidos – vítimas e algozes –, através de sua *Truth and Reconciliation Comission* – TRC, e incentivando procedimentos especiais de confissão e desculpa. Nestes termos, todas as pessoas que confessassem estórias de tortura, abusos, ocultação de cadáveres, e outros crimes da repressão, perante a TRC, receberiam o indulto, gerando massivos comportamentos de autorresponsabilização sem a presença impositiva e dura do Estado Democrático na condição de julgador.[384]

No caso brasileiro, vários são os episódios e situações envolvendo os tempos após a ditadura, mas pode-se sublinhar aqui o momento especial da data de 04/12/1995, quando o país reconheceu oficialmente a existência de pessoas mortas e desaparecidas por terem participado, ou terem sido acusadas de participação, em atividades políticas, no período de 02 de setembro de 1961 a 15 de agosto de 1979, através da Lei Federal n° 9.140/95, sendo que o Decreto n° 2.255, de 16.6.1997,

---

[382] CASSEL, Douglas. Lecciones de las Américas: lineamentos para una respuesta internacional ante la Anistía de Atrocidades. In: *Revista do Instituto Interamericano de Direitos Humanos*, v. 24. julho/dezembro de 1996.

[383] Idem, p. 38. Vekja-se que o argumento da *obediência devida* foi inclusive rechaçado pela Corte Interamericana de Direitos Humanos, quando assevera que: "Los jerarcas son legalmente responsables. La razia de la doctrina de la responsabilidad jerárquica, las personas que ocupan puestos de autoridad serán legalmente responsables por las graves violaciones de los derechos humanos y del derecho humanitário cometidas por las personas que operan bajo su control efectivo". In: *INSTITUTE*. International Human Rights Law. *Los Principios de Chicago sobre Justicia transicional*. Disponível em <http://www.iidh.ed.cr/bibliotecadigital>, acesso em 29/01/2011, p. 76. O Uruguai adotou a mesma estratégia, nos termos da Lei n° 15.848/1986, assim como o Chile, nos termos do Decreto-Lei n° 2.191, de 19/04/1978.

[384] ASMAL, Kader. International Law and Practice: dealing whit the past in the South African experience. In: *International Law Review*, vol.15, n° 06, November/2000, p. 1215. Lembra o autor que as anistias foram muitas vezes a condição de possibilidade para que se estabelecessem Comissões da Verdade e da Memória em diversos países, inclusive na África do Sul.

Verdade, Memória e Justiça no Brasil – responsabilidades compartidas

concedeu as primeiras indenizações previstas nesta Lei. Criada Comissão Especial para a gestão destas demandas, esta se encarregou de: a) proceder ao reconhecimento de pessoas desaparecidas, bem como as que, por terem participado, ou por terem sido acusadas de participação em atividades políticas, no período de 02 de setembro de 1961 a 15 de agosto de 1979, tenham falecido, por causas não naturais, em dependências policiais ou assemelhadas; b) envidar esforços para a localização dos corpos de pessoas desaparecidas no caso de existência de indícios quanto ao local em que possam estar depositados; c) emitir parecer sobre os requerimentos relativos à indenização que venham a ser formulados pelas pessoas referidas na Lei.[385]

Para além das indenizações financeiras, resultou do trabalho desta Comissão a publicação do Livro Direito à Verdade e à Memória, consignando os registros de trabalhos desenvolvidos, sem, no entanto, enfrentar o problema dos arquivos secretos e sua disponibilidade. E qual o custo disto, dentre outros? O do risco de serem perdidos para sempre, como mostrou a reportagem do jornal O Globo, edição de 13/12/2004, dando conta de que documentos produzidos por órgãos de informação da Aeronáutica, da Marinha, do Exército, e de outras instituições ligadas à repressão, foram incinerados na Base Aérea de Salvador, matéria inclusive veiculada pelo programa televisivo do Fantástico, da Rede Globo, exibindo 78 fragmentos de fichas, prontuários e relatórios produzidos ou recebidos pela Base Aérea. Os papéis datam de 1964, quando se instalou a ditadura militar no país, até 1994, época em que já se vivia em regime democrático.[386]

O jornal Estadão, de São Paulo, em data de 10/02/2010, noticiou que: Após quatro anos de pressão do governo, a Aeronáutica entregou ao Arquivo Nacional, no início do mês, pelo menos parte dos documentos secretos que produziu durante a ditadura militar, todavia, ela própria informara anteriormente que esses itens haviam sido destruídos, o que reaviva a suspeita de que as Forças Armadas mantêm escondidos papéis sigilosos da ditadura.[387]

---

[385] Art. 4º, da Lei sob comento. Veja-se que no art. 11 há inclusive a previsão do quanto a ser indenizado: "Artigo 11 – A indenização, a título reparatório, consistirá no pagamento de valor único igual a R$ 3.000,00 (três mil reais) multiplicado pelo número de anos correspondentes à expectativa de sobrevivência do desaparecido, levando-se em consideração a idade à época do desaparecimento e os critérios e valores traduzidos na tabela constante do Anexo II desta Lei. § 1º – Em nenhuma hipótese o valor da indenização será inferior a R$ 100.000,00 (cem mil reais)".

[386] Disponível em: <http://www.consciencia.net/brasil/desaparecidos.html>, acesso em 12/04/2011.

[387] Disponível em: <http://youpode.com.br/blog/alguemmedisse/tag/exercito>, acesso em 14/04/2011.

Os documentos referidos fariam parte do acervo do Centro de Segurança e Informação da Aeronáutica (Cisa), constituindo-se em 189 caixas, com aproximadamente 50 mil documentos acumulados nos governos militares, entre 1964 e 1985, incluindo informações sobre Ernesto Che Guevara, Fidel Castro e Carlos Lamarca, havendo indícios de que *registros importantes tenham sido retirados antes de efetivada a entrega, no último dia 3.*[388]

No Rio Grande do Sul, com a lei 11.042/97, também houve o reconhecimento da responsabilidade estatal por danos causados às pessoas detidas por motivos políticos entre dois de setembro de 1961 a 15 de agosto de 1979. No período de vigência desta lei, mais de 1.378 pessoas pediram indenizações por motivos de sevícias em prisões. Destas, mil foram concedidas, atingindo um total de R$ 18 milhões para os cofres públicos, tendo a comissão encarregada deste trabalho ouvido cerca de 560 testemunhas e 197 torturados, promovendo mais de 1.200 audiências.[389]

O Ministério da Justiça publicou, no ultimo dia 05 de abril/2011, a Portaria n° 417, que pretende facilitar o acesso a determinados documentos relacionados ao regime militar, do Sistema Nacional de Informação e Contrainformação, em especial referente aos anos de 1964 a 1985, sob a guarda do Arquivo Nacional. Tal gesto talvez contribua na avaliação mais refletida que se tenha de fazer sobre os termos restritivos de acesso a este tipo de informação construídos pela Lei Federal n° 8.159/91, e posterior Lei Federal n° 11.111/2005, ambas criando dificuldades temporais longínquas de abertura dos arquivos secretos do regime de exceção.

Por outro lado, não se pode também perder a perspectiva de que muitos documentos daquele período não tenham sido transferidos ao Arquivo Nacional, aliás, como relata a matéria jornalística de Vera Rotta, publicada na *Revista Carta Maior*, na edição de 06/02/2006, que vale a pena ser transcrita:

BRASÍLIA – Existem arquivos secretos do Exército, da Marinha e da Aeronáutica que não fazem parte do acervo transferido da Agência Brasileira de Inteligência (Abin) para o Arquivo Nacional, no final do ano passado. A afirmação é de Diva Santana, vice-presidente do Grupo Tortura Nunca Mais na Bahia e atual representante dos familiares na Comissão Especial dos Mortos e Desaparecidos Políticos criada pela Lei 9.140, de 4 de dezembro de 1995.

---

[388] Disponível em: <http://youpode.com.br/blog/alguemmedisse/tag/exercito>, acesso em 14/04/2011.

[389] Conforme informação colhida no sítio <http://www.al.rs.gov.br>, acesso em 13/04/2011.

Diva esteve em Brasília no último dia 2 de fevereiro para participar da primeira reunião da Comissão em 2006 e, em entrevista exclusiva a CARTA MAIOR, falou da história de luta dos familiares – que há mais de 30 anos procuram os restos mortais de seus parentes assassinados pela ditadura militar.

Ela é irmã de Dinaelza Santana Coqueiro e cunhada de Vandick Coqueiro. Dinaelza e Vandick foram executados na Guerrilha do Araguaia. Parte das informações que Diva colheu sobre os parentes foram dadas por moradores da região. Dados oficiais, no entanto, chegaram a ela por meio de relatório confidencial do Exército encaminhado ao Ministro Mauricio Corrêa, durante o governo Itamar Franco (92/94). "Nós só começamos a afirmar que eles estavam mortos depois desse relatório", conta. "Eu velei o corpo de meu pai e eu o levei ao tumulo. Ele está morto. Mas até aquele relatório, eu não falava que minha irmã 'estava morta'. Depois da lei 9140, nós recebemos um atestado de óbito em que consta: Dinaelza Soares Santana, filha de fulano e cicrana, nasceu em tal lugar, morreu lei 9140. Essa morte só no Brasil é que tem. A morte da Lei. Eu não gosto nem de ver esse atestado de óbito. Não gosto nem de olhar porque é terrível. Morte: lei 9140. Uma lei que mata. Outras leis são para dar vida e essa é para matar. Só num país como o nosso é que isso existe. E o povo engole e se cala diante de um negócio desses. Só num país com um povo que não é cidadão, que é mal informado isso não acontece". Leia a seguir trechos selecionados da entrevista com Diva Santana:

CARTA MAIOR – Qual a maior dificuldade dos familiares para ter acesso às informações que levem aos corpos e as circunstâncias da morte de seus parentes?

DIVA SANTANA – A grande dificuldade é saber a verdade. Continuamos batalhando pela abertura dos arquivos das Forças Armadas. Na minha opinião, pouca coisa dos arquivos que foram gerados em todo o período do regime militar estava na Abin. Ali estavam arquivos de informações. Não são os processos, e nem os inquéritos, nos quais se descrevem prisões, torturas e mortes. Para esclarecer os casos, se faz necessário abrir todos os arquivos das Forças Armadas. E esses arquivos estão aí. Volta e meia nos deparamos com declarações públicas e com livros feitos com informações de militares. Portanto, os arquivos das Forças Armadas existem. Vamos continuar lutando para que eles sejam abertos, não só para prestar esses esclarecimentos, mas também para o povo brasileiro, para que faça parte da nossa história.

CM – Como você vê o processo brasileiro de tratar o período da ditadura militar em relação a outros países da América Latina que passaram pelo mesmo processo?

DS – Ás vezes penso viver num país do faz-de-conta. A gente vê a Argentina e o Chile tratando dessas questões e exemplos como o Paraguai que teve seus arquivos abertos. Conheço pessoas que fizeram mestrado trabalhando arquivos do Paraguai. E nesses arquivos encontra-se alguma coisa do Brasil [em relação à Operação Condor]. Não dá para continuar escondendo os fatos que aconteceram aqui no Brasil. Mesmo porque foi feito com dinheiro público, com verbas públicas. Ninguém pode pegar esses registros, levar para sua casa, botar num baú e esconder e queimar a verdade. No nosso país, a prática de queimar arquivos vem desde Rui Barbosa. Ele queimou os arquivos dos senhores de engenho que maltratavam os escravos e hoje você tem um seguimento social – a raça negra – que não tem registros da sua história, não sabe como reconstitui-la porque não existem arquivos. Essa prática no Brasil é antiga e tem que ficar para trás. Tem uma sociedade, tem um povo que precisa contar sua história. Essa verdade tem que vir à tona e espero e acredito que venha. Um dia isso vai acontecer.

CM – Os militares afirmam sistematicamente que esses arquivos não existem, que grande parte dele foi queimada, que o incêndio do Galeão destruiu muita coisa, Mas também há pessoas que participaram pelo lado dos militares que ainda estão vivas, como, por exemplo, o major Curió. Que medidas poderiam ser tomadas para que essas pessoas dessem depoimentos sobre a época, sobre o que aconteceu?

DS – Eu li recentemente em jornal o major Curió afirmando que tem muitos documentos e que vai fazer um livro antes de morrer. Esta comissão deve chamar o Major Curió e outros que afirmam ter arquivos. Eu já falei da prática de queima de arquivos e recentemente todos os brasileiros tomaram conhecimento em matéria no Fantástico da Rede Globo sobre os arquivos queimados na Base Aérea de Salvador. A primeira resposta dada pela aeronáutica à reportagem foi a de que esses arquivos haviam sido queimados no incêndio do Aeroporto do Galeão. A matéria mostra então restos de papéis queimados com carimbos do Dops, da Aeronáutica, do Serviço Secreto. Isso descaracterizou e desmentiu a informação de que foram queimados no Galeão.[390]

CM – Então eles escondem esses arquivos e eventualmente aparecem alguns queimados para parecer que não existem mais?

DS – Eu não acredito que três forças brasileiras – Marinha, Exército e Aeronáutica [sem contar as polícias estaduais] – que prenderam, torturaram e mataram não têm um registro disso. Também não acredito que eles registraram e depois mandaram queimar. Eu não acredito. Eles [o governo federal] têm responsabilidade com todo o trabalho desenvolvido por essas três forças, têm responsabilidade para com a nação, com os tratados que esse país tem lá fora. Isso é muito ruim e leva o país a um descrédito total. Um país que não conta a sua história e que tem três forças militares se comportando dessa maneira – queimando arquivos com informações sobre brasileiros desaparecidos – é absurdo. Esses arquivos não foram queimados. Além do mais, tudo isso foi feito com dinheiro público. Na minha opinião, em relação a esses arquivos da Bahia, alguém das forças retrógradas que ainda dominam boa parte do Estado quis acobertar, limpar, não deixar vestígios da ligação de seu nome com a repressão militar. Alguém que sentiu o avanço da política, com um operário governando, um nordestino governando esse país, e percebeu que alguma coisa mudou. Alguém sentindo que futuramente seu nome poderia aparecer como coadjuvante daquele período manda botar fogo nos arquivos. Eu não provo nada disso. Isso é a leitura que eu faço deste episódio.

CM – De que fatos você tira essa avaliação?

DS – Ao longo desses anos, antes pelo Comitê de Anistia, depois pelo grupo Tortura Nunca Mais, venho sempre recorrendo aos superintendentes da Polícia federal, aos

---

[390] Veja-se que o art. 9º, da Lei Federal nº 8.159/1991, dispôs que: "a eliminação de documentos produzidos por instituições públicas e de caráter público será realizada mediante autorização da instituição arquivística pública, na sua específica esfera de competência". Ocorre que a ambiguidade destes termos talvez possa autorizar o entendimento casuístico de que somente os documentos que estão em posse desta instituição arquivística pública (Arquivo Nacional, por exemplo) é que devem observar o que diz a norma, pois os documentos que se encontram sob os cuidados das forças militares não são alcançados pela esfera de competência destes arquivos públicos referidos.

Verdade, Memória e Justiça no Brasil – responsabilidades compartidas

secretários de estado e aos ministros da Justiça pela abertura dos arquivos da Bahia. Na época do governo Itamar, estivemos com o superintendente da Polícia Federal na Bahia buscando a abertura dos arquivos. Fomos primeiro ao secretário de estado, Sérgio Abib. Ele nos informou que ao assumir a Secretaria de Segurança Pública encontrou os arquivos dos DOPS e remeteu o que encontrou para a Polícia Federal. Fomos a Polícia Federal. O superintendente confirmou que estavam naquela superintendência, porém só nos daria acesso com autorização do ministro da Justiça. Viemos até o ministro Maurício Corrêa e pedimos providência. Ele disse que ia providenciar, mas não o fez. Logo depois, veio o governo Collor. Viemos novamente dessa vez ao ministro Bernardo Cabral, relatando a mesma história e nada de providências. Falamos com todos os ministros subseqüentes, Jobim, Renan Calheiros, Íris Rezende. Nenhum nos deu autorização. No último ano do governo Fernando Henrique Cardoso, o ministro da Justiça, Paulo de Tarso, me nomeou, pelo Diário Oficial, para que eu tivesse acesso àqueles arquivos da Polícia Federal para subsidiar os trabalhos dessa comissão. Logo em seguida, entrou o governo Lula. Nós procuramos o superintendente da PF. Ele disse não ter conhecimento do assunto, mas que viria a Brasília conversar com o delegado Paulo Lacerda e que procurássemos por ele em 15 dias. Procuramos e ele pediu para alguns meses para fazer uma arrumação nas dependências onde poderíamos verificar os arquivos. Voltamos em três meses. Encontramos a sala bem arrumada e um agente acompanhou o trabalho da gente. Ele nos levou ao galpão para ver as caixas. Quando eu entrei no galpão da PF, a primeira coisa que meu olho bateu foi em letras de hidrocor vermelho escrito DOPS. Eu disse, quero ver aquelas pastas ali. Ah aquelas pastas ali só tem as fichas de funcionários. Eu disse, mas eu quero ver. Eram muitas caixas. Realmente ele abriu umas 10 e todas estavam com papéis do funcionalismo da superintendência. Eu fiquei desolada. Aí partimos para trabalhar todas as pastas. Encontramos inquéritos e relatos. Por exemplo, sobre a morte do Lamarca, sobre a morte da Iara Iavelberg. Tudo isso a gente encontrou com descrição. Perguntamos pelos processos. Informaram que haviam sido enviados para Auditoria Militar. Chegamos à auditoria militar e lá consta um resumo de cada processo e eles disseram que, depois de 1988, esses processos vieram para Brasília para a 2ª região militar. E aí eu quero chegar aos arquivos queimados da base aérea de Salvador. Qual é a minha dedução, os três meses que eles pediram para arrumar nosso canto para podermos trabalhar foram solicitados para limpar os arquivos do DOPS que, depois, foram colocados na base aérea e incinerados. Essa é a leitura que eu faço. E pergunto: porque a comissão que foi criada para investigar essa queima de arquivos não me chama para eu dar a minha opinião? Eu acho que esses arquivos foram retirados da Polícia Federal e levados para algum lugar para depois botarem fogo. E é o mesmo período. O período em que a gente está lá fazendo esse trabalho é quando no final do ano se bota fogo naqueles arquivos. Na minha opinião é para esconder, ocultar a participação de alguém naquele episódio. Aqueles arquivos que estavam na base aérea eram os que estavam na Polícia Federal da Bahia. São documentos importantíssimos. Trazem, por exemplo, esclarecimentos sobre a morte da Iara Iavelberg que eles sempre disseram que foi suicídio. Lá tem o relatório da Polícia Federal que diz que não foi bem assim. Então serve para elucidar muita coisa. Acabei de falar com o Ministro (Paulo Vannuchi) e informei que o superintendente da Polícia Federal falou pra mim que não tem o menor interesse que aqueles documentos continuem ali. Quer que o ministro decida. Eu vou conversar com ele e fazer um documento para o ministro para que ele decida o destino daqueles arquivos que estão na Polícia Federal da Bahia.

CM – Foi formada uma comissão interministerial para investigar a questão dos mortos e desaparecidos do Araguaia. Essa comissão já apresentou algum relatório aos familiares?

DS – Não temos conhecimento. Estamos esperando a apresentação de algum relatório. Nem como familiar, nem como dirigente de entidade não temos nenhum conhecimento nem de qual seja o trabalho dessa comissão interministerial. Uma outra comissão também, que não dá nenhuma informação é a que foi criada para averiguar a queima dos arquivos em Salvador. Houve aquela primeira perícia – feita pela Polícia Federal – que diz que [os documentos] foram queimados fora [da Base Aérea] e jogados lá dentro. Houve uma segunda perícia, do Instituto Criminalístico de Brasília – muito bem feita que confirmou que a queima foi feita lá. E aí parece que foi pedida uma nova perícia e ainda não temos nenhum resultado sobre isso.

CM – E esses arquivos que foram para o Arquivo Nacional? Eles eram de difícil acesso quando estavam na Abin?

DS – Eles foram de difícil acesso por um tempo, mas atualmente qualquer cidadão fazia um requerimento à Abin e, em menos de um mês, recebia um relatório de toda a sua vida pregressa. Não estava havendo dificuldade. Acho que só mudou de lugar. Parece que lá (no Arquivo Nacional) você consegue uma cópia do documento e a Abin não dava essa cópia, só o relatório, mas ali estava tudo. Eu conheço dois relatórios de dois militantes na Bahia que contêm informações de toda a vida deles. Um trabalho muito bem feito. Ali você pega e vê que eles têm informações. Mas, buscou aonde? Não tem um arquivo secreto? Tem. Porque a Marinha na Bahia não permitiu nem conversar com a gente. Nós pedimos uma reunião ao comandante da Marinha. Quando soube que era sobre os arquivos não recebeu a gente. Por que o comando do Exército não recebe a gente para falar sobre arquivos? Custa a ele dizer: "não, nós não temos"? É muito sintomática essa postura. Não recebe, não quer conversar.

CM – Mas mesmo que os arquivos não existam, muitas pessoas ainda estão vivas e sabem o que aconteceu...

DS – Tem muita gente viva ainda. Eu li o livro do [jornalista Luiz] Maklouf [Carvalho], que faz a entrevista com o coronel Lídio. Ele fala muita coisa. Fala até de gente que trabalha hoje ainda no Ministério de Minas e Energia, de gente que atuou no Araguaia. No livro ele fala. Quando Lula assumiu, muitos deram baixas de seus serviços porque estavam todos aqui no serviço secreto, mas ainda tem gente trabalhando. Torturadores, gente que participou da repressão na ativa. Eu inclusive tenho a impressão de que há um acordo entre eles, tipo: está na hora de começarmos a falar.

CM – Ou de começar a contar a história que eles querem contar...

DS – Exatamente. Mas isso eu não generalizo todos os militares, não. Acho que são alguns militares, não são todos. Muitos militares defendem que seja aberto. Fez, todo mundo sabe que fez, por que não colocar acessível a todo o povo? A gente pode não saber oficialmente, mas eu sei como a minha irmã morreu. Eu sei que ela era torturada para entregar os companheiros, como ela não entregava e respondia com muita altivez às porradas que ela tomava, ela cospe na cara do Curió e o Curió dá um tiro na testa dela. Quem disse isso, foi quem viu a morte dela. E eles sabem disso. Aí, de vez em quando, vem um dizer: "eu não durmo de noite". Eu outro dia falei com um militar de Minas pelo telefone e perguntei porque ele resolveu falar isso agora. Ele disse: "para ver se eu consigo tirar isso de minha cabeça. Eu não durmo de noite". Ele culpou os

Verdade, Memória e Justiça no Brasil – responsabilidades compartidas

militares, dizendo que fez um serviço lá e depois foi jogado e que nem aposentadoria tem. Já me perguntaram sobre a movimentação de militares pedindo indenizações. Eu digo que eu falo pelo meu lado. Cada um que fale do seu lado. Direitos são iguais para todos. Quem tiver seus direitos que reivindique. Eu estou reivindicando o meu lado.[391]

Não se pode perder a memória também, ainda relacionada a estes fatos, de que a busca mais efetiva pelos arquivos secretos da ditadura começou em 2005, quando a então Ministra Dilma Rousseff assumiu o comando da Casa Civil. Em novembro daquele ano, ela determinou o recolhimento de todos os arquivos produzidos pelos extintos Conselho de Segurança Nacional (CNS), Comissão Geral de Investigações (CGI) e Serviço Nacional de Informações (SNI). Em 30 dias, todos os 230 mil microfilmes, 13 arquivos de aço e 1.000 caixas com documentos foram levados pela Polícia Federal ao Arquivo Nacional.[392]

Em meio a este cenário todo, ainda no ano de 2005, a Organização das Nações Unidas – ONU fez uma recomendação ao Brasil para que: a) fosse revelada toda a verdade, mediante a abertura de arquivos do período militar e a criação de comissões da verdade imparciais; b) fosse efetivada a responsabilização pessoal dos perpetradores de graves violações de direitos humanos, entendendo que a situação de impunidade é fator de inspiração e dá confiança a quem adota práticas violadoras de direitos; c) fosse levado a efeito a reparação patrimonial dos danos às vítimas, através de indenizações financeiras; d) fossem reformados institucionalmente os serviços de segurança, expurgando de seus quadros quem propagava a teoria do período; e) fossem instituídos espaços de memória, para que as gerações futuras soubessem que, no país, se praticou o terror em nome do Estado.

Apesar disto, em manobra explicitamente violadora dos tratados firmados, o governo brasileiro sancionou, em 05 de maio de 2005, a Lei n° 11.111/05, que entrou em vigor no dia da sua publicação, praticamente inviabilizando o acesso aos arquivos, eis que dispôs: a) Art. 2° O acesso aos documentos públicos de interesse particular ou de interesse coletivo ou geral será ressalvado exclusivamente nas hipóteses em que o sigilo seja ou permaneça imprescindível à segurança da sociedade e do Estado, nos termos do disposto na parte final do inciso XXXIII, do *caput*, do art. 5°, da Constituição Federal; b) Art. 3° Os documentos públicos que contenham informações cujo sigilo seja im-

---

[391] Entrevista colhida no sítio <http://lastro.ufsc.br/?page_id=1543>, acesso em 14/04/2011.

[392] Conforme reportagem do *Jornal Estadão*, de São Paulo, publicado em 28/02/2010, e veiculada no sítio eletrônico: <http://youpode.com.br/blog/alguemmedisse/tag/exercito>, acesso em 14/04/2011

prescindível à segurança da sociedade e do Estado poderão ser classificados no mais alto grau de sigilo, conforme regulamento.

Ao lado disto, porém, há compromissos do Governo Brasileiro, só para falar desde o Programa Nacional de Direitos Humanos II, no sentido de apoiar a organização e operação de defesa dos Direitos Humanos, fortalecendo a cooperação com organismos internacionais de proteção aos direitos humanos e reconhecendo o sistema interamericano de Direitos Humanos como interlocutor e protagonista fundamental à concretização destes Direitos.[393] Neste mesmo documento, restou expressa a aceitação da jurisdição compulsória da Corte Interamericana de Direitos Humanos, atribuindo-lhe garantia adicional a todos os brasileiros no que tange à proteção de tais direitos.

Agora, no Programa Nacional de Direitos Humanos III, foram ratificados e ampliados aqueles compromissos de Estado e de Governo, em seu eixo orientador VI, diretrizes 23, 24 e 25. Nas razões de justificação e fundamentação deste eixo orientador lê-se:

A investigação do passado é fundamental para a construção da cidadania. Estudar o passado, resgatar sua verdade e trazer à tona seus acontecimentos, caracterizam forma de transmissão de experiência histórica que é essencial para a constituição da memória individual e coletiva.

O Brasil ainda processa com dificuldades o resgate da memória e da verdade sobre o que ocorreu com as vítimas atingidas pela repressão política durante o regime de 1964. A impossibilidade de acesso a todas as informações oficiais impede que familiares de mortos e desaparecidos possam conhecer os fatos relacionados aos crimes praticados e não permite à sociedade elaborar seus próprios conceitos sobre aquele período.

A história que não é transmitida de geração a geração torna-se esquecida e silenciada. O silêncio e o esquecimento das barbáries geram graves lacunas na experiência coletiva de construção da identidade nacional. Resgatando a memória e a verdade, o País adquire consciência superior sobre sua própria identidade, a democracia se fortalece. As tentações totalitárias são neutralizadas e crescem as possibilidades de erradicação definitiva de alguns resquícios daquele período sombrio, como a tortura, por exemplo, ainda persistente no cotidiano brasileiro.

O trabalho de reconstituir a memória exige revisitar o passado e compartilhar experiências de dor, violência e mortes. Somente depois de lembrá-las e fazer seu luto, será possível superar o trauma histórico e seguir adiante. A vivência do sofrimento e das perdas não pode ser reduzida a conflito privado e subjetivo, uma vez que se inscreveu num contexto social, e não individual.

A compreensão do passado por intermédio da narrativa da herança histórica e pelo reconhecimento oficial dos acontecimentos possibilita aos cidadãos construírem os valores que indicarão sua atuação no presente. O acesso a todos os arquivos e docu-

---

[393] Conforme Programa Nacional de Direitos Humanos–PNDH II, Disponível em: <www.mj.gov.br/sedh/pndh/pndhII>, acesso em 10/10/2010.

Verdade, Memória e Justiça no Brasil – responsabilidades compartidas

mentos produzidos durante o regime militar é fundamental no âmbito das políticas de proteção dos Direitos Humanos.[394]

Mas qual a responsabilidade do Estado enquanto pessoa jurídica de direito público interno e externo em face destes acontecimentos e cenários? É o que passo a tratar agora, primeiro sobre o prisma geral da responsabilidade objetiva e, em seguida, verificar pontualmente como isto se dá nos casos objeto deste estudo.

4. Estado da arte do enquadramento dogmático da responsabilidade em geral do Estado administrador no Brasil e sua possibilidade aplicativa para os comportamentos de exceção do regime militar

É importante reconhecer que, em termos históricos, no Brasil imperial não havia qualquer disposição geral acolhendo a responsabilidade do Estado, embora esta fosse adotada em leis e decretos específicos, conforme noticia Amaro Cavalcanti.[395] São desse período, entre outros, o Decreto nº 1.930, de 26.04.1857, que obrigava a Fazenda Pública a ressarcir os danos causados por servidor de estrada de ferro.

Já a Constituição de 1824, art. 179, nº 29, previa a responsabilidade dos empregados públicos pelos abusos e omissões praticados no exercício de suas funções, salvo no que respeitava ao Imperador, que gozava do privilégio da irresponsabilidade (art. 99), entendendo-se haver solidariedade do Estado em relação aos atos de seus agentes.

A Constituição de 1891, a primeira dessa fase, previa, quase nos mesmos termos da anterior, a responsabilidade dos funcionários públicos pelos abusos e omissões praticados no desempenho de seus cargos, ou quando fossem indulgentes com seus subalternos (art. 82). A partir disso, leis e decretos tornavam expressa a responsabilidade da Fazenda Pública por atos danosos praticados por seus agentes. São exemplos, entre outros, o Decreto nº 1.663, de 30.01.1894, que responsabilizava o Estado por prejuízos decorrentes de colocação de linha telegráfica; o Decreto nº 1.692-A, de 10.04.1894, que tratava da responsabilidade da União ligada aos serviços de correio.[396]

---

[394] SECRETARIA DE DIREITOS HUMANOS DA PRESIDÊNCIA DA REPÚBLICA. *Programa Nacional de Direitos Humanos (PNDH-3)*. Brasília: SDH/PR, 2010, p. 170.

[395] CAVALCANTI, Amaro. *Responsabilidade Civil do Estado*. Rio de Janeiro: Borsói, 1957.

[396] É de se referir que, antes disto, já em 1890, houve o Decreto n. 451-B, de 31.5.1890, dispondo sobre o Registro Torrens, e o Decreto n. 847, de 11.10.1890, publicando o novo Código Penal. Naquele estabeleceu a obrigação da Fazenda Pública de indenizar os danos que alguém sofresse

Veja-se que se chegou a aventar, neste período, como queria Pedro Lessa, da necessidade de se adotar a teoria do risco integral como fundamento da responsabilidade civil do Estado, enquanto vários acórdãos consagravam o dever da União Federal de indenizar os prejuízos ocorridos por ocasião dos bombardeios de Manaus e Salvador e nos distúrbios que danificaram empresas alemãs, por ocasião da Primeira Guerra Mundial, e do afundamento de navios brasileiros, que precedem a entrada do Brasil na Segunda Guerra Mundial.[397]

Até a Constituição de 1946 imperava no país, em termos de responsabilidade do Estado, a lógica privada do disposto no art. 15, do Código Civil de 1916,[398] associado às circunstâncias configuradoras da chamada falta do serviço, passando-se a partir daqui a adotar a Responsabilidade Objetiva do ente público, consoante os termos do art. 37, § 6º, da Constituição Federal de 1988, o que vem ratificado pelo art. 43 do novel CCB, ao dispor que as pessoas jurídicas de direito público interno são civilmente responsáveis por atos dos seus agentes que nessa qualidade causem danos a terceiros, ressalvado direito regressivo contra os causadores do dano, se houver, por parte destes, culpa ou dolo.

No clássico trabalho sobre responsabilidade civil de José de Aguiar Dias, pode-se atentar à importância de requisito material à caracterização da responsabilidade em geral que se afigura relevante para a responsabilidade do Estado, a saber, o elemento causa do ato potencialmente danoso, assim identificado por ele:

> Só é causa aquele fato a que o dano se liga com força de necessidade. Se numa sucessão de fatos, mesmo culposos, apenas um, podendo evitar a conseqüência danosa, interveio e correspondeu ao resultado, só ele é causa, construção que exclui a polêmica sobre a mais apropriada adjetivação. Se ao contrário, todos ou alguns contri-

---

em consequência da indevida inscrição de imóvel ou direito real seu em nome ou em favor de outrem (art. 61). O Código Penal, ao tratar da reabilitação, atribuiu ao Estado a responsabilidade direta pelos danos decorrentes de erro judiciário reconhecido em sentença de reabilitação. Em ambos os casos, o Estado foi colocado diretamente em confronto com o lesado, como devedor da obrigação e legitimado passivo na ação de indenização.

[397] LESSA, Pedro. *Do Poder Judiciário*. Rio de Janeiro: Imprensa Nacional, 1915, p. 166/167.

[398] Referia expressamente este dispositivo que: Art. 15. As pessoas jurídicas de direito público são civilmente responsáveis por atos dos seus representantes que nessa qualidade causem danos a terceiros, procedendo de modo contrário ao direito ou faltando a dever prescrito por lei, salvo o direito regressivo contra os causadores do dano. É interessante notar que Caio Mário da Silva Pereira já lembrava à época que era muito difícil – quando não impossível –, à vítima, a demonstração da culpa do agente público, por se encontrar em posição de inferioridade diante do ente estatal, e, por isso, raramente atingia tal desiderato e, comumente, ficava sem ver reparados os danos. PEREIRA, Caio Mário da Silva. *Responsabilidade civil*. Rio de Janeiro: Forense, 1996. p. 131.

buíram para o evento, que não ocorreria, se não houvesse a conjugação deles, esses devem ser considerados causas concorrentes ou concausas.[399]

Weida Zancaner é mais radical ao dizer que o rompimento do nexo causal faz ruir toda a estrutura de imputação de responsabilidade a quem quer que seja, e sua falta, como não poderia deixar de ser, acarreta a inexistência de responsabilidade.[400]

O problema se agrava na medida em que a prática forense brasileira tem demonstrado que o Estado, em situações que envolvem prestações de direitos individuais e sociais judicializadas, muito pouco tem contribuído – e sequer se defendido eficazmente – na demarcação de que responsabilidades são suas e quais podem suportar; não tem demonstrado probatoriamente a ausência de recursos para dar conta de suas competências, cuidando-se para que o atendimento de uma demanda não leve a outras a periclitarem substancialmente (proibição da insuficiência), o que só tem agudizado a sangria dos cofres públicos com determinações de bloqueios de valores em conta corrente da Fazenda Pública, ou até sequestro de valores diretamente do caixa do orçamento, causando profundos impactos na gestão ordinária das contas públicas.

Talvez a experiência americana aqui possa valer de alguma forma, no sentido de buscar à solução de casos envolvendo Direitos Fundamentais qual a *alternativa menos restritiva* a estes direitos enquanto pertencentes ao gênero humano (e, portanto, a toda a Sociedade), investigando sobre a dimensão da necessidade no caso concreto, no sentido de estabelecer parâmetros com o fim de impor limites à atuação do Estado nestes domínios. Assim, a jurisdição deve aferir o grau de importância dos interesses estatais e sociais em jogo e demandar se, existindo alguma medida alternativa para alcançar tais interesses, que seja a menos lesiva aos Direitos Fundamentais que provocaram o controle.[401]

Nesta linha de raciocínio, Canotilho sustenta a necessidade da decisão/interpretação da restrição aos direitos fundamentais levar em conta as perspectivas pessoais, materiais, temporais e especiais. A material diz com a avaliação da intensidade e a dimensão da repercussão negativa gerada no direito fundamental; as perspectivas tem-

---

[399] DIAS, José de Aguiar. *Da responsabilidade civil*. Rio de Janeiro: Forense, 2007, p. 79.

[400] ZANCANER, Weida. *Da responsabilidade extracontratual da administração pública*. São Paulo: Revista dos Tribunais, 1993, p. 84. Na mesma direção BACELAR FILHO, Romeu Felipe. *Direito Administrativo*. São Paulo: Saraiva, 2005, p. 204.

[401] BASTRESS Jr., Robert M. El princípio de la alternativa menos restrictiva em Derecho Constitucional norteamericano. In: *Cuadernos de Derecho Público*, n° 5. Madrid, 1998, p. 239/253.

porais e espaciais dizem com a avaliação da incidência do gravame, observando que a restrição se opere pelo menor prazo possível e no âmbito mais restrito possível; a perspectiva pessoal, por sua vez, relaciona-se com a exigência de que a medida afete apenas as pessoas cujos interesses devem ser sacrificados.[402]

Há situações, todavia, que efetivamente fogem da normalidade e do que se pode aceitar em termos de suportabilidade individual e social dos erros do Estado, tal qual mostra o caso envolvendo o Sr. Antônio Carlos Liberger, cidadão gaúcho que, em meados de 2006, recebeu em sua residência o contingente de 16 policiais militares e dois policiais civis que buscavam uma bolsa contendo R$ 9.000,00 (nove mil reais), frutos de assalto a uma casa lotérica. Mesmo não tendo encontrado nada, os agentes públicos deram voz de prisão ao Sr. Antônio, tendo-o algemado e revistado em via pública, sob a mira de armas de fogo e o testemunho de pessoas que passavam pelo local.[403]

Apesar do magistrado no primeiro grau não ter reconhecido a violação de direitos fundamentais do Sr. Antônio para fins indenizatórios, o Tribunal de Justiça gaúcho entendeu que, se o Estado tem o dever de investigar crimes, precisa fazê-lo respeitada a ordem constitucional e infraconstitucional de direitos e garantias dos envolvidos, principalmente no que tange à identificação do acusado, quando este nega a prática do delito – o que ocorreu na espécie.

Segundo o relator do feito, "restou caracterizado o excesso na conduta de tais servidores, com base em elementos frágeis de convicção da polícia. Tal autorização foi realizada com base em suposta informação anônima, que afirmava que o autor era partícipe do assalto ocorrido na casa lotérica, corroborado por testemunha às fls. 76 dos autos, que se confundiu com a figura do autor".[404]

Não há como deixar de reconhecer o excesso praticado pelo Estado, promovendo ação drástica descompromissada com a verificação da alegada idoneidade do autor, quando, em verdade, a autoridade policial deveria ter checado a vida pregressa do suposto criminoso, antes de tomar as medidas que levou a cabo, tanto que mais tarde os

---

[402] CANOTILHO, José Joaquim Gomes. *Direito Constitucional e Teoria da Constituição*. Coimbra: Almedina, 1997, p. 262. Em momento posterior deste texto, o autor vai reconhecer a possibilidade de, em situações de recessões e crises econômicas, pensar-se em contingenciais *reversibilidades fáticas de direitos sociais*, de direitos adquiridos, diferenciando tais situações daquelas em que está patente a proibição de retrocesso social (p. 333 e 469).

[403] Autos do Apelo de n. 70030021349, julgado pela Quinta Câmara Cível, do Tribunal de Justiça do Estado do Rio Grande do Sul, relatoria do Des. Romeu Marques Ribeiro.

[404] Idem, p. 05.

autores do crime foram presos e nenhum deles era o indicado como implementador da ação.

Restou desta forma evidenciada a gritante *falha na atuação do Poder Público na prestação do serviço, consistente na conduta incauta e negligente de seus prepostos,* concluiu o julgador, o que conduz ao reconhecimento da responsabilidade estatal objetiva pela reparação do dano moral. Em face disto, a apelação foi provida e o Estado do Rio Grande do Sul foi condenado a pagar R$ 10.000,00 (dez mil reais) pelo prejuízo extrapatrimonial, mais consectários de correção e sucumbência.

Se é verdade que a jurisprudência brasileira tem ampliado em muito o âmbito da responsabilidade objetiva do Estado,[405] isto não significa que se possa confundi-la com responsabilidade subjetiva, que ainda continua regulando situações – e não pessoas – nas quais fatos e atos se conformam em modalidades culposas e dolosas. É o caso da decisão seguinte do STF:

> CONSTITUCIONAL E ADMINISTRATIVO. AGRAVO REGIMENTAL EM RECURSO EXTRAORDINÁRIO. RESPONSABILIDADE EXTRACONTRATUAL DO ESTADO. OMISSÃO. DANOS MORAIS E MATERIAIS. CRIME PRATICADO POR FORAGIDO. ART. 37, § 6º, CF/88. AUSÊNCIA DE NEXO CAUSAL. 1. Inexistência de nexo causal entre a fuga de apenado e o crime praticado pelo fugitivo. Precedentes. 2. A alegação de falta do serviço – faute du service, dos franceses – não dispensa o requisito da aferição do nexo de causalidade da omissão atribuída ao poder público e o dano causado. 3. É pressuposto da responsabilidade subjetiva a existência de dolo ou culpa, em sentido estrito, em qualquer de suas modalidades – imprudência, negligência ou imperícia. 4. Agravo regimental improvido.[406]

Quero lembrar aqui lição comezinha da Teoria do Estado que diz com não se poder confundir Estado e Governo enquanto instituições que se entrecruzam no cotidiano da gestão pública, mas têm formas constitutivas e natureza política distintas: o primeiro, oriundo do processo de maturação cognitiva e filosófica da cultura ocidental moderna, pela via da soberania popular e vontade constituinte, que criou um espaço público de gestão de interesses comunitários destinado a todos

---

[405] Só para falar de um lugar comum na jurisprudência do STF, já decidiu este Tribunal que: "CONSTITUCIONAL. AGRAVO REGIMENTAL EM AGRAVO DE INSTRUMENTO. AUSÊNCIA DE PREQUESTIONAMENTO. SÚMULA 282 DO STF. INTEGRIDADE FÍSICA DO PRESO. RESPONSABILIDADE DO ESTADO. AGRAVO IMPROVIDO. I – Inadmissível o recurso extraordinário se a questão constitucional suscitada não tiver sido apreciada no acórdão recorrido. Súmula 282 do STF. II – É que o Tribunal possui o entendimento de que o Estado se responsabiliza pela integridade física do preso, devendo reparar eventuais danos ainda que demonstrada a ausência de culpa dos agentes públicos. *No caso, malgrado se trate de ato omissivo, que torna subjetiva a responsabilização,* caracterizada está a falta do serviço, com culpa genérica do serviço público. Precedentes. III – Agravo regimental improvido". AI 718202 AgR. Relator(a): Min. RICARDO LEWANDOWSKI. Julgamento: 28/04/2009, Órgão Julgador: Primeira Turma. (grifo meu).

[406] RE 395942 AgR/ RS. Relator(a): Min. ELLEN GRACIE, Julgamento: 16/12/2008, Órgão Julgador: Segunda Turma.

(como alternativa às formas autoritárias, sacras e medievais de épocas históricas anteriores); o segundo, agente público próprio, resultado da deliberação popular pela via do sufrágio – para mandato de prazo certo – e organizado enquanto sistema normativo (Presidencialismo, Parlamentarismo, cargos e carreiras públicos) e forma próprios (Monarquia ou República), com responsabilidades penais e cíveis diante de suas obrigações cotidianas.[407]

O Estado são todos enquanto povo e cidadãos, perenemente; o Governo é contingente e circunstancial, sazonal, e também, hoje, a Sociedade Civil, haja vista os níveis de participação política que se exigem dela.[408]

Ao se pretender estender a responsabilidade objetiva do Estado a situações que demandam – volto a dizer, em face de suas particularidades fáticas intrínsecas –, aferição subjetiva de dolo ou culpa, isto pode significar onerá-lo demasiadamente, ampliando as possibilidades de desoneração dos agentes públicos em detrimento do patrimônio público.

Veja-se que recentemente o Supremo Tribunal Federal concedeu uma tutela antecipada condenando o Estado de Pernambuco ao pagamento de todas as despesas necessárias à realização de implante de marcapasso diafragmático muscular a um cidadão que ficou paraplégico em decorrência de assalto em via pública.[409] No mesmo período, o informativo 502 do STF registrou que:

> Entendeu-se que restaria configurada uma grave omissão, permanente e reiterada, por parte do Estado de Pernambuco, por intermédio de suas corporações militares, notadamente por parte da polícia militar, em prestar o adequado serviço de policiamento ostensivo, nos locais notoriamente passíveis de práticas criminosas violentas, o que também ocorreria em diversos outros Estados da Federação. Em razão disso, o cidadão teria o direito de exigir do Estado, o qual não poderia se demitir das conseqüências que resultariam do cumprimento do seu dever constitucional de prover segurança pública, a contraprestação da falta desse serviço. Ressaltou-se que situações configuradoras de falta de serviço podem acarretar a responsabilidade civil objetiva do Poder Público, considerado o dever de prestação pelo Estado, a necessária existência de causa e efeito, ou seja, a omissão administrativa e o dano sofrido pela vítima, e

---

[407] Ver meu texto LEAL, Rogério Gesta. *Teoria do Estado:* cidadania e poder político na Modernidade. Porto Alegre: Livraria do Advogado, 2000.

[408] Tratei com mais profundidade deste tema em meu livro: LEAL, Rogério Gesta. *Estado, Administração Pública e Sociedade:* novos paradigmas. Porto Alegre: Livraria do Advogado, 2007. Na mesma direção ver o texto LEAL, Rogério Gesta. *Teoria do Estado:* cidadania e poder político na modernidade. Porto Alegre: Livraria do Advogado, 2000.

[409] STA 223 AgR/PE. Rel. orig. Min. Ellen Gracie. rel. p/ o acórdão Min. Celso de Mello, 14.4.2008.

que, no caso, estariam presentes todos os elementos que compõem a estrutura dessa responsabilidade.

É incrível como a opinião púbica vai se formando também nesta direção, como se o Estado fosse responsável sempre por qualquer sinistro que ocorre envolvendo matérias de sua competência, independentemente das circunstâncias fáticas de cada caso, conforme matéria jornalística veiculada pela internet, dando conta de que:

> Quando o Estado se mostra omisso em suas obrigações, há a natural pressão dos cidadãos, ávidos pelo exercício dos direitos, cobrando atitudes e programas que contemplem todos os aspectos sociais de governo. Não raro, o próprio Estado mostra-se inadimplente em suas responsabilidades, recaindo sobre os contribuintes o ônus da incompetência e da leniência oficiais, que fazem com que a aplicação da justiça seja um distante objetivo a ser perseguido. O Tribunal de Justiça de São Paulo (TJ-SP) decidiu impor ao governo de São Paulo condenação pelo crime de estupro de uma estudante de 12 anos dentro de uma escola pública no município de Hortolândia (Correio Popular, A5, 28/1). Entenderam os juízes que o Estado não garantiu a segurança e integridade física da estudante dentro de um prédio público e deve pagar uma indenização estipulada em R$ 177 mil. O mesmo tribunal já havia condenado o estuprador a 9 anos de prisão.[410]

É de se notar que esta matéria revela um pouco a percepção que a Sociedade tem do Estado, confundindo-o com Governo e, por isto, vinculando a ele eventuais decepções e mesmo frustrações motivadas que possui em relação à gestão pública.

Ademais, como lembra Maria Sylvia, se a Constituição de 1988 também adotou, para fins de responsabilidade do ente estatal, a teoria do risco administrativo, esta não pode significar risco integral. A teoria do risco administrativo vincula-se à responsabilidade objetiva do Estado e, para que esta aflore, devem ser demonstrados a conduta estatal (positiva ou negativa), o dano, o nexo causal entre tais elementos e a inexistência de causa excludente desse nexo, isto é, fato da vítima ou de terceiro, caso fortuito ou força maior.[411]

Daí a percuciente advertência do Ministro Gilmar Mendes, ao se questionar no particular:

> O Direito brasileiro, como é sabido por todos nós, aceita a teoria da responsabilidade objetiva do Estado. Mas, será que isso quer dizer a responsabilidade do Poder Público por qualquer fato ou ato, comissivo ou omissivo no qual esteja envolvido, direta ou

---

[410] Disponível em: <http://letralegal.blogspot.com/2009/02/responsabilidade-e-omissao-do--estado.html>, acessado em 15/03/2010.

[411] PIETRO, Maria Sylvia Zanella di. *Direito Administrativo*. São Paulo: Atlas, 2008. p. 507.

indiretamente? Qualquer acadêmico de Direito que tenha uma mínima noção dos requisitos para a configuração dessa responsabilidade sabe que não.[412]

Aliás, o próprio direito administrativo francês, na dicção do clássico Laubadère, teve oportunidade de sustentar que:

La jurisprudence a consacrè, au-delá de la responsabilitè pour faute, une responsablitè de l'administration pour risque: elle admiet que, dans certains cãs, les collectivités publiques sont tenues de réparer les dommages entrainés par leur activité même non fautive.

La responsabilitè pour risque est, rappelons-le, celle qui est engagée dès lors qu'est établie une relation de cause a effet entre l'activité de l'auteur du dommage et ce dommage lui même. Elle ne peut être levée que par la preuve soit de la faute de la victime, soite de la force majeure; elle ne l'est pas par le simple cas fourtui c'est-à-dire la circonstance que la cause de'accident est inconnue; ce dernier trait distingue le système du risque du système de la présomption de faute, dans lequel la responsabilité est écartée aussi bien par le cas fourtuit que par la force majeure.[413]

Em outra clássica decisão, o STF, orientando-se pela chamada Teoria da Interrupção do Nexo Causal, veiculada hoje de forma explícita nos termos do art. 403 do Novo Código Civil Brasileiro[414] decidiu:

Responsabilidade civil do Estado. Dano decorrente de assalto por quadrilha de que fazia parte preso foragido vários meses antes. – A responsabilidade do Estado, embora objetiva por força do disposto no artigo 107 da Emenda Constitucional n. 1/69 (e, atualmente, no parágrafo 6. do artigo 37 da Carta Magna), não dispensa, obviamente, o requisito, também objetivo, do nexo de causalidade entre a ação ou a omissão atribuída a seus agentes e o dano causado a terceiros. – Em nosso sistema jurídico, como resulta do disposto no artigo 1.060 do Código Civil, a teoria adotada quanto ao nexo de causalidade é a teoria do dano direto e imediato, também denominada teoria da interrupção do nexo causal. Não obstante aquele dispositivo da codificação civil diga respeito a impropriamente denominada responsabilidade contratual, aplica-se ele também a responsabilidade extracontratual, inclusive a objetiva, até por ser aquela que, sem quaisquer considerações de ordem subjetiva, afasta os inconvenientes das outras duas teorias existentes: a da equivalência das condições e a da causalidade adequada. – No caso, em face dos fatos tidos como certos pelo acórdão recorrido, e com base nos quais reconheceu ele o nexo de causalidade indispensável para o reconhecimento da responsabilidade objetiva constitucional, é inequívoco que o nexo de causalidade inexiste, e, portanto, não pode haver a incidência da responsabilidade prevista no artigo 107, da Emenda Constitucional n. 1/69, a que corresponde o parágrafo 6, do artigo 37, da atual Constituição. Com efeito, o dano decorrente do assalto por uma quadrilha

---

[412] MENDES, Gilmar Ferreira. *Perplexidades acerca da responsabilidade civil do Estado*: União "seguradora universal"? Disponível em: <www.idp. org.br>. Acesso em 10/09/2009, p. 4.

[413] LAUBADÈRE, André de. *Traité Élémentaire de Droit Administratif*. Paris: Librairie Générale de Droit et Jurisprudence, 1970, p. 491.

[414] Que diz: "Ainda que a inexecução resulte de dolo do devedor, as perdas e danos só incluem os prejuízos efetivos e os lucros cessantes por efeito dela direito e imediato, sem prejuízo do disposto na lei processual civil".

Verdade, Memória e Justiça no Brasil – responsabilidades compartidas

de que participava um dos evadidos da prisão não foi o efeito necessário da omissão da autoridade pública que o acórdão recorrido teve como causa da fuga dele, mas resultou de concausas, como a formação da quadrilha, e o assalto ocorrido cerca de vinte e um meses após a evasão. Recurso extraordinário conhecido e provido.[415]

Não se pode perder de vista, por outro lado, o que se tem chamado na doutrina especializada de causas excludentes do nexo causal configurador da responsabilidade extracontratual do Estado (por ação e omissão) incorporadas pela doutrina e pela jurisprudência especializadas, a saber: a) fato da vítima; b) fato de terceiro; c) caso fortuito e força maior; d) legítima defesa em relação ao autor da agressão injusta; e) consentimento do lesado em relação aos bens disponíveis. Em tais circunstâncias, por certo que a responsabilidade precisa ser cotejada no universo probatório próprio, ensejando sensível perquirição sobre as causas preponderantes, efetivas e eficazes, que contribuíram – e com que intensidade –, para o evento danoso, isto porque, em havendo concorrência destas causas, pode não haver exclusão de responsabilidade, mas proporcional abrandamento da indenização ou ressarcimento.

Não quero pautar esta reflexão, todavia, tão somente pelo corte jurisprudencial hegemônico referido até aqui, em face inclusive do reconhecimento de que temas como estes estão constituídos de fenômenos complexos de natureza política, social e econômica, adotando o critério posneriano de que *uma dieta composta exclusivamente por votos da Suprema Corte é receita de má nutrição intelectual.*[416]

O próprio Novo Código Civil brasileiro, em seu art. 927, disciplina que a responsabilidade no país deve ser aferida a partir da ilicitude

---

[415] RE 130764/PARANÁ. Recurso Extraordinário. Relator Min. Moreira Alves, julgamento em 12/05/1992, Primeira Turma, publicado no DJ-07/08/1992, p. 11782. Em sentido contrário: "AGRAVO REGIMENTAL NO RECURSO EXTRAORDINÁRIO. RESPONSABILIDADE CIVIL DO ESTADO. ARTIGO 37, § 6º, DA CONSTITUIÇÃO DO BRASIL. LATROCÍNIO COMETIDO POR FORAGIDO. NEXO DE CAUSALIDADE CONFIGURADO. PRECEDENTE. 1. A negligência estatal na vigilância do criminoso, a inércia das autoridades policiais diante da terceira fuga e o curto espaço de tempo que se seguiu antes do crime são suficientes para caracterizar o nexo de causalidade. 2. Ato omissivo do Estado que enseja a responsabilidade objetiva nos termos do disposto no artigo 37, § 6º, da Constituição do Brasil. Agravo regimental a que se nega provimento". Agravo Regimental no Recurso Especial nº 573595 AgR / RS. Relator Min. Eros Roberto Grau, julgado em 24/06/2008. Órgão Julgador: Segunda Turma, publicado no DJe-152, de 14/08/2008.

[416] POSNER, Richard A. *Para além do direito.* São Paulo: Martins Fontes, 2009, p. 222. Por uma questão de coerência teórica, registro que o autor parece entrar em contradição quando, mais adiante, afirma que: "os juízes não têm permissão para aconselhar-se com estudiosos acadêmicos, em particular, sobre casos pendentes; nem possuem tempo e os recursos necessários à realização de pesquisas empíricas sérias". A realidade brasileira é outra hoje, eis que os magistrados estão cada vez mais usando de recursos multidisciplinares para gestarem os conflitos que lhes acorrem (perícias especialíssimas, audiências públicas, colaboradores de outras áreas do conhecimento, como assistentes sociais, psicólogos etc., em casos evolvendo direito de família, criança e adolescente, por exemplo).

do ato que deu causa à violação do direito subjetivo (e não somente ao dano), ficando obrigado a repará-la. De outro lado, só haverá obrigação de reparar o dano, independentemente de culpa, nos casos especificados em lei, ou quando a atividade normalmente desenvolvida pelo autor do dano implicar, por sua natureza, risco para os direitos de outrem. Na dicção de Gerson Branco, o divisor de águas da responsabilidade civil deixa de ser a tradicional dicotomia responsabilidade contratual e extracontratual, passando-se à divisão com base no fundamento da culpa ou do risco.[417]

É digno de lembrança que em decisão histórica o Supremo Tribunal Federal, no ano de 1968, enfrentou esta temática, em especial analisando a responsabilidade de Município em face da ruína de imóvel residencial causada por infiltrações de águas provenientes de córrego não canalizado devidamente. Na oportunidade, o Min. e administrativista Themístocles Cavalcanti referiu que:

> Considero insuficiente a aplicação da doutrina do risco porque ela representa uma solução puramente civilista, de opções muito restritas, entre a responsabilidade fundada na culpa e a responsabilidade objetiva. No direito administrativo o quadro é mais amplo porque abrange todas as modalidades do mal funcionamento ou não funcionamento do serviço, dos defeitos de obras ou trabalhos públicos, da culpa funcional, enfim, todas as formas de responsabilidade que independem da vontade da administração, mas que são conseqüência de fatos produzidos pelos serviços públicos.[418]

Com muito acerto asseverou o então Ministro do STF que a teoria do risco se resume em estabelecer como causa da responsabilidade uma simples relação entre o fato e o prejuízo. Nenhum elemento subjetivo entra na apuração da responsabilidade. Não admitindo, por isso, a aplicação pura e simples da teoria do risco que abrangeria inúmeras ações do Estado nos múltiplos setores de sua atividade administrativa, econômica, assistencial, de segurança etc.

Na década de 1970, de igual sorte o Supremo Tribunal Federal teve oportunidade de sustentar que:

> I. Responsabilidade civil. Ação contra a União Federal. Culpa parcial da vítima. Redução da indenização. II. A responsabilidade objetiva, insculpida no art. 194 e seu parágrafo, da Constituição Federal de 1946, cujo texto foi repetido pelas Cartas de 1967 e 1969, arts. 105/107, respectivamente, não importa no reconhecimento do risco integral, mas temperado. III. Invocada pela ré a culpa da vítima, e provado que contribuiu

---

[417] BRANCO, Gerson Luiz Carlos. O culturalismo de Miguel Reale e sua expressão no novo Código Civil. In: MARTINS-COSTA, Judith. *Diretrizes Teóricas do novo Código Civil brasileiro*. São Paulo: Saraiva, 2002, p. 74.

[418] Nos autos do Recurso Especial n° 61387/SP, Segunda Turma, e com a composição dos Ministros Evandro Lins e Silva, Themístocles Brandão Cavalcanti, Aliomar Baleeiro, Adalício Nogueira e Adaucto Cardoso, sendo o Relator o Min. Themístocles Brandão Cavalcanti.

Verdade, Memória e Justiça no Brasil – responsabilidades compartidas

para o dano, autoriza seja mitigado o valor da reparação. Precedentes. Voto vencido. recurso não conhecido.[419]

Nesta esteira decisional, o STF, na década de 1980, ratificou o mesmo entendimento, no sentido de que a responsabilidade objetiva do Estado não significava que fosse ele responsável, sempre, por dano causado a terceiro por seus órgãos presentativos. Diz textualmente o relator: "Não se adotou, no sistema jurídico brasileiro, em tema de responsabilidade civil, a teoria do risco integral".[420]

Adverte bem Cristina Queiroz que a garantia de uma proteção efetiva do direito jusfundamental não resulta criada a partir da legislação ou política pública aprovada, mas vem posta através da *atuação da legislação*, daqui advindo a noção de dever de proteção jurídico-constitucional – pressuposto quer do Legislador, quer do Administrador Público, quer do Judiciário –, caracterizando-se como verdadeiro dever positivo do Estado em face do titular do direito como um direito de defesa em sentido material. "Por sua vez, o dever de protecção do Estado, uma vez dimanada a lei de protecção, converte-se, face ao titular do direito, num direito de defesa em sentido formal".[421]

Nesta linha de raciocínio, a jurisprudência do Superior Tribunal de Justiça já vem andando há bastante tempo:

RESPONSABILIDADE CIVIL DO ESTADO – MORTE DE DETENTO. O ordenamento constitucional vigente assegura ao preso a integridade física (CF art. 5, XLIX) sendo dever do Estado garantir a vida de seus detentos, mantendo, para isso, vigilância constante e eficiente. Assassinado o preso por colega de cela quando cumpria pena por homicídio qualificado responde o estado civilmente pelo evento danoso, independentemente da culpa do agente público. Recurso improvido. Por unanimidade, negar provimento ao recurso.[422]

---

[419] RE nº 68107/SP, Relator(a): Min. ADALÍCIO NOGUEIRA.Relator(a) p/Acórdão: Min. THOMPSON FLORES, julgamento: 04/05/1970, Segunda Turma, publicado no DJ 09-10-1970 p. 4766, EMENT. VOL. 814-01, p. 259. Em seu voto, o relator para o acórdão fez questão de registrar que embora tenha a Constituição admitido a responsabilidade objetiva, aceitando mesmo a teoria do risco administrativo, fê-lo com temperamentos, para prevenir excessos e a própria injustiça.

[420] RE nº 78.569-PR, Relator Min. Firmino Paz, julgado em 15/09/1981, Primeira Turma.

[421] QUEIROZ, Cristina M. M. *O Princípio da não reversibilidade dos Direitos Fundamentais Sociais*. Coimbra: Coimbra Editora, 2007, p. 70. Todavia, a própria autora reconhece, no mesmo texto, fl. 74, quando trata do princípio do não retrocesso social em termos de Direitos Fundamentais Sociais, que: "Mas haverá aí fundamentalmente de distinguir entre uma reversibilidade fáctica, relativa a recessões e crises económicas, da proibição do retrocesso social propriamente dito, isto é, a reversibilidade dos direitos adquiridos como ocorre, v.g., quando se reduzem os créditos da segurança social, o subsídio de desemprego ou as prestações de saúde". Na mesma direção, SERNA, Pedro; TOLLER, Fernando. *La interpretación constitucional de los derechos fundamentales*: una alternativa a los conflictos de derechos. Buenos Aires: La Ley, 2000.

[422] STJ, REsp 5711, decisão 20.03.1991, Ministro Garcia Vieira.

A par destas considerações, dever-se-ia perguntar: estes conceitos e teorias sobre a responsabilidade do Estado Brasileiro servem para o tratamento das violações a Direitos Humanos e Fundamentais em caso de tortura e desaparecimento de pessoas perpetrados por governos militares e de exceção?

Tais interrogantes vêm premidos pelas provocações jurisdicionais que se tem assistido nos últimos tempos no país, dentre as quais a que envolve o polêmico caso Herzog, acima referido, apresentada à jurisdição. A sentença de primeiro grau, do juiz Márcio José de Moraes, em 1978, responsabilizou o Estado pela prisão ilegal do jornalista e por não ter zelado por sua integridade física e moral no sistema detentivo que o albergava, evidenciando desde já antigas posições dos tribunais brasileiros sobre o ponto.[423]

Afiguram-se como paradigmáticas também duas Ações Civis Públicas (n° 2008.61.00.011414-5 e n° 2009.61.00.005503-0), promovidas pelo Ministério Público Federal de São Paulo, junto à Oitava Vara da Fazenda Pública Federal, envolvendo a responsabilidade do Estado em face de atos de tortura, morte e desaparecimento de pessoas, e mais que isto, o seu dever de regresso para com os agentes públicos que perpetraram tais condutas, isto nos termos do art. 37, § 6°, da CF/88.[424]

De igual sorte a Ordem dos Advogados do Brasil, através do Prof. Fábio Konder Comparato, ingressou com Ação de Descumprimento de Preceito Fundamental (n° 153), em 2008, provocando o Supremo Tribunal Federal no sentido de que defina mais apropriadamente o que são e quais são os crimes conexos e assemelhados aos políticos acobertados pela Lei da Anistia, afastando deles os chamados delitos comuns praticados pelos agentes da repressão (tortura, sequestro, homicídio, estupro, entre outros).[425]

A resposta daquela Corte foi negativa a tal provocação, sob os argumentos, dentre outros, de que:

a) Pelos termos da Lei n. 6.683/79, são crimes conexos aos crimes políticos os crimes de qualquer natureza relacionados com os crimes políticos ou praticados por motivação política; podem ser de qualquer natureza, mas [i] hão de terem estado relacionados com os crimes po-

---

[423] Disponível em: <http://www.desaparecidospoliticos.org.br>, acesso em 12/04/2011.

[424] Conforme informação do sítio <http://letralegal.blogspot.com/2009/02/responsabilidade-
-e-omissao-do-estado.html>, acesso em 15/03/2010.

[425] Importa referir que o Chile – dentre outros países – optou por excluir de suas leis de anistia os *crimes definidos internacionalmente como de lesa humanidade*, em face de suas incompatibilidades com as declarações de Direitos Humanos firmados pelo país.

líticos ou [ii] hão de terem sido praticados por motivação política; são crimes outros que não políticos; são crimes comuns, porém [i] relacionados com os crimes políticos ou [ii] praticados por motivação política;

b) A expressão crimes conexos a crimes políticos conota sentido a ser sindicado no momento histórico da sanção da lei;

c) A chamada Lei de anistia diz com uma conexão *sui generis*, própria ao momento histórico da transição para a democracia;

d) A lei estendeu a conexão aos crimes praticados pelos agentes do Estado contra os que lutavam contra o Estado de exceção; daí o caráter bilateral da anistia, ampla e geral, que somente não foi irrestrita porque não abrangia os já condenados – e com sentença transitada em julgado, qual o Supremo assentou – pela prática de crimes de terrorismo, assalto, sequestro e atentado pessoal;

e) A Lei de Anistia se afigura como as chamadas Leis-Medida (*Massnahmegesetze*), que disciplinam diretamente determinados interesses, mostrando-se imediatas e concretas, e consubstanciam, em si mesmas, um ato administrativo especial. No caso das leis-medida interpreta-se, em conjunto com o seu texto, a realidade no e do momento histórico no qual ela foi editada, não a realidade atual;

f) É a realidade histórico-social da migração da ditadura para a democracia política, da transição conciliada de 1979, que há de ser ponderada para que possamos discernir o significado da expressão crimes conexos na Lei n. 6.683;

g) A chamada Lei da anistia veicula uma decisão política assumida naquele momento – o momento da transição conciliada de 1979. A Lei n. 6.683 é uma lei-medida, não uma regra para o futuro, dotada de abstração e generalidade. A Constituição não afeta leis-medida que a tenham precedido.

h) A Lei n. 6.683/79 precede a Convenção das Nações Unidas contra a Tortura e Outros Tratamentos ou Penas Cruéis, Desumanos ou Degradantes – adotada pela Assembleia Geral em 10 de dezembro de 1984, vigorando desde 26 de junho de 1987, bem como a Lei n. 9.455, de 7 de abril de 1997, que define o crime de tortura; e o preceito veiculado pelo artigo 5º, XLIII da Constituição, que declara insusceptíveis de graça e anistia a prática da tortura, entre outros crimes, não alcançando, por impossibilidade lógica, anistias anteriormente a sua vigência consumadas;

i) Revisão de lei de anistia, se mudanças do tempo e da sociedade a impuserem, haverá – ou não – de ser feita pelo Poder Legislativo, não pelo Poder Judiciário;

j) A anistia da lei de 1979 foi reafirmada no texto da EC 26/85, pelo Poder Constituinte da Constituição de 1988. Daí não ter sentido questionar-se se a anistia, tal como definida pela lei, foi ou não recebida pela Constituição de 1988; a nova Constituição a [re]instaurou em seu ato originário;

k) A nova ordem compreende não apenas o texto da Constituição nova, mas também a norma-origem. No bojo dessa totalidade – totalidade que o novo sistema normativo é – tem-se que [é] concedida, igualmente, anistia aos autores de crimes políticos ou conexos praticados no período compreendido entre 02 de setembro de 1961 e 15 de agosto de 1979.[426]

Tais argumentos da Suprema Corte, com o devido respeito, não se sustentam, tema que pretendo abordar em outra oportunidade.

Por outro lado, o Superior Tribunal de Justiça pacificou entendimento no sentido de que são imprescritíveis as ações de reparações de danos ajuizadas em decorrência de perseguição, tortura e prisão, por motivos políticos, durante o Regime Militar.[427] De forma explícita um dos relatores de processos desta natureza – hoje Ministro do Supremo Tribunal Federal –, Luiz Fux, chegou a asseverar que: "a violação aos direitos humanos ou direitos fundamentais da pessoa humana, como sói ser a proteção da sua dignidade lesada pela tortura e prisão por delito de opinião durante o Regime Militar de exceção enseja ação de reparação ex delicto imprescritível, e ostenta amparo constitucional no art. 8º, § 3º, do Ato das Disposições Constitucionais Transitórias".[428] No ponto, ainda detalha o relator o tipo de enquadramento desta responsabilidade estatal, a saber:

A responsabilidade estatal, consoante a legislação infraconstitucional (art. 186, do Código Civil) e à luz do art. 37 § 6º, da CF/1988, resta inequívoca, bem como escorreita a imputação da indenização fixada a título de danos morais. A análise da existência do fato danoso, e o necessário nexo causal entre a suposta conduta omissiva e os prejuízos decorrentes da mesma implicam análise fático-probatória, razão pela qual descabe a esta Corte Superior referida apreciação em sede de recurso especial, por-

---

[426] Julgada em 29/04/2010, pelo Pleno do Supremo Tribunal Federal, Relator Min. Eros R. Grau, publicado no DJe-145, em 06-08-2010, no Ementário vol. 02409-01, p. 1. Nesta ação, o Min. Ricardo Lewandowski restou vencido, uma vez que o primeiro dava parcial provimento à ADP; da mesma forma o Min. Ayres Britto, que a julgava parcialmente procedente para excluir da anistia os crimes previstos no artigo 5º, inciso XLIII, da Constituição.

[427] Precedentes: REsp 959.904/PR, Rel. Ministro Luiz Fux, Primeira Turma, julgado em 23/04/2009, DJe 29/09/2009; AgRg no Ag 970.753/MG, Rel. Ministra Denise Arruda, Primeira Turma, julgado em 21/10/2008, DJe 12/11/2008; REsp 449.000/PE, Rel. Ministro Franciulli Netto, Segunda Tturma, julgado em 05/06/2003, DJ 30/06/2003 p. 195.

[428] Recurso Especial nº 1085358 / PR, Rel. Min. Luiz Fux, julgado em 23/04/2009, e publicado no DJe 09/10/2009.

Verdade, Memória e Justiça no Brasil – responsabilidades compartidas

quanto lhe é vedado atuar como Tribunal de Apelação reiterada ou Terceira Instância revisora, ante a ratio essendi da Súmula n.º 07/STJ.[429]

Em outras decisões tem também ratificado esta posição:

AGRAVO REGIMENTAL. ADMINISTRATIVO. RESPONSABILIDADE CIVIL DO ESTADO. DANOS MORAIS. TORTURA. REGIME MILITAR. IMPRESCRITIBILIDADE. 1. A Segunda Turma desta Corte Superior, em recente julgamento, ratificou seu posicionamento no sentido da imprescritibilidade dos danos morais advindos de tortura no regime militar (REsp 1.000.009/PE, Rel. Min. Humberto Martins, DJU 21.2.2008), motivo pelo qual a jurisprudência neste órgão fracionado considera-se pacífica. [...] (original sem grifo).[430]

ADMINISTRATIVO. ATIVIDADE POLÍTICA. PRISÃO E TORTURA. INDENIZAÇÃO. LEI Nº 9.140/1995. INOCORRÊNCIA DE PRESCRIÇÃO. REABERTURA DE PRAZO. 1. Ação de danos morais em virtude de prisão e tortura por motivos políticos, tendo a r. sentença extinguido o processo, sem julgamento do mérito, pela ocorrência da prescrição, nos termos do art. 1º, do Decreto nº 20.910/1932. O decisório recorrido entendeu não caracterizada a prescrição. 2. Em casos em que se postula a defesa de direitos fundamentais, indenização por danos morais decorrentes de atos de tortura por motivo político ou de qualquer outra espécie, não há que prevalecer a imposição qüinqüenal prescritiva. 3. O dano noticiado, caso seja provado, atinge o mais consagrado direito da cidadania: o de respeito pelo Estado à vida e de respeito à dignidade humana. O delito de tortura é hediondo. A imprescritibilidade deve ser a regra quando se busca indenização por danos morais conseqüentes da sua prática. 4. A imposição do Decreto nº 20.910/1932 é para situações de normalidade e quando não há violação a direitos fundamentais protegidos pela Declaração Universal dos Direitos do Homem e pela Constituição Federal. 5. O art. 14, da Lei nº 9.140/1995, reabriu os prazos prescricionais no que tange às indenizações postuladas por pessoas que, embora não desaparecidas, sustentem ter participado ou ter sido acusadas de participação em atividades políticas no período de 02 de setembro de 1961 a 15 de agosto de 1979 e, em conseqüência, tenham sido detidas por agentes políticos. 6. Inocorrência da consumação da prescrição, em face dos ditames da Lei nº 9.140/1995. Este dispositivo legal visa a reparar danos causados pelo Estado a pessoas em época de exceção democrática. Há de se consagrar, portanto, a compreensão de que o direito tem no homem a sua preocupação maior, pelo que não permite interpretação restritiva em situação de atos de tortura que atingem diretamente a integridade moral, física e dignidade do ser humano (...).[431]

Em outra linha decisional, o próprio Supremo Tribunal Federal, recentemente, autorizou a extradição do ex-militar argentino Norberto Raul Tozzo, acusado de ter comandado, em 1976, o sequestro e o fuzilamento de 22 prisioneiros políticos. Tozzo está preso no Brasil

---

[429] Idem. Ver os Precedentes: AgRg. no REsp. n° 723893/RS, DJ de 28.11.2005; AgRg. no Ag. n° 556897/RS, DJ de 09.05.2005; REsp. n° 351764/RJ, DJ de 28.10.2002.

[430] In: AgRg no REsp 970.690/MG, Rel. Min. CAMPBELL MARQUES, 2° Turma, unânime, j. 7/10/2008, DJ 5/11/2008.

[431] In: REsp 379.414/PR, Rel. Min. José Delgado, 1° Turma, Maioria, j. 26/11/2002, RSTJ 170/120.

desde 2008, cabendo agora à Presidente da República decidir se irá ou não extraditá-lo.[432]

Como justificar a postura de um dos Tribunais Superiores afinada com o sistema jurídico brasileiro em termos de Tratados, Pactos e Declarações Internacionais firmados pelo país, reconhecendo a responsabilidade estatal por atos de tortura, sequestro, morte e desaparecimento de pessoas, a qualquer tempo, para fins de ressarcimento – inclusive por danos morais –, e o outro restringindo tais possibilidades sob argumentos múltiplos, dentre eles o de não reconhecer a imprescritibilidade das violações cometidas, ou de incluir nos chamados crimes políticos anistiados toda a ordem de ilícitos penais cometidos de forma atentatória à vida das pessoas?

Em outras ações judiciais envolvendo atos de tortura, sequestro, morte e desaparecimento de pessoas provocado por agentes das forças públicas no período do regime militar brasileiro, e que buscam indenizações por danos materiais e imateriais, não se contou com a mesma clareza a importância do adequado e complexo entendimento fatual que ocorreu nos julgados anteriormente citados, em especial da história constitutiva dos eventos danosos, suas abrangências diretas e indiretas, materiais e imateriais, em face das pessoas atingidas (torturados, mortos, desaparecidos, sequestrados, e seus familiares, afetos, vínculos laborais e de realização profissional, psíquica etc.).

Assim, uma compreensão deste fenômeno que não leva em conta tal conjuntura, dá mais relevo a temas formais como o da prescrição e decadência da pretensão ressarcitória, independentemente da violação a Direito Fundamental aqui ser considerada como de lesa humanidade.[433]

Por outro lado, o entendimento e compreensão mais arejados, vai levar em conta aquelas variáveis referidas, reconhecendo, por exemplo, que:

1. Merece reparo a decisão singular que julgou extinto o feito em razão do reconhecimento da prescrição do direito de ação, aplicando ao caso dos autos o Decreto nº 20.910 de 1932, porquanto constatada a imprescritibilidade da demanda que visa reparar danos morais decorrentes de tortura praticada durante período de exceção do

---

[432] Conforme notícia publicada no Jornal Correio Braziliense, Brasília, edição de 21/05/2011, p. 6.

[433] Como o fez o Tribunal de Justiça do Rio Grande do Sul: "responsabilidade civil. AÇÃO DE indenização. PRESO POLÍTICO. prescrição. decreto n° 20.910/32. Pretensão da parte em ver-se ressarcida por supostos danos decorrentes da prisão e tortura por motivos políticos. Prescrição qüinqüenal. O fato gerador do direito à indenização é o advento da Lei 11.042/97. Reconhecimento da prescrição. A Lei 11.815/2002 não possui reflexo no prazo para ajuizamento da demanda judicial. Sentença confirmada. Precedentes jurisprudenciais". Apelação Cível n° 70016138430, julgado pela Quarta Câmara Cível, em 14/12/2007, Relator Des. José Francisco Pellegrini.

Estado, cujos agentes públicos extrapolaram os poderes de polícia, utilizando métodos desumanos para obter objetivos escusos.

2. Com efeito, adotar a prescrição qüinqüenal com base no Decreto nº 20.910 de 1932 é destituir a força normativa da Constituição, e reconhecer a aplicabilidade de norma de conteúdo valorativo inferior em detrimento de princípio de maior valor consagrado na Carta Magna.

3. A dignidade da pessoa humana é um dos fundamentos da República Federativa do Brasil, e a tortura o mais expressivo atentado a esse pilar da República, de sorte que reconhecer a imprescritibilidade dessa lesão é uma das formas de dar efetividade à missão de um Estado Democrático de Direito, reparando odiosas desumanidades praticadas na época em que o país convivia com um governo autoritário e a supressão de liberdades individuais consagradas.[434]

Como lembra Taylor, o amparo incondicionado às pessoas que foram responsáveis por atos de tal monta atentatórios aos Direitos Humanos e Fundamentais e à própria condição humana implica outorgar o direito ao esquecimento status de impunidade absoluta, e neste passo, tendo ciência de que esta possui três dimensões na espécie: a) afetando as vítimas e a Sociedade por não conseguirem ter acesso e saber sobre a verdade dos fatos violadores ocorridos (assim como sobre suas razões fundantes e reais); b) afetando as vítimas e seus familiares quando não recebem as indenizações devidas (tomando todos os cuidados para não ensejar a mercantilização da dor e das violações); c) afetando políticas públicas voltadas à prevenção para que não se repitam os fatos sob comento.[435]

Este tema ainda não se ultimou.

5. Bibliografia

ALCÂNTARA, Maria Emília Mendes. Responsabilidade do Estado na Constituição de 1988. In: MELLO, Celso Antônio Bandeira de. *Direito Administrativo na Constituição de 1988*. São Paulo: Revista dos Tribunais, 1991.

ALVES, José Augusto Lindgren. *A Arquitetura Internacional dos Direitos Humanos*. São Paulo: FTD, 1997.

ANISTIA INTERNACIONAL. *Tortura e Mas-Tratos no Brasil*: desumanização e impunidade no sistema de justiça criminal. Brasil: Anistia Internacional, 2001.

ASMAL, Kader. International Law and Practice: dealing whit the past in the South African experience. In: *International Law Review*, vol.15, nº 06, November/2000.

BACELAR FILHO, Romeu Felipe. *Direito Administrativo*. São Paulo: Saraiva, 2005.

---

[434] Apelação Cível nº 70037772159, julgada pela Quinta Câmara Cível, do Tribunal de Justiça do Rio Grande do Sul, em 20/04/2011, Relator Des. Jorge Luiz Lopes do Canto.

[435] TAYLOR, Wilder. La problemática de la Impunidad y su tratamiento en las Naciones Unidas – notas para la reflexión. In: *Revista do Instituto Interamericano de Direitos Humanos*, v. 24, julio/dezembro de 1996, p. 197.

BASTRESS Jr., Robert M. El princípio de la alternativa menos restrictiva em Derecho Constitucional norteamericano. In: *Cuadernos de Derecho Público*, nº 5. Madrid, 1998.

BRANCO, Gerson Luiz Carlos. O culturalismo de Miguel Reale e sua expressão no novo Código Civil. In: MARTINS-COSTA, Judith. *Diretrizes Teóricas do novo Código Civil brasileiro*. São Paulo: Saraiva, 2002.

CANOTILHO, José Joaquim Gomes. *Direito Constitucional e Teoria da Constituição*. Coimbra: Almedina, 1997.

CASSEL, Douglas. Lecciones de las Américas: lineamentos para una respuesta internacional ante la Anistía de Atrocidades. In: *Revista do Instituto Interamericano de Direitos Humanos*, vol.24. Julho/dezembro de 1996.

CAVALCANTI, Amaro. *Responsabilidade Civil do Estado*. Rio de Janeiro: Borsói, 1957.

COETZEE, J. M. *Diary of a bad year*. New York: Penguin, 2007.

DI PIETRO, Maria Sylvia Zanella. *Direito Administrativo*. São Paulo: Atlas, 2006.

DIAS, José de Aguiar. *Da responsabilidade civil*. Rio de Janeiro: Forense, 2007.

FIGUEIREDO, Lucia Valle. *Curso de Direito Administrativo*. São Paulo: Malheiros, 2004.

FREITAS, Juarez. A responsabilidade extracontratual do Estado e o princípio da proporcionalidade: vedação de excesso e de omissão. In: *Revista de Direito Administrativo*, nº 241. Rio de Janeiro: RDA, 2005.

GASPARIN, Diógenes. *Direito Administrativo*. São Paulo: Saraiva, 2006.

GREFF Pablo de. *The Handbook of reparations*. New York: Oxford University Press, 2006.

ICRC Report. *The missing and their families*: Summary of the conclusions arising from the events held prior to the International Conference of Governmental and Non-Governmental Experts (19 – 21 February 2003).

JUSTEN FILHO, Marçal. *Curso de Direito Administrativo*. São Paulo: Saraiva, 2005.

LAUBADÈRE, André de. *Traité Élémentaire de Droit Administratif*. Paris: Librairie Générale de Droit et Jurisprudence, 1970.

LEAL, Rogério Gesta. *Direitos Humanos no Brasil: desafios à democracia*. Porto Alegre: Livraria do Advogado, 2000.

———. *Estado, Administração Pública e Sociedade*: novos paradigmas. Porto Alegre: Livraria do Advogado, 2007.

———. *Teoria do Estado*: cidadania e poder político na Modernidade. Porto Alegre: Livraria do Advogado, 2000.

LEFORT, Claude. *L'Invention Démocratique* – Les limites de la domination totalitaire. Paris: Librairie Arthème Fayard, 1981.

———. *Essais sur le politique – XIX-XX siècles*. Paris: Librairie Arthème Fayard, 1984.

———. *Pensando o Político*. São Paulo: Paz e Terra, 1991.

LESSA, Pedro. *Do Poder Judiciário*. Rio de Janeiro: Imprensa Nacional, 1915.

MENDES, Gilmar Ferreira. *Perplexidades acerca da responsabilidade civil do Estado: União "seguradora universal"?* Disponível em <www.idp.org.br>. Acesso em 10/09/2009.

MEZAROBBA, Glenda. O que é a justiça de transição? Uma análise do conceito a partir do caso brasileiro. In: SOARES, Inês V. P.; KISHI, Sandra A. S. *Memória e Verdade*: a justiça de transição no Estado Democrático Brasileiro. Belo Horizonte: Fórum, 2009.

PEREIRA, Caio Mário da Silva. *Responsabilidade civil*. Rio de Janeiro: Forense, 1996.

PIETRO, Maria Sylvia Zanella di. *Direito Administrativo*. São Paulo: Atlas, 2008. p. 507.

PINHEIRO, Paulo Sérgio. Esquecer é começar a morrer. In: SOARES, Inês V. P.; KISHI, Sandra A. S. *Memória e Verdade*: a justiça de transição no Estado Democrático Brasileiro. Belo Horizonte: Fórum, 2009.

PINTO, Helena Elias. *Responsabilidade Civil do Estado por Omissão*. Rio de Janeiro: Lúmen Júris, 2008.

POSNER, Richard A. *Para além do direito*. São Paulo: Martins Fontes, 2009.

QUEIROZ, Cristina M. M. *O Princípio da não reversibilidade dos Direitos Fundamentais Sociais*. Coimbra: Coimbra Editora, 2007.

SECRETARIA DE DIREITOS HUMANOS DA PRESIDÊNCIA DA REPÚBLICA. *Programa Nacional de Direitos Humanos (PNDH-3)*. Brasília: SDH/PR, 2010.

SERNA, Pedro; TOLLER, Fernando. *La interpretación constitucional de los derechos fundamentales*: una alternativa a los conflictos de derechos. Buenos Aires: La Ley, 2000.

TAYLOR, Wilder. La problemática de la Impunidad y su tratamiento en las Naciones Unidas – notas para la reflexión. In: *Revista do Instituto Interamericano de Direitos Humanos*, vol. 24, julio/dezembro de 1996.

TEPEDINO, Gustavo.*Temas de Direito Civil*. Rio de Janeiro: Renovar, 2004.

TRINDADE, Antônio Augusto Cançado. *Tratado de Direito Internacional dos Direitos Humanos*. Porto Alegre: Fabris, 2000.

VÁRIOS AUTORES. *Brasil*: Nunca Mais. Publicado pela Arquidiocese de São Paulo. Rio de Janeiro: Vozes, 1985.

WEFORT, Francisco. *Por que democracia ?* São Paulo: Brasiliense,1984.

WILLIAMS Charles. *Pétain: How the Hero of France Became a Convicted Traitor and changed the Course of History*. Disponível em: <http://www.ralphmag.org/DP/petain.html>, acesso em 30/03/2011.

ZANCANER, Weida. *Da responsabilidade extracontratual da administração pública*. São Paulo: Revista dos Tribunais, 1993.

ZANEIR, Alebe Linhares; TEIXEIRA, Gonçalves. As medidas de responsabilização do estado e de seus agentes por crimes cometidos durante a ditadura militar brasileira (1964-1985). In: *Anais do XIX Encontro Nacional do CONPEDI realizado em Fortaleza – CE* nos dias 09, 10, 11 e 12 de Junho de 2010.

Impressão:
Evangraf
Rua Waldomiro Schapke, 77 - POA/RS
Fone: (51) 3336.2466 - (51) 3336.0422
E-mail: evangraf.adm@terra.com.br